智能电力营销
探索与实践

傅景伟　舒旭辉◎著

Intelligent Electric Power Marketing
Exploration and Practice

科学出版社

北京

内 容 简 介

本书从电网企业的视角，立足现实，着眼未来，审视了"互联网＋电力营销"带来的变化，探索了电力体制改革与能源革命态势下开放、互联、互动的电力营销新模式和相应技术支持系统建设发展的新方向。本书提出了"智能电力营销"的概念和发展战略构想，介绍了电网企业借助互联网、通信和智能用电等技术，探讨了构筑智能电力营销体系、打造"入口＋平台"能源服务新模式的方法和途径。本书还对国内外电网企业在"互联网＋"模式下的营销服务模式创新、智能电力营销和"电力销售及服务生态系统"建设实践经验进行了系统的总结和介绍。

该书不仅可作为电力营销管理者及一线人员培训教材，还可作为大中专院校相关专业参考书。

图书在版编目(CIP)数据

智能电力营销探索与实践＝Intelligent Electric Power Marketing Exploration and Practice / 傅景伟，舒旭辉著. —北京：科学出版社，2016. 11
ISBN 978-7-03-050805-8

Ⅰ.①智… Ⅱ.①傅… ②舒… Ⅲ.①智能技术智能-应用-电力工业-市场营销 Ⅳ.①F407.615

中国版本图书馆 CIP 数据核字(2016)第 280496 号

责任编辑：耿建业 武 洲 / 责任校对：桂伟利
责任印制：张 倩 / 封面设计：铭轩堂

斜 学 出 版 社 出版

北京东黄城根北街 16 号
邮政编码：100717
http://www.sciencep.com

中国科学院印刷厂 印刷
科学出版社发行 各地新华书店经销

＊

2016 年 11 月第 一 版 开本：787×1092 1/16
2016 年 11 月第一次印刷 印张：16 3/4
字数：396 000

定价：118.00 元
(如有印装质量问题，我社负责调换)

作者简介

傅景伟，教授级高级工程师，现任国网湖北省电力公司副总经理。长期从事电力营销工作，组织和参与了多个营销信息化建设项目，已出版有《用电营业电子计算机管理信息系统》《电力营销技术支持系统》等。

舒旭辉，高级经济师，现任国网湖北省电力公司营销部主任。长期从事电力营销工作，曾为多个专业刊物专栏写稿，已主编出版有《业扩报装作业规范与服务技巧》《装表接电工》《抄表核算员》等。

《智能电力营销探索与实践》

撰写工作组人员名单

组　长：傅景伟

副组长：舒旭辉　何新洲

组　员：朱银军　张运贵　彭　涛　李晖照　祝小红　李　斌
　　　　沈　鸿　侯淞学　向保林　黄民发　王　雪　王　珣
　　　　丁小飞　周　瑾　李想想　黄玉梅

审　稿：吴　巍　李劲松　田　华　韩祥斌　徐　琰　李东升
　　　　刘　帆　刘晓东　黄俊丽　李　俊　王　涛　李建华

序

"智"为知,"能"为行,《智能电力营销探索与实践》的付梓成册,是电力人知行合一的集中体现,是湖北电力营销工作发展道路上的重大里程碑,它标志着电力营销在关键时期的转型升级取得了新突破、实现了新跨越。

准确把握市场脉搏,敏锐洞察发展趋势,迅速适应市场变化,企业方能在错综复杂的环境中立于不败之地,并为社会发展贡献更大的价值。当前,电力企业正面临前所未有的机遇和挑战。互联网成为技术火箭一飞冲天的加速器,不但持续推动技术发展,还在不断重塑社会生活的方方面面,企业互联网化,已成为最主流的商业旋律。与此同时,在深化电力体制改革的浪潮下,传统的配售电业务领域将发生一场深刻变革。全球能源互联网、"大云物移"、可再生能源、分布式发电、储能技术发展将极大改变电网运行形态和能源管理方式。管制方式的改变和互联网、数据技术大发展将使市场竞争更加活跃、竞争手段更加多样化。

作为公司"三集五大"的重要组成部分,电力营销顺势而为,主动把握企业互联网化的商业主旋律,积极应对电力体制改革和能源革命,自我施压,鼎故革新,对内部管理体系、业务流程进行再造和升级,以技术为支撑,以人才为保障,凸显"以人为本"的服务理念,实现消费者个性化体验的精准营销。

不仅如此,电力营销人更是进一步展望未来,对互联网时代的营销服务新模式进行前瞻性思考,致力打造"入口＋平台"式的电力营销能源服务,建立"互联、开放、互动"的能源生态系统,完成从"垄断型网络运营服务商"向"平台型能源服务商"的转变,从而实现电厂、客户、社会以及所有利益相关方的共赢与互利。

透过这本书,我们看到的是电力营销人深谋远虑的智慧、敢破敢立的勇气和敬业乐业的执着。我们也欣喜地看到,"智能营销"的现在与未来正有序对接,现实与梦想在悄然融合:作业"六化"已基本形成;O2O服务新模式构建取得突破;服务网格打通与客户"最后一公里"的距离。此外,报装e网通、电费回收大数据分析等平台也在各个业务领域探索、实践中。理论是实践的先导,思想是行动的指南。我们相信,在当前乃至很长一段时间内,该书将成为电力营销工作的指南和灯塔,必将促进营销管理水平的全面提升,为实现智能电力营销、实现企业发展战略目标发挥重要的作用。

路漫漫其修远兮,吾将上下而求索。在前进的道路上,还将遇到很多问题和考验,但只要电力人保持永不消减的热情、永不言败的决心,面向市场和客户,面向改革发展的方向,善于思考和创新,勇于探索与实践,我们就能披荆斩棘、无往不胜,企业就能持续发展、基业长青。

国网湖北省电力公司总经理 尹正民

2016 年 7 月

前　　言

电力营销是电能价值链的终端环节,具有点多、面广、线长的特点。它不仅要完成电力产品的销售,还要承担营销范围内的客户服务工作,因此电力营销既关乎电网企业经济效益的最终体现,又关乎电网企业的对外形象和品牌。改革开放以来,电力营销业务伴随着计算机和通信技术的发展,经历了计算机单机算费、局域网业务应用、电力营销管理信息系统建设、采集传输等技术普及以及与互联网、移动智能终端融合等阶段。应该说,电力营销业务在新技术应用的推动下,三十多年来发生了翻天覆地的变化,传统的人工作业已基本被计算机和其他新技术手段所取代,管理的自动化和智能化程度越来越高,管理体制、方式、业务流程更加科学合理,打破了地域分割,缩短了工作时间,使电力生产和客户消费更为贴近,服务更加便捷和高效。

今天,"互联网+"、人工智能等新技术强势发展,正急速地影响和重塑电力营销的管理理念、服务方式和运营模式。电力营销的服务范畴、内容、流程等也都将随之发生更加巨大而深刻的变化,各种新型"快捷、方便、优质"的客户体验如春雨润物般改变着客户的消费观和电网企业的服务观。与此同时,电力体制改革和能源革命正加速推进。新成立的售电公司不断涌入售电市场,跃跃欲试,蓄势待发;新能源接入、能效服务、电动汽车、用户储能、需求响应和能源互联网,也如飓风登陆般强势地展现在我们面前,无时无刻不在改变着电力营销和服务生态。电网企业无论是面对日新月异的技术进步、售电侧的竞争、新领域的拓展,还是提供售电侧开放后的基础和数据服务,都面临新的机遇和挑战。试想,在电力体制改革和能源革命的冲击下,在"互联网+"和"大云物移"(大数据、云计算、物联网、移动通信)等新技术与营销业务越来越深度融合的多重作用下,未来在电力营销与服务方面将会产生怎样的变化?我们关注的市场主体、业务内涵与外延、客户习惯与地位等将如何改变?电网企业又该如何主动适应并营造"互联网+"下的智能电力营销新环境?这些都是我们亟待研究和解决的问题。

本书从电网企业的视角,立足现实,着眼未来,审视"互联网＋电力营销"带来的变化,探索电力体制改革与能源革命态势下开放、互联、互动的电力营销新模式和相应技术支持系统建设发展的新方向。本书提出"智能电力营销"的概念和发展战略构想,介绍电网企业借助互联网、通信和智能用电等技术,探讨构筑智能电力营销体系、打造"入口＋平台"能源服务新模式的方法和途径。本书还对国内外电网企业在"互联网＋"模式下的营销服务模式创新,智能电力营销和"电力销售及服务生态系统"建设实践经验进行系统的总结和介绍。

全书共分为八章:

第一章简述电力营销的发展历程以及国内外电力营销的成功经验,分析当前供电企业新形势下,电力营销在发展理念、组织模式、技术创新应用等方面所面临的挑战,提出智能电力营销的概念和战略构想,并描述未来智能电力营销发展的路径和趋势。

第二章分析当前营销技术支持平台在支撑新型业务发展、客户需求方面面临的挑战,提出与智能电力营销发展相匹配的技术支持平台构架,进一步探讨基于现有建设成果的智能电力营销技术支持平台的搭建方法。

第三章阐述国家电网公司"三集五大"总体框架下的"大营销"体系和"五位一体"协同机制的主要内容,分析其对智能电力营销建设的保障作用,并介绍湖北省电力公司在人才队伍建设和营销装备管理方面运用保障体系的具体做法。

第四章描述现阶段电力营销业务在推行智能化方面的探索实践,总结当前智能电力营销发展已具备的三个特征,即作业自动化、管理数字化、服务互动化,并运用丰富的图表和数据,介绍"抄核收一体化"、"三库一模型"、"智能电管家"等具体的实践案例。

第五章阐述电力营销服务工作的发展历程,分析电力营销服务面临的形势、任务和挑战,详细描述如何通过业务整合、线上线下互动、客户体验营造等方式实现电力营销O2O的服务模式。

第六章分析促进智能电网发展的智能用电、信息通信等关键新技术,阐述由上述新技术应用衍生的营销新业务范畴，预测电力营销新业务发展趋势以及客户对电力增值服务、延伸服务的新需求。

第七章介绍在智能电力营销新技术新业务创新发展的推动下，电力销售及服务生态系统逐步形成。重点描述电网企业"入口＋平台"的生态运营构想，探讨电网企业创新自我生态运营的思路，并对未来开放、协同、共荣的电力销售及服务生态蓝图作出展望。

第八章分析互联网对社会经济形态带来的巨大冲击，设想未来电力营销高度智能化的发展前景，对一些重要的业务场景进行构想，展望在电力供需格局和外部环境改变下，电力生态向能源生态的跨越式发展，最后大胆憧憬美好的能源经济新时代。

本书倾注有关领导和专家大量的心血，感谢刘琪、向昀昀、邓峰、刘楚雄、陈登友、张喆、邵鑫、程世普、薛青钦、张献宇、许广林、冯宜、何行、周嵩、邓桂平、余鹤、傅威、鲁伟、阮傲、李金沙、李雪峰、余凯等同志在编写过程中付出的辛勤工作，期待本书能给电力营销决策者、管理者及一线人员以启迪和借鉴。

由于作者的水平有限，书中内容难免有瑕疵，还望读者批评指正。

国网湖北省电力公司副总经理　傅学伟

国网湖北省电力公司营销部主任　衍旭东

2016 年 7 月

目　　录

第一章 概论

电力营销是电网企业直面市场的前沿阵地，是发挥资源优势、捕捉市场机会、决定企业命运的关键所在。随着"全球能源互联网"建设的推进，能源生产和消费革命如期而至，电力体制改革引发的售电侧竞争一触即发，新技术的出现导致电力营销新领域的拓展随处可见，电力营销战略转型升级可谓呼之欲出。

构建新型电力营销模式是满足电网企业建设坚强智能电网，实现电源、电网和客户资源友好交互和相互协调的内生动力，更是适应客户需求变化、推动新型服务领域拓展、提升客户用电服务体验的外在要求。

众所周知，互联网技术已经成为世界经济增长的新引擎。它应用于各行各业，不仅提高了行业的工作效率，更是拓宽了行业的业务内容及产品边界。因此，必须充分发挥互联网在资源配置中的优化和集成作用，让互联网与营销业务进行深度融合，实现营销业务信息化、自动化、互动化，并着力构建能源服务的"入口＋平台"，完成能量流、信息流、业务流在电网企业、市场、客户间的顺畅流动，将能源服务真正变为一种开放的社会化服务，实现电网企业从垄断型运营服务商转变为市场型能源服务商，并保持可持续发展势头。

第一节　电力营销发展概况

电力市场营销简称电力营销，是以满足人们的电力消费需求为目的，通过电网企业一系列市场运作，使客户使用的电力商品安全、可靠、合格、经济，并得到满意的服务，同时电网企业实现开拓市场、占领市场目的的一切经营活动。

一、国内电力营销发展概况

电力营销承担着为电力消费者提供服务的职责。营销过程中，需要贯彻国家的能源政策、电力供应与使用政策等，使电能得到充分合理地利用。纵观我国电力市场供需态势的转变及电力市场中经营主体与消费主体地位的变化，电力营销理念随着我国电力营销发展历程，历经了两个时期三个阶段的变化，如表 1-1-1 所示。

表 1-1-1　国内电力营销发展历程

时期	阶段	时间	主要特征
传统电力营销时期	电力生产阶段	1952～1996 年上半年	以生产为中心，较少研究电力市场需求，表现形式是"重发、轻供、不管用"
	电力推销阶段	1996 年下半年～1999 年初	在重视电力生产的同时注重销售，通过电价优惠、广告、公关等手段促进电力销售
现代电力营销时期	市场营销阶段	1999 年末至今	以市场需求为导向，以满足客户需求为中心，引导客户消费，并取得经济效益和社会效益

（一）传统电力营销时期

在传统电力营销时期，我国的电力供给长时间处于短缺状态，电力企业以生产型、生产经营型为主,忽视市场导向及客户需求,同时营销组织与机制也不完善。

1. 电力生产阶段

这阶段我国电力处于供不应求状态。为此,电力企业以生产为中心,组织和集中一切资源力量增加电力生产,"重发、轻供、不管用"就是当时的真实写照。在电力极其短缺以及高度集中的计划管理模式下,这种观念对保障电力供给,满足经济发展需要起到了重要作用。但随着我国经济体制改革及电力市场供需态势的转变,其局限性越来越明显。

2. 电力推销阶段

1996 年下半年开始,我国电力市场曾一度转入了供过于求的买方市场。电力企业在重视电力生产的同时,想方设法扩大电力销售量,通过电价优惠(如峰谷电价、丰水和枯水电价、超基数电价、节假日电价等)、广告、公关等手段来促进电力销售。但对客户需求研究较少,服务质量及客户满意度尚未引起高度关注,营销组织与营销机制尚未发生变革。

(二)现代电力营销时期

进入 20 世纪 90 年代,随着我国经济发展,电力企业逐渐由生产型向经营型转变。1997 年国家电力公司正式挂牌成立。国家电力公司逐步剥离政府管理职能,成为经营型、具有社会公益性质的企业。1999 年 4 月,国家电力公司首次设立市场营销处。同年 10 月国家电力公司提出"构筑面向 21 世纪的国家电力公司电力营销战略",明确指出国家电力公司应树立以市场需求为导向,以满足客户需求为中心,以引导客户消费,并取得经济效益和社会效益相统一的电力营销观念。2002 年 12 月,国家电力公司按"厂网分开"原则组建了两大电网公司(国家电网公司、南方电网公司)、五大发电集团和四大电力辅业集团。

国家电网公司(以下简称国网公司)成立后,电力营销的职能和地位得到进一步凸显,推进电力营销进入以市场为导向的现代电力营销阶段。现代电力营销以客户满意为宗旨,突出强调客户的市场主体地位。其目标包括:对电力需求的变化做出快速反应,实时满足客户的电力需求;在帮助客户节能高效用电的同时,追求电网企业的最佳经济效益;提供优质的用电服务,与客户建立良好的业务关系,提高客户满意度,打造电网企业市场形象、提高终端能源市场占有率等。

为此,电网企业经营活动首先要从了解客户的需要、诉求和行为出发,以客户满意度为最终评价标准,围绕客户的需求设置营销机构、配置企业资源等。客户服务中心的设立,使营销运作机制发生了质的改变。通过减少内部流转环节,简化办事手续,加强报装接电、电力抢修等服务环节的工作,使优质服务与增供扩销有机地结合。

二、国外电力营销发展概况

他山之石,可以攻玉。了解并借鉴国外电力营销的发展情况,可以为探索电力营销发展方向带来事半功倍的效果。国外电力营销组织多样,业务灵活,多种的服务手段和营销策略,意在满足老客户需求基础上,吸引新客户的加入。

（一）电力营销组织及业务

美国电网发展成熟，电力公司数量众多，营销模式和组织结构差异较大。大多数公司会设立客户服务部（也叫客户关系部或客户关怀部），致力于向客户提供满足其需求的电能、相关服务和电力解决方案，包括后续的服务工作、客户奖励以及其他一些特别的服务。电网安全是其营销工作的重点，供电可靠性成为衡量电力公司工作最主要的标尺。考虑节电、错峰避峰和环保，美国电力公司出台了各类电价政策，如电动交通工具充电优惠、客户合表优惠、季节性电价优惠和时段性电价优惠等。电力公司还强调社会责任，如南加州爱迪生电力公司 2013 年，可再生能源占电力供应总额的 21.6%。

日本电力营销业务包括：电价和费率计算、合同事务、远程抄表和增供扩销等。日本电力公司提供多种营销手段，比如设置差别电价，引导高峰负荷分流；对全电气化住宅实行优惠政策，提高售电量；提供免费的蓄能空调设备，通过客户安装后使用的电费完成回收。另外，高效电磁炉、紧凑型热能存储罐系统、新型自动售货机（在夏季通过自动节能控温可实现负荷削峰 800MW）、热泵热水器和钠硫电池等设备的研发也极大提高了电能在终端能源消费中的比例，拓展了电力销售市场。

英国电力营销工作内容包括：报装接电、装表抄表、收费查询预约、断电通知、故障处理、供电恢复和电能质量等。英国售电市场的特色是具有多样、可选的销售电价方案。电力公司对居民客户实行标准电价（即两部制电价）或昼夜电价（即夜间低电价，针对蓄热取暖客户），允许支付电费的时间尺度和结算方式也灵活多样。电力公司为落实政府提出的"到 2020 年 20% 的能源来自于可再生能源"的建议，出台了多种需求侧管理措施，包括协助政府实现环保目标、创新售电合同、对客户提高能源效率给予奖励等。

法国电力公司营销部下设大用户部、中小企业和居民用户部两大部门。八个地区级营业机构下设营业所，从事客户接待、促销、收费等工作，客户合同统一在总部管理。抄表、抢修工作由配网公司负责，并对所有售电公司开放。收费不设现金台，均通过银行、信用卡等方式托收。考核电力公司的主要指标是客户满意率，并通过社会中介机构评价其服务质量，定期向社会公布。电价由国家控制，按照容量和电压等级对客户进行分类，电力公司对电价只有建议权。电力公司实行电、气一体化经营，具有强大的营销技术支持系统。

综上所述，国外电力公司很少设置电力营销部门，通过客户服务部、配网公司、第三方公司等合力完成电力营销工作，与营销紧密结合的技术工作融于各技术部门。国外电力营销的主要工作内容如图 1-1-1 所示。

图 1-1-1　国外电力营销主要工作内容

国外电力营销工作主要是在保证高供电可靠性的基础上，通过电价盈利并调整市场需求，向客户提供电能相关服务和解决方案，同时鼓励客户节能和使用绿色能源，对于抄表、收费、计量、抢修等工作由企业内部相关部门或专业外包公司承担。

（二）客户服务及营销策略

国外电力市场更为开放，售电侧竞争激烈，通过客户服务及营销策略创新，最大程度地满足客户需求。

1. 重视服务标准，谨慎服务承诺

国外电力公司提倡标准化服务，主要分为确保标准和综合标准。确保标准设立了每项业务必须达到的服务水准。如电力公司未能达到这些水准，应向受到影响的客户做出赔偿。综合标准包括不适宜做出单独保证、但一般客户有权期待的预先确定的最低服务水准。如美国南加州爱迪生电力公司的服务承诺内容相对较少，服务标准相对较低，例如停电通知只提前三天送达。但是更加重视有诺必践，如提出违诺赔偿金，且对免责条件的界定也很详细。谨慎的承诺提高了电力公司的可信度和客户对服务的满意度，避免了过度提高客户对服务的期望值。

2. 不同渠道服务同质量同标准

新加坡新能源服务公司的主要的服务渠道有网上营业厅、呼叫中心和营业厅三种，渠道运营遵循"成本导向、同质化"的策略，各服务渠道的业务办理能力和服务标准呈现高度统一（即同质化），尤其是对居民客户和商业客户的服务同质化程度分别高达98％和80％，在大幅提升客户业务办理便利性的同时，为客户带去了一致的服务体验。跨渠道整合的运营支持系统和客户信息，是确保以上运营策略得以实现的基础。新能源公司对客户档案实行集中、电子化管理，确保了实时、跨渠道、跨地域地调取客户档案并进行业务办理。

3. 客户自助选择电力服务套餐

电力公司坚持消费者利益至上，让消费者得到优质的服务和低电价的实惠。电力公司会根据电力客户需求期待来设计其产品和服务，开展业务创新。从而让其产品能够真正满足客户的用电服务需求，进而带给客户最为优质的增值服务，如图 1-1-2 所示。

如图 1-1-2 所示，内层是电力公司提供给客户的三种电价套餐，外层是客户的预期需求。以风电套餐为例，满足了市场中希望使用绿色电能（100％风电）、价格稳定（固定价）同时贴近市场（12 个月，合同到期后有更多选择）这部分客户的需求。

4. 多措并举提升客户满意程度

国外电力公司（售电公司）通过优化服务和付款方式等举措来提高自身业务的吸引力。例如，在德国，客户可通过选择每月转账、半年转账和年前预付等方式来获得不同程度的优惠；部分公司所有的业务都是通过网上来开展和完成，网上提交客户信息签约并收取账单定时转账，二十四小时客户服务电话；一些公司对从其他售电公司转来的客户会提供奖励，对介绍新客户加入的客户也有优惠；还有的售电公司致力于为客户提供电力套餐搜索和筛选服务，客户可以输入描述自身需求的各种参数得到最优的电力套餐。再比如在美国，一些售电公司为客户提供独特的清洁电力解决方案，美国的 Green

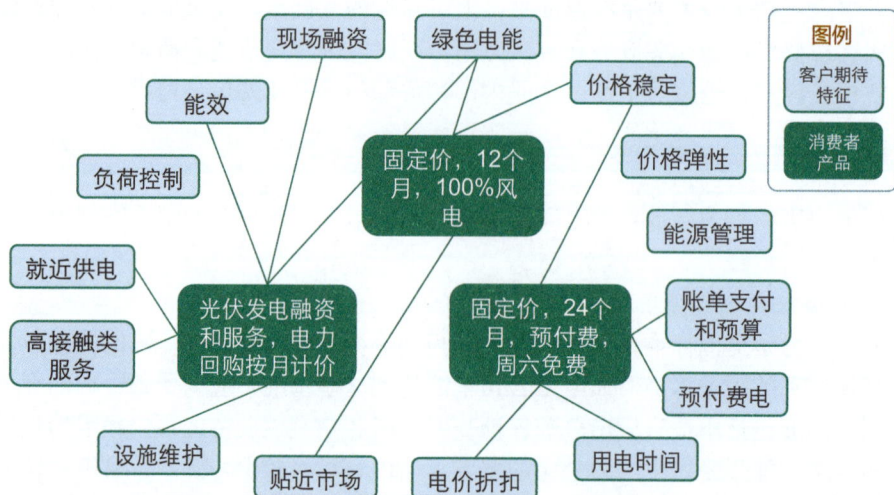

图 1-1-2　国外电力公司根据客户的需求期待特征设计的产品和服务
资料来源：美国和加拿大售电选择年度基准评价报告前瞻产业研究院

Mountain Energy 公司就是德克萨斯州的第一家可再生电力服务提供商，其市场份额因可再生能源占比增长而快速增长。

综上所述，国外电力公司服务的手段和营销策略灵活多样，这对改变垄断市场下的国内电力营销单一服务模式有良好的借鉴意义。通过服务模式的创新，以适应市场竞争环境下的电力发展，全面提升客户服务水平。

第二节　当前电力营销工作面临的机遇和挑战

现代电力营销经过十多年的发展，在营销理念、作业方式、技术应用等方面取得明显的提升和突破。但随着经济社会的发展及电力体制改革的深入，当前电力营销工作机遇与挑战并存。一方面"互联网＋"以及新技术和能源革命为拓展市场带来新的机遇，各类新业务（分布式电源、电动汽车充换电等）、新市场（表后代维、四表合一等）、新领域（电力金融、数据服务）有待进一步开发；另一方面，经济持续下行，产业转型阵痛不减，天然气等清洁能源竞争加剧，市场化带来优质客户减少、市场份额下降的严峻挑战，电网企业经营发展面临前所未有的压力。同时，电网企业的社会职责进一步凸显，要求企业在保障新能源发展、促进节能减排、拉动经济增长、带动产业升级等方面责无旁贷！

一、"互联网＋"和新技术革命的影响

政府工作报告指出，制定"互联网＋"行动计划，来推动新技术与现代制造业结合，促进产业健康发展。近年来，我国电力行业一直致力于创新发展，国家电网公司提出，要明确创新方向，把创业、创新、创造作为各项工作的出发点，通过"三创"实现创新能力大幅提升。互联网作为这个时代最具特征的新技术，如何实现与传统的电力企

业融合，特别是在电力营销领域，改进创新运营模式，打造新的生态，提升企业与客户的价值，值得我们积极探索和思考。

（一）"互联网＋"对营销服务模式的影响

"互联网＋"是智能终端、网络技术与服务创新的集聚融合。它基于通信技术和移动互联网的发展，大跨度地实现了传统产业与新兴产业的协同创新；线上线下一体化的资源优化配置和商业模式的再造，充分发挥互联网在生产要素配置中的集成和优化作用，将互联网的创新成果深度融合于经济社会各个领域之中。

移动互联网改变了人们的生活方式，体验经济时代已经来临。随着各行业服务水平的提升及生活水平的提高，客户对电力需求和供电服务质量要求不断增高，不再满足"用上电"，而是要"用好电"，供电服务需要达到公用事业或零售业先进水平才能满足客户深度诉求。

当前电网企业对大量终端客户的特性探究不深，对加快办电速度、提高供电稳定性、减少停电损失等深层次服务问题分析不足，对用电市场及客户消费需求、心理预期、用电潜力分析不够，电力市场开发的深度和广度需要加强。

随着对电网企业进行监管的部门越来越多，监管的范围不断扩展，监管手段不断强化，电网企业的生产经营活动越来越受到新闻媒体的关注。同时由于网络、微信等新媒介资讯的发展，一个热点事件，六小时就可能形成新闻热点，十二小时内就可能传遍全国。因此，服务工作中稍有不慎，就可能会引起严重后果和舆论风波。

可见，"互联网＋"时代下增高的客户需求、增强的政府监管和社会监督力度，必将推动电网企业开创"互联网＋"下的创新、开放、融合的新型营销服务模式。

（二）新技术对营销业务的影响

依托坚强电网和现代管理理念，利用高级量测、高效控制、高速通信、快速储能等新技术，实现了市场响应迅速、计量公正准确、数据采集实时、收费方式多样、服务高效便捷的目标，将有力推动构建电网与客户能量流、信息流、业务流实时互动的新型供用电关系。通俗地说，就是通过借助新技术智慧地掌控和支配电力，令客户的用电生活变得灵动、聪明，让客户成为用电生活的主人，成为节能减排、低碳生活的参与者和获益者。

新技术推动传统电网模式下的电力营销业务由隔离分散向协同创新方向发展。在技术引领与业务融合的双重推动下，将产生诸如大规模可再生能源并网、电动汽车充电站（桩）管理、互动营销等新的业务领域，电力营销业务将呈现出融合创新特征，业务体系将发生重要变革。

随着大数据、云计算、物联网和移动互联网（以下简称"大云物移"）等相关新技术的广泛应用，为实时处理营销海量数据提供有效支撑手段。通过提供安全可控的数据共享环境，降低数据使用门槛，提高信息获得的实时性和准确性，在公司内部形成数据的公开透明、平等共享机制，开展全业务状态、市场变化趋势、客户需求分析，提升管理服务效率。

技术变革也将推动产业变革。据《经济学人》分析电力产业的变化的三大趋势：分散而断续的发电、日益廉价的蓄电、智能化用电。它们相互渗透，每个趋势都存在无限商机。目前整个中国电力产业正在进行一场重大变革，各类企业和投资者纷纷进入这个潜力无穷的市场，而消费者必将受益，且扮演更主动和自主的角色。

二、电力体制改革的冲击

电力体制改革是全面深化改革中重要一环，其重点解决的问题：一是还原电力商品属性，形成由市场决定电价的机制，以价格引导资源有效开发和合理利用；二是构建电力市场体系，促进电力资源在更大范围内优化配置；三是支持清洁能源发展，促进能源结构优化；四是逐步打破垄断，有序放开竞争性业务，调动社会投资特别是民间资本积极性，促进市场主体多元化；五是转变政府职能，进一步简政放权，加强电力统筹规划。

2015 年 3 月，中共中央、国务院发布了《关于进一步深化电力体制改革的若干意见》（中发〔2015〕9 号，以下简称 9 号文）。9 号文发布以来，国家发改委、国家能源局等部门加快推进配套文件的研究制定，于 11 月发布了六个电力体制改革核心配套文件（表 1-2-1），包括输配电价改革、电力市场建设、电力交易机构组建和规范运行、有序放开发用电计划、售电侧改革、燃煤自备电厂规范管理等方面，将改革要求与可操作性结合起来，对发挥市场在资源配置中的作用、推进电力市场建设具有重要意义。

表 1-2-1　2015 年电力体制改革文件及配套措施

时间（2015 年）	政策类型		文件名称
上半年	纲领文件		《关于进一步深化电力体制改革的若干意见》
	主要措施		《关于改善电力运行调节促进清洁能源多发满发的指导意见》
			《关于完善电力应急机制做好电力需求侧管理城市综合试点工作的通知》
			《关于贯彻中发〔2015〕9 号文件精神加快推进输配电价改革的通知》
下半年	整体规划		《关于推进电力市场建设的实施意见》
	主要措施	一独立	《关于电力交易机构组建和规范运行的实施意见》
		三放开	《关于推进输配电价改革的实施意见》
			《关于有序放开发用电计划的实施意见》
			《关于推进售电侧改革的实施意见》
	辅助措施		《关于加强和规范燃煤自备电厂监督管理的指导意见》

售电市场放开后，符合条件的社会售电公司、节能公司、经济技术开发区甚至发电企业都可能成为售电主体，将呈现"百花齐放"、爆发式增长局面。电网企业也将从原来的单一买方、单一卖方逐步转变为输配电服务商和参与售电竞争的个体，与社会上其他售电主体形成良性竞争格局。价格和服务将成为用电客户选择售电服务商的主要因素。小水电、新能源、节能火电机组甚至核电将依靠成本优势，降低售电价格，市场空间不可避免被挤占。各地交易中心的相继挂牌成立，也将推动电力体制改革更加深入。

可以预见，在今后的市场竞争中，以优质服务抢占、争夺和守住售电市场将会是一场长期的、艰巨的、关系着电网企业生存发展的攻坚战。电网企业要避免被管道化,必须掌控市场的主导权。在新形势面前,电力营销面临重新功能定位、转型升级、模式再造等一系列问题。

三、能源经济发展的新变化

随着第三次工业革命兴起,互联网与新能源成为推动社会经济发展和人类社会文明的重要驱动力。利用信息通信和电力电子技术,打造智能用电服务体系,构建坚强智能电网,与互联网高度融合,构筑能源生态服务环境,应对全球气候变化挑战,是我国"十三五"发展纲要"绿色发展"的目标。

(一)相关概念

"智能用电、智能电网、智慧城市、全球能源互联网、能源互联网"等,是在我国能源经济发展中产生的新概念。

1. 智能用电

智能用电是指依托智能电网和现代管理理念,利用高级计量、高效控制、高速通信、快速储能等技术,实现市场响应迅速、计量公正准确、数据实时采集、收费方式多样、服务高效便捷,构建智能电网与客户电力流、信息流、业务流实时互动的新型供用电关系。

2. 智能电网

智能电网是以坚强的电网框架为基础,以通信信息平台为支撑,具有信息化、自动化、互动化特征,包含发电、输电、变电、配电、用电和调度各个环节,覆盖所有电压等级,实现"电力流、信息流、业务流"高度一体化融合的现代电网。智能电网不仅仅意味智能化控制,也包括对电网运行信息智能化处理和管理。

3. 智慧城市

智慧城市是运用信息和通信技术手段感测、分析、整合城市运行核心系统的各项关键信息,建立可观、可量测、可感知、可分析、可控制的智能化城市管理与运营机制,包括城市的网络、传感器、计算资源等基础设施,以及在此基础上,通过对实时信息和数据进行分析而建立的城市信息管理与综合决策支撑等平台。

4. 全球能源互联网

全球能源互联网是以特高压为骨干网架(通道),以输送清洁能源为主导,全球互联的坚强智能电网。将由跨国跨洲骨干网架和涵盖各国各电压等级电网的国家泛在智能电网构成,连接"一极一道"和各洲大型能源基地,适应各种分布式电源接入需要,能够将风能、太阳能、海洋能等清洁能源输送到各类用户,是服务范围广、配置能力强、安全可靠性高、绿色低碳的全球能源配置平台。

5. 能源互联网

能源互联网是以电力系统为中心,智能电网为骨干,互联网、大数据、云计算及其他前沿信息通信技术为纽带,综合运用先进的电力电子技术和智能管理技术,实现横向多源互补、纵向源-网-荷-储协调的能源与信息高度融合的下一代能源体系，同时具有扁平性、面向社会的平台性、商业性和用户服务性。

（二）概念解读

智能用电通过智慧地掌控和支配电力，令用电生活变得灵动、聪明，让客户成为用电生活的主人，成为节能减排、低碳生活的参与者和建设者。智能用电是构建坚强智能电网的重要支柱和六大环节之一，是实现坚强智能电网各项功能的基础和物理载体，是建设坚强智能电网的着力点和落脚点。

智能电网是通过智能化控制，实现精确供能、对应供能、互助供能和互补供能，将能源利用效率和能源供应安全提高到全新水平，降低环境污染与温室气体排放，提高用户用能效益。电网企业通过技术与具体业务的有效结合，使智能电网在企业生产经营过程中切实发挥作用，最终达到提高运营绩效的目的。

智慧城市能够利用信息化的技术，充分感知城市各种用能需求，作出智能响应，包括零碳能源开发、配置和消纳，是一座绿色的、可持续发展的城市。智慧城市具有网络化、智能化、服务化和协同化四个典型特征。

全球能源互联网实质是"特高压电网＋智能电网＋清洁能源"，特高压电网是关键，智能电网是基础，清洁能源是根本。其中特高压实现了能源的远距离、大规模配置，智能电网可以将电源、电网、负荷与储能融合成一个综合性的智慧能源系统，从而保障清洁能源的开发和利用。

能源互联网是能源和互联网深度融合的新型能源系统，互联网思维和技术的深度融入是其关键特征。实现多能源系统之间的协同优化管控，其应用场景除了电网，还延伸至智慧社区、智慧能源管理等领域；实现用户利用能量的便捷化、一体化、互动化，能够形成灵活多样的技术管理和商业运作模式。能源互联网具有"开放、互联、以用户为中心、分布式、共享、对等"六方面新内涵，开放是能源互联网核心理念，主要体现在开放互联的多类型能源、开放对等接入的各种设备与系统、开放加入的各种参与者和终端用户、开放的能源市场和交易平台、开放的能源创新创业环境、开放的能源互联网生态圈、开放的数据与标准等。

综上所述，智能用电是智能电网的组成部分，智能电网是建设能源互联网的物理架构基础，实现能量流、信息流、业务流双向互动基础平台；智慧城市是智能电网、全球能源互联网、能源互联网的重要载体，全球能源互联网是能源互联网发展的高级阶段和必然选择。

（三）带来的机遇

面对能源经济发展的新变化，中央确立了"四个革命、一个合作"的能源发展国策，即推动能源消费革命，抑制不合理能源消费；推动能源供给革命，建立多元供应体系；推动能源技术革命，带动产业升级；推动能源体制革命，打通能源发展快车道；全方位加强国际合作，实现开放条件下能源安全。

2014年11月，政府推出了《能源发展战略行动计划（2014—2020年）》（以下简称

《行动计划》），进一步明确了我国能源发展的战略方针和目标。《行动计划》围绕经济低碳转型和雾霾治理，以开源、节流、减排为重点，着力发展清洁能源，推进能源绿色发展，着力推动科技进步，切实提高能源产业核心竞争力。即坚持"节约、清洁、安全"的战略方针，重点实施"节约优先、立足国内、绿色低碳、创新驱动"四大战略。

2016 年 2 月 29 日，国家发改委、国家能源局、工业和信息化部联合发文《关于推进"互联网＋"智慧能源发展的指导意见》（发改能源［2016］392 号），旨在着眼能源产业全局和长远发展需求，以"互联网＋"为手段，以智能化为目的，促进能源和信息深度融合，推动能源互联网新技术、新模式和新业态发展，为实现我国从能源大国向能源强国转变和经济提质增效升级奠定坚实基础。

国网公司积极响应国家能源战略，大力构建能源互联网的下游：分布式电源、储能服务、电动汽车充换电、能效服务、需求响应等新业务不断壮大；表后设备代维、四表合一、智慧家庭、电力金融等延伸与跨界业务潜力巨大；各类营销应用系统中蕴藏着海量的客户数据，价值无限，科学合理地开发利用，必将创造更大的经济、社会、环境综合价值。

第三节　智能电力营销构想

基于上述电力营销工作面临的机遇和挑战，国网湖北省电力公司提出"智能电力营销"理念。一方面以大营销体系为基础，以管理与技术创新为根本手段，优化整合现有电力营销要素，利用互联网思维，推动营销业务从线下往线上整合，构筑自动、开放、精益、高效的电力营销模式，实现生产力和生产关系的协调发展、营销服务和客户需求的和谐统一。另一方面，从发展内生要求向参与外部竞争转变，强化对客户需求和生态系统的引领，在新型能源终端消费市场中保持主体地位，将能源服务真正变为一种开放的社会化服务。

一、智能电力营销的概念与内涵

智能电力营销是指基于互联网、移动通信等新技术与电力营销业务高度融合，面向开放电力市场环境下服务对象需求，能够实现能量流、信息流、业务流在电网企业、市场、客户间智能化传输和处理的系统。

智能电力营销充分运用现代信息技术和用电技术，依托"一型五化"大营销体系，通过技术革命和管理创新，推进组织机构和制度体系、技术支持平台、队伍建设的协调发展和智能融合，实现营销全业务的信息化、自动化和互动化。随着"大云物移"技术的广泛应用以及电力体制改革的深入，智能电力营销建设将逐步从提升内部管理向参与外部竞争转变，并着力推动能源互联网下游资源的整合，打造"入口＋平台"能源服务生态系统，推进能源专业化服务转为能源社会化服务。

智能电力营销具有高度开放、互联、互动的特征。

1. 开放

开放是智能电力营销的基本保障。资源高度共享需要开放式的生产模式和组织方式，作为社会资源的组织者和整合者，必备开放特征。构建开放统一、竞争有序的组织运行体系，促进客户和各类用电设备广泛交互、与电网双向互动，实现智能电力营销中各利益相关方的协同和交互。

主要体现在以下几个方面：开放的能源市场和交易平台，能量自治单元实现对等接入，民主运营；打破电网"单极"格局，形成远程输送与本地供应结合的市场新形态；开放的数据资源与技术标准等。

2. 互联

互联是智能电力营销的基本形态。广泛互联带来了电网公共服务资源的高效开发和广泛配置，也使多元化、综合化的能源服务商业模式成为可能。

主要体现在以下几个方面：分布式电源、微网、虚拟电厂等新型能量单元与电网之间的能量及经营互联；新型产销者之间及其与新型能量单元间的能量共享互联；能源网与交通、建筑、金融、互联网等行业的融合互联。

3. 互动

互动是智能电力营销的基本要求。扁平、高效、协同的组织管理模式必备互动特征，构建智能电力营销，需要各方相互配合、密切合作，得益于自由交易市场的建立，将真正建立一套高效、联动的立体化需求侧管理机制，持续优化新型能源利用体系的运转效率。

主要体现在以下几个方面：能源网与产销者之间的互动；能源网与售能公司间的互动；微网、售能公司与终端产销者之间的互动。

二、智能电力营销的总体架构

智能电力营销其核心是以需求及市场导向为中心、以技术为推动，推进"互联网＋"与业务深度融合，构建能源服务的"入口＋平台"，完成能量流、信息流、业务流在电网企业、市场、客户间的智能化互动，构筑能源服务生态系统，实现能源服务由"垄断型网络运营服务商"向"平台型能源服务商"的转变，其总体架构如图 1-3-1 所示。

1. 生态系统入口

入口是一切市场主体与市场的连接点，类似百度的搜索引擎，是每一个市场主体进行市场活动、实现价值交换的起点。生态系统入口由需求和渠道两个要素构成。市场主体通过入口，可以完成并享受所需能源服务。

需求是指人们在欲望驱动下的一种有条件的、可行的，又是最优的选择。这种选择使欲望达到有限的最大满足，即人们总是选择能负担的最佳物品。需求可以分为单个需求和市场需求。市场需求是指消费者全体对某种商品需求的总和。未来终端用能的主要市场需求包括能源接入、能源交易、能源综合管理、设备维护服务、能效管理五个方面，这些领域都是电网企业多年传统业务积淀的优势领域，必须尽早优化整合到平台中，形成市场接入的统一入口，实现内部业务与外部需求的高效联动响应。

渠道是指产品或服务转移所经过的路径，由参与产品或服务转移活动以使产品或服务便于使用或消费的所有组织构成。一般而言，渠道越长、越多，企业的产品市场的扩展可能性就越大。但与此同时，企业对产品销售的控制能力和信息反馈的清晰度也越

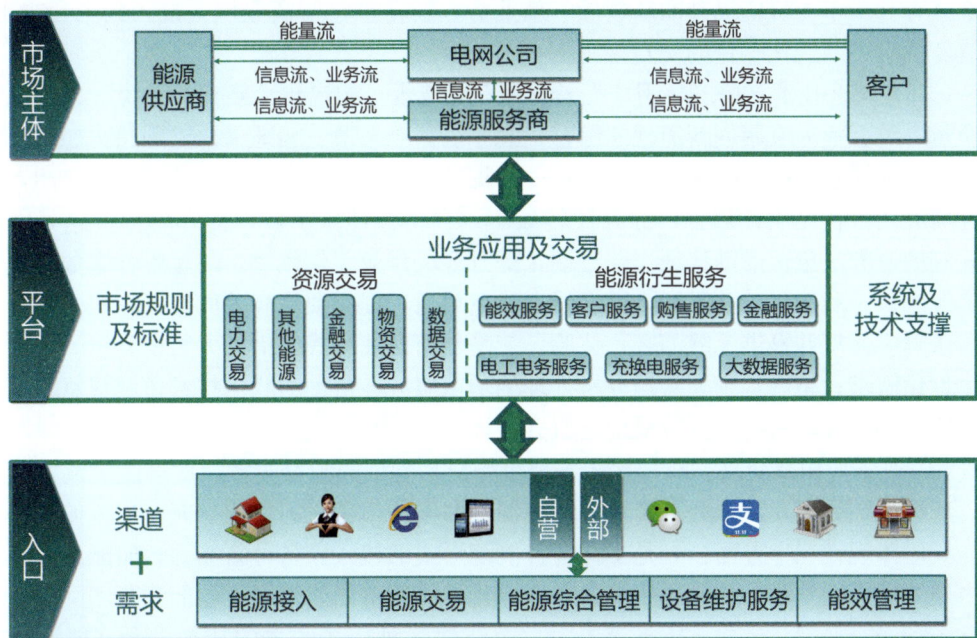

图 1-3-1 智能电力营销总体架构图

低。产品和服务经过渠道的增值变得更具吸引力和可用性，能更好的满足客户的需求。目前，电力营销渠道分为自营渠道和外部渠道。自营渠道包括营业网点、呼叫中心、网站、移动终端等；外部渠道涵盖了绝大多数商业银行、银联、连锁超市、各类主流第三方网络支付平台等等。

2. 生态系统平台

生态系统平台不是一个物理意义上的平台，而是一个跨专业、跨业务领域的所有资源及服务的聚集地。将汇集能源生产、交易、配送、消费、市场动态、运营效能等海量资源信息，并聚合多元的生产者、消费者以及起中介作用的其他主体，类似淘宝的电商服务商城。其核心为电网企业，并聚集了各类能源服务商，承接从入口导入的各种服务需求。

构建生态系统平台要从市场规则及标准、系统及技术支撑和业务应用及交易三方面着手。

（1）市场规则及标准。电网企业想要主导"入口＋平台"的建设，就需要积极引领各市场参与者，共同建立和维护良好的市场秩序，具体体现在三个方面：一是市场规则标准化。必须倡导平等开放的原则，明确规范不同市场主体接入的准入条件、行为标准、数据准则和问题协同等平台交互机制。这些规则的制定不以某个或某类市场主体的意志为转移。标准一旦制定，应对所有市场参与者透明、公开，便于市场主体自主运用平台资源，挖掘现有资源的新价值。二是标准执行透明化。市场参与者自觉按市场规则理清边界，规范地组织生产、消费、交易、交流，积极防范和化解平台中出现的各种风险，随时接受市场监督。三是实时优化市场规则。尊重市场良性发展的意愿和规则，支持那些有利于市场价值提升的新领域、新业务、新需求、新商业模式接入到平台中来，围绕新诉求不断优化平台的交互规则。

（2）系统及技术支撑。应用"大云物移"等技术，构建技术架构柔性统一、信息数据全量一致、业务应用创新涌现的综合信息平台，实现在"互联网＋"下的"云、网、端"基础支撑，具体体现在三个方面：一是提升企业运营效率。通过数据分析应用，移动互联应用，优化业务流程，提升流转效率；利用云计算手段，提升海量信息处理能力，辅助业务决策；借助移动作业终端，提升现场作业工作效率。二是整合服务渠道构建能源入口。利用移动互联网，整合线上线下渠道，提供便捷高效的交互方式，提升客户需求响应速度并提供无缝的客户体验。三是创新商业模式。借助大数据分析，挖掘客户个性化需求；拓展基于大数据分析处理的增值服务；借助物联网技术拓展智慧家庭服务；应用移动互联网技术打破属地化服务边界。

（3）业务应用及交易。充分接入各类市场交易能量资源及服务，促进能量流、信息流、业务流顺畅交互，承载不断发展的能源互联网与市场之间广泛、充分连接的服务诉求，具体体现在三个方面：一是支持各种能源形式的接入。各种新能源、储能系统与传统电网实现广泛互联，并实现热能、电能、化学能等不同能量形式在能源互联网中相互转化、存储、调剂，形成多能源互补。二是支撑各种市场主体的接入。允许能源生产商、能源服务提供商、能源消费者、第三方监管机构等各类市场主体按照既定的规则接入平台，透明、平等地获取和利用平台资源。三是支撑各种资源的充分共享。实现能量流的充分共享和全互动，并用信息流来智慧地管理流动中的能量，用业务流优化资源配置，最大化地发挥资源价值，使能源互联网的"价值环"的效能全面凸现。

三、智能电力营销发展路径

推进智能电力营销建设，主要分为初级和高级两个阶段。初级阶段的主要任务是对内推进"数字营销"建设，实现营销业务信息化、自动化、互动化，促进营销体系和技术支持平台的协调发展和智能融合，构建适应"一型五化"（客户导向型、业务集约化、管理专业化、机构扁平化、服务协同化、市县一体化）和客户需求的营销新模式；高级阶段的主要任务是对外积极应对体制改革和技术变革，打造"入口＋平台"能源服务生态系统。根据智能电力营销的发展方向及主要目标，其发展时期及建设内容如图 1-3-2 所示。

（一）初级阶段：推进数字营销建设

通过对营销组织管理、技术支持等要素的重组、整合、提升，全面达成营销组织机构科学高效、制度体系先进合理、技术支撑坚强有力，完成电力营销管理手段的智能化，实现服务水平全面提升。

1. 主要目标

利用技术手段对营销作业层、管理层、决策层实施全面数字化、智能化改造，推进营销抄表自动化、核算集约化、收费社会化、工单电子化、稽查智能化和服务网格化工作，全面构建"互联网＋"下的电力营销 O2O 服务模式（线上全天候受理、线下"一

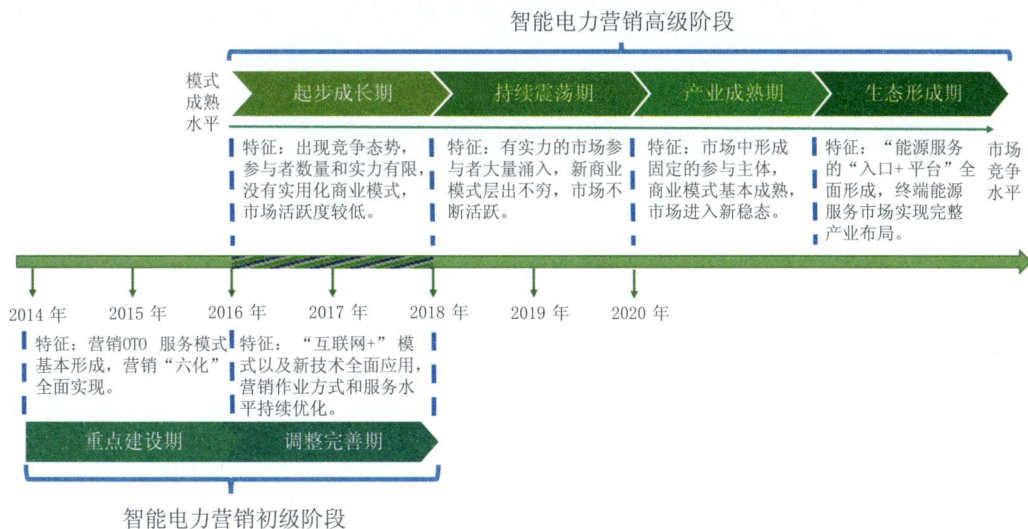

图 1-3-2 智能电力营销发展路径图

站式"办理),营销全业务实现"自动化、信息化、互动化"。具体体现在以下六个方面:

(1)分析决策从碎片被动到全面自动。

利用大数据技术,对各项数据和信息进行深度挖掘和高级应用,形成营销管理的"主题库、数据库、图形库和分析模型",自动定制不同场景的分析模板,辅助完成预测报告和营销策略建议。

(2)信息平台从业务运用到全程管控。

深化完善 SG186 营销业务应用系统,实现"业务全过程闭环运行,风险全天候在线监控,信息全流程规范统一,资产全寿命周期管理,分析全方位实时展现"。

(3)抄核收从独立运行到流水作业。

客户表计实现"全覆盖、全采集、全费控",核算实现集约型智能化,电费回收实现多样化、社会化、电子化,抄核收由传统独立运行转变为工厂化流水线式的管理模式。

(4)业务传递从纸质工单到电子推送。

通过工作方式变革和系统优化,形成流程与系统匹配、业务跨专业贯通、信息跨身份沟通的"一配两跨"格局,实现业务传递电子化、工单流转无纸化、流程管控便捷化。

(5)营销方式从单一单向到多样互动。

双向互动的智能电力营销服务平台、网格化的服务布局可以快速响应客户各类用电需求,使客户在享受"用上电、用好电、好缴费、易沟通"的基础上,获得全新服务体验。

(6)客户体验从繁琐封闭到便捷开放。

为客户提供智能化用电策略等增值服务,如节能服务诊断、分布式电源接入、智能用电服务等，使客户从单一电能供应到电能供应体验与衍生服务相结合的多种用电价值体验。

2. 发展路径

根据阶段目标和营销现状，初级阶段分两个时期实施。

重点建设期（2014～2016年）。营销组织架构调整到位；技术支持系统支撑有力；营销队伍素质和装备管理水平不断提升；营销"六化"全面实现，电力营销O2O服务模式基本形成。

调整完善期（2017～2018年）。组织及技术架构与业务体系深度融合；"互联网＋"模式以及新技术普及应用；电力营销O2O服务模式不断深化，营销作业方式和服务水平持续优化。

3. 建设内容

分类开发实施电力营销的决策、管理和作业层技术装备建设，用以覆盖省、市、县、所四级营销业务管理执行及营销管理信息化系统和支撑平台。构建高效运作的业务体系，支撑业务工作决策、执行、监督、考核的闭环管理，实现营销管理纵向管控到底，横向全面融合的目标。

（1）决策层。依托营销基础数据服务平台、营销业务管理平台建设，整合市场发展、经营活动、客户服务、资产运行等数据信息，建立健全覆盖政策、市场、营销业绩、工作质量的"三库一模型"（主题库、数据库、图表库、分析模型），运用分析与辅助决策系统工具，及时、有效地展现业绩、问题，实现营销业务全智能分析决策、全过程风险管控、全方位考核评价。

（2）管理层。在持续推广、深化应用全业务信息化系统的基础上，强化营销业务管理平台下的工作标准管理、业务管控及考核评价，通过信息化手段推行业务执行的目标控制、过程控制、检查监督和纠偏改进，按照"业务流转自动、基础管理规范、统计分析实时"要求，打造"业务全过程闭环运行、风险全天候在线监控、信息全流程规范统一、资产全寿命周期管理、分析全方位实时展现"的"五全"管理平台。

（3）作业层。创新营销作业方式，优化作业技术手段，全面推行营销作业"六化"（营销抄表自动化、核算集约化、收费社会化、工单电子化、稽查智能化和服务网格化），增强管控能力，提高工作效率和经营质效。

（二）高级阶段：打造"入口＋平台"能源服务生态系统

能源服务生态系统的建设不是颠覆式创新的整体重构过程，而是从点到面将点滴革新积累、连接、平台化的过程。主要是对外积极应对管制放开、新技术应用和市场变革，主导产消一体化"入口＋平台"能源服务生态系统的逐步形成。

1. 主要目标

智能电力营销高级阶段的主要目标：贯彻落实国家能源发展战略，通过强化对客户需求和生态系统的引领，拟在充满活力的新型能源终端消费市场中保持主体地位。其核心在于将能源服务真正变为一种开改的社会化服务，并用互联网技术不断提升其效率。具体体现在以下四个层面：

（1）电网企业层面。

电网企业以"入口＋平台"运营为基础，大力实施生产组织管理和商业模式创新，一方面，打通内外部连接渠道，提高市场响应能力；另一方面，掌握市场主导权，使市场机会皆"由我发起、为我所用"；更深层次上，将优势领域做大做强，劣势领域成功剥离，产业合理，赢利增长。

（2）其他市场主体层面。

各类主体均找到立足方向，沿着优势领域不断成长，这些市场参与者包括：倡导电能本地消纳就地平衡的微网运营商、电动汽车储能设备等专业产品设备制造商、能源综合服务解决方案整合商、投融资金融服务商、数据运营服务商等。

（3）终端客户层面。

在市场演变中感受到最大化关怀，获得超预期的用电体验，电能消费量增长，但能耗和支出占比减少，对电能消费的自我管理能力提高了，生活品质因智慧用电得到全面提升。

（4）宏观经济层面。

电能生产与消费解耦，在市场杠杆作用下供需弹性自我调节，市场边际效应最大化；生态体系形成过程中逐步贯通的综合服务"入口＋平台"与能源互联网、社会公共服务网同步发展，形成"三朵云"并全面贯通；电力市场实现供需平衡、低碳结构，电能利用效率极大提升，经济增长与能耗增长脱钩。

2. 发展路径

根据市场竞争水平和模式成熟水平，将智能营销建设高级阶段分为四个时期：起步成长期、持续震荡期、产业成熟期和生态形成期。

起步成长期：该阶段的主要特征是出现竞争态势，参与者数量和实力有限，没有实用化商业模式，市场活跃度较低。该阶段要实现的目标是掌握先机，最大程度集聚合作伙伴，创新商业模式，确立能源服务入口地位，形成能源服务平台的雏形。

持续震荡期：该阶段的主要特征是有实力的市场参与者大量涌入，新商业模式层出不穷，市场异常活跃。该阶段要实现的目标是稳步推进，为平台不断吸纳新血液，巩固入口的地位。

产业成熟期：该阶段的主要特征是市场中形成固定的参与主体，商业模式基本成熟，市场进入新稳态。该阶段要实现的目标是实现长期、稳定的盈利，进一步确定在能源服务市场中的优势地位。

生态形成期：该阶段的主要特征是终端能源存储、消费从电力全面扩展到其他可与电能相互转换的能源领域。该阶段要实现的目标是能源服务的"入口＋平台"全面形成，终端能源服务市场实现完整产业布局。

3. 建设内容

（1）构建多元化和综合化的能源服务商业模式。在新的战略定位下，作为平台型能源服务商，电网企业的业务内容将更加多元化、综合化，具体表现为提供更多类型的服务、吸引更多类型的客户、拓展更多类型的收入，并以更加整合的渠道（入口）承载其业务。

（2）构建资源共享和开放协作的生产组织模式。电网企业作为能源服务领域多边群体的连接者，通过共享其入口获取的客户需求及积累的客户数据，吸引并组织合作伙伴建立能源服务生态系统，共同向客户提供能源服务，并逐步与其他生态系统开展合作，进一步提升服务能力。

（3）构建机构扁平和协同高效的组织管理模式。伴随服务半径和服务内容的拓展，客户需求日益多样化，组织必须更加敏捷。在尽可能缩短管理链条的基础上，拓展管控的广度、力度、速度和柔韧度。同时，面对市场竞争，必须围绕客户体验进行协同流程的设计，建立以客户为中心的高度协同工作机制和工作流程。

第二章
智能电力营销技术支持系统建设

计算机和网络通信技术的发展，推动了电力营销管理信息化进程。十多年来，电力营销技术支撑系统经历了实现电费自动计算模块、区县集中电费抄核收应用和营销业务网络化、流程化、无纸化应用，发展到现在的营销业务全省集中，建立 SG186 营销业务应用系统，为支撑"三集五大"大营销体系的发展奠定了坚实的基础。但是随着电力企业改革进一步深化和市场服务需求进一步提升，企业对精细管理、快速反应和精准营销的要求将越来越高。未来，新能源的大量接入，移动互联应用的飞速发展，以及全球能源互联开放交易的产生等都将深刻影响经济和社会发展方式转变。传统"人工＋设备＋经验判断"的半自动生产经营的管理模式，将无法支撑和应对。为了全面继承、完善 SG186 成果，支撑线上全天候、线下一站式服务的新型 OTO 智能电力营销服务模式，使电力营销业务互动性更强，可视化更优，全面提升企业数据资源价值密度，就需要对现行的技术支撑系统进行优化、提升和重构，借助大数据和分布式技术，打造电力营销柔性的一体化信息平台，建成智能决策分析体系，发展信息网络覆盖范围与承载能力，以全面支撑智能电力营销的建设。

第一节　现有电力营销技术支持系统架构

从国网湖北省电力公司应用现状来看，2009 年上线以来的 SG186 营销信息系统，是以业务应用系统为核心、其他应用集成耦合的集中架构系统，实现了省、地、县、所四级全覆盖，全面支撑营销业务应用有序开展，快速满足消费者需求，同时为企业经营管理者提供分析数据。目前已建成的有：SG186 营销业务应用系统、用电信息采集系统、电能服务管理平台、电动汽车智能充换电网络服务运营监控系统、计量生产调度平台等基础系统，并在此基础上建成了营销分析与辅助决策、营销稽查监控、营销同业对标、业扩报装全过程管控、一体化缴费接入管理平台、远程实时费控等应用系统，基本满足了作业自动化、管控透明化和数据统计分析的工作需要。为了适应管理提升需要，同时还初步建设完成了营销基础数据平台、非结构化数据平台、海量历史/准实时平台、电网空间地理信息等四大数据中心，基本实现了企业内部跨专业的数据共享和对外互联，为构建一体化平台打下基础。

一、以营销业务应用为核心的技术支持系统架构

如图 2-1-1 所示，按照系统提供的功能不同，现有技术支持系统架构分为 3 个区：最左侧是与其他部门集成的业务系统，主要是满足营销与电能质量、配网检修等其他专业数据共享和交互的需要。中间是营销核心层，又分基础系统和应用系统两部分。基础系统包括 SG186 营销业务应用、用电信息采集、计量生产调度平台、电动汽车和电能服务管理平台等五大核心系统；应用系统包括营销分析与辅助决策、稽查等若干个业务子系统，主要满足自动化作业和信息管控的需要。最右侧是外部信息集成，包括银联、金融机构、非金融机构、支付宝和通信运营商等，主要实现功能拓展和服务延伸。

随着营销业务应用的不断深化和发展，对信息系统的功能需求和性能要求也越来越高，同时营销业务应用系统与其他外部系统间交互内容多、交互方式多样，系统复杂度

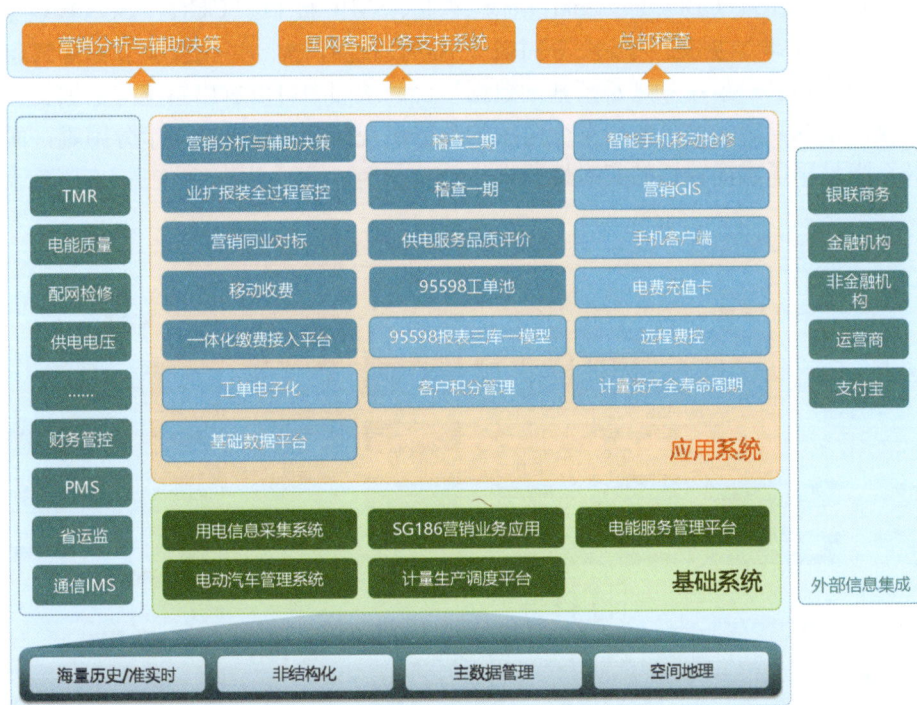

图 2-1-1　基于 SG186 系统下营销业务应用架构图

高，造成了系统运行压力越来越大。

1. 营销业务技术支撑系统性能分析

现有营销业务应用系统的生产库服务器是由两台小型机组成，目前各项配置均已满配，无法扩容。随着业务的不断发展，系统运行负荷已经远远超过 SG186 设计时，满足 1500～2000 万用户单一营销功能的负荷情况。营销业务应用系统存在的主要问题是生产库服务器的 CPU 利用率过高（高峰时段利用率高达 80%），系统已经不堪重负，急需扩容，却苦于当前设备物理空间无法满足。

作为营销业务应用系统的数据备份功能的营销管理库，当初设计的目的在于分担承载生产环境的负荷，将生产环境的统计、分析、报表、批量查询等大负荷操作转移到管理库，但由于生产库中数据量不断膨胀和复制软件的局限性，造成管理库复制数据的初始化变得极为艰难。同时管理库承载着大量的数据统计任务和与其他业务系统的数据传输和业务应用接口职责。当前营销管理库共部署了四套业务应用、七套报表数据及六套系统接口，随着营销业务的不断发展，数据量将会越来越庞大，而且会有更多的系统需要与管理库做接口，数据库压力将越来越大。如果管理库数据备份没有及时完成，将极大影响到协同业务的正常开展，甚至对社会造成负面影响。

因此，营销业务应用系统运行性能下降，数据库备份时间过长是当前营销业务技术支撑系统的一个高风险点。

2. 营销业务技术支撑系统数据交互分析

如图 2-1-2 所示，营销业务系统数据交互技术有 11 种之多，分别是 ETL、中间库、

WEBService、OGG、DBLink、SharePlex 复制、API 接口、OCI、SSO 单点登录、Socket 接口、DXP 数据交换平台。其中最核心的系统有三个，一是 SG186 营销业务应用；二是用电信息采集；三是营销基础数据平台。从图中可以看出系统与数据交互方式与数据流向错综复杂，一旦中间某个应用的数据出现问题，排查出来十分困难，而且周期很长，满足不了市场营销的实时性要求。

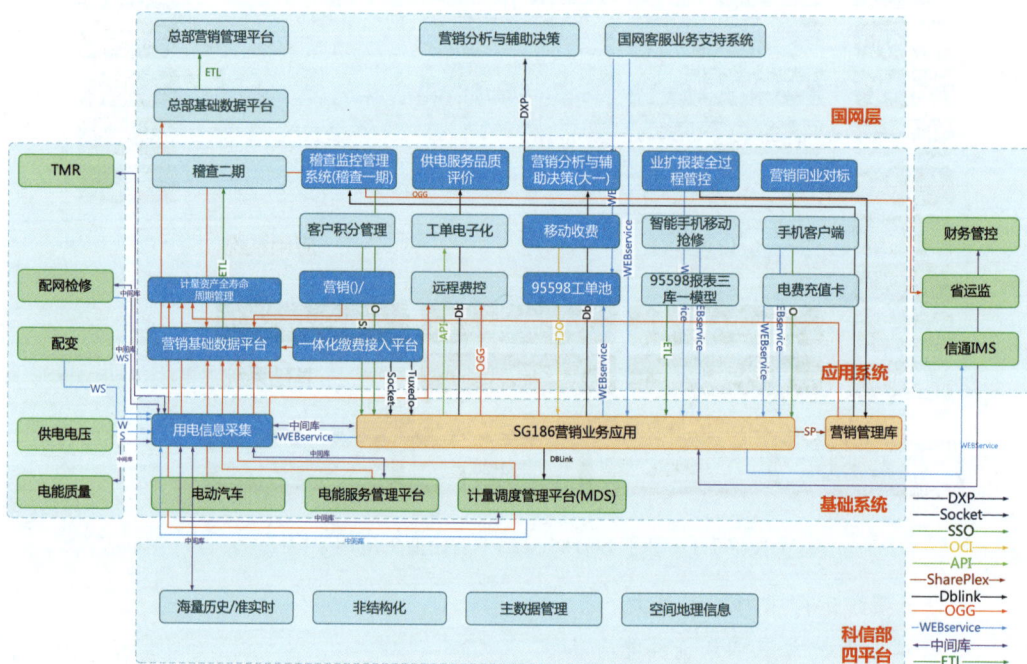

图 2-1-2　营销业务各系统间的数据交互情况

二、现行系统存在的问题

现有营销业务应用技术支撑系统对营销业务的开展起到了核心重要作用，但数据量增长，业务范围不断扩大，社会潜在需求不断挖掘，服务能力进一步提升的要求越来越高，使得现有电力营销技术支持系统呈现出性能及功能的不足。在业务高峰时期，生产库服务器的 CPU 负载、内存使用率，都已经进入预警范围，对前台的业务操作出现性能影响。由于当时技术的局限性，原有系统架构可扩展性与兼容性存在一定瓶颈，导致数据存放分散，难以用信息化的手段加强业务处理的规范化、标准化，甚至影响到了公司的经营效益。数据信息被公司内部各部门共享利用难度大，影响各部门形成统一高效协同合作，甚至会对优质客户服务造成影响。当前营销技术支撑系统主要存在以下几个方面的问题。

（1）系统架构集中，响应慢，扩展性差。

目前营销业务应用系统架构是 8 年前设计的，受限于当时的技术水平，营销业务应用系统沿用的是"小型机＋磁盘阵列"的传统架构，数据库集中部署在磁盘阵列上。随着近年来营销业务的快速发展和用电户数的快速增长，小型机双机间通信的延迟过大，严重影响系统整体性能，其可靠性差、扩展性差、读写速度慢的弊端逐渐暴露，远落后于现在分布式主流架构和云计算技术路线。并且受制于当前信息机房物理条件，管理库存储已无法扩容，制约业务应用的开展。

电力营销技术支持系统架构存在兼容性差，扩张性不足等问题，这些是制约电力企业营销工作进一步发展的关键性问题。

（2）数据分散，业务贯通能力不足，自动化综合分析支撑不够。

目前存在数据存放分散，利用率低，实时性不够，可视化程度较低的问题；数据清洗与转化能力、与各专业模块之间的融合度差，无法提供有效的市场营销辅助决策分析。同时导致与其他系统融合度差，影响跨部门、跨专业业务开展的贯通，成为系统信息及数据资源互联、共享的一个瓶颈。

（3）业务应用数据价值密度低，可挖掘能力差。

电力营销信息管理系统中需要存放大量客户用电信息和设备管理信息，随着系统软件运行时间的增加，使得系统的运行越来越慢，无法实现对数据分析和挖掘数据进行深加工，需要通过研究或者创新电力营销技术支持系统的算法来提高数据价值密度。通过应用数据库的分时分量技术可以保证系统内任何数据库不会随时间增加而增加，保证系统的运行效率。

在如今的大环境下，我国市场经济的发展和电力市场化改革经过进一步推进，电力企业的发展开始面临新的机遇与挑战。营销系统具有基础数据的保障，针对营销系统的数据挖掘，对系统的智能化、自动化提出更多的要求，对营销业务应用等基础系统的稳定性、可扩展性也同样提出了更高的要求。未来，以电力营销技术为支持的系统架构，需要采用"互联网＋电力营销"模式，融合大数据、云计算、物联网、移动互联网等信息技术和思维方法来丰富现有电力营销技术支持系统架构，以数据作为市场导向的参考因素，打造高度协同的服务链，实现电网公司由被动粗放型向主动创新调整型营销模式的优化。

第二节　智能电力营销技术支撑平台蓝图

随着业务的不断发展，企业越来越依靠信息系统的应用以支撑其业务运营和管理决策。当前电力营销业务应用系统的主要目标是对涉及的全部业务过程及管理过程的信息化，为电力营销业务开展提供数据查询、汇总、统计、报表等服务支撑。但是，传统的营销业务应用系统主要侧重于对业务数据进行存储与管理，缺乏从海量数据中挖掘蕴藏的关系和规则等信息的能力，无法根据已有历史数据预测未来的发展趋势，不能解决"数据爆炸但知识贫乏"的难题。[①]

电网公司海量数据要实质性的产生应用价值，数据的来源和分析是关键。但由于数据开放程度低，多源数据缺少统一的标准与规范，影响到数据深度分析质量，往往是收集到的数据却难以使用，加上数据在产生维度、采集密度、统计口径、存储方式、异常

---

①　罗辑，杨劲锋《用电数据挖掘技术与应用》中国电力出版社，2015年。

辨识等方面存在问题，为数据融合带来很大的技术挑战。因此，亟需在电力行业通过技术实现建立统一数据模型与数据管理模式，打破行业中存在的数据壁垒，同时培育多维数据产生。为实现全业务链条间数据融合共享，在电网公司开展大数据平台建设至关重要。

目前，国家正在积极推进"互联网＋"战略行动，一个加号反映的是互联网和信息技术产业对于我们的生活、社会经济以及对于整个社会产业结构的影响，在全球新一轮科技革命和产业变革中，到了一个爆发式的时期。展望未来，整个产业在信息技术的关注点都集中在与互联网密切相关的"大云物移"技术上。所谓"大云物移"是指大数据、云计算、物联网和移动互联网，它们是当前互联网领域的主导方向，也是推动互联网和信息技术产业发展的技术革命。工业、医疗、能源和金融这些行业要与互联网进行深度融合，这种整合将改变工业、医疗、能源和金融的业态，真正推动中国经济的转型和发展，所以电力企业应突破当前的认知局限，积极布局，以求取得未来的主动权，利用"大云物移"技术重构原有技术支撑平台，继而转变为大数据支撑平台。

一、技术支撑平台建设原则

（一）平台架构的主体思路

在国网公司开展一体化企业级信息系统建设的总体框架下，湖北智能电力营销技术支撑平台的搭建主要围绕三个方面：

第一，按照数据资产集中、资源分布存储的总体思路，对现行营销业务应用系统进行整合，组建省公司层面一体化信息平台；

第二，统一数据标准和规范，利用大数据技术深入挖掘数据价值，实现资源综合利用和调配；

第三，借助平台搭建，重构营销业务流程，实现营销业务上下游整合，以及与关联专业的横向整合，提高需求响应速度，提升客服满意度。

为了实现技术推动业务转型，技术支撑平台在建设过程中，应该满足4个方面的原则：

1. 先进成熟性的原则

营销技术支撑平台的搭建，以大数据技术为基础，具有技术先进性和前瞻性，包括分布式计算及存储技术、分布式系统基础架构技术等，同时尽可能兼顾产品的经济与技术的成熟性，以期在成本最佳的前提下获得最大效益，实现新技术的应用。

2. 自主可控研发的原则

坚持自主知识产权的原则，选择开放式技术，平台组件研发采用自主可控的基础软硬件，结合业界公认的行业或技术标准，无成熟套装软件运用，整个平台系统的设计研发形成全自主可控。

3. 平台优化转型的原则

作为"大平台小应用"的典型，支撑众包开发模式，实现平台标准资源管控，使得营销技术支撑平台既是开发平台也是运行平台，形成平台优化转型的典型示范。

4. 安全可靠性的原则

技术支撑平台首先确保运行可靠，最大可能减少因信息基础设施故障而造成业务无法正常进行的现象发生。同时，注重信息安全体系的建设，提高信息基础设施的整体安全性，进一步保证数据安全。

（二）完善多层次业务架构

以人才队伍和营销技术研究为支撑，加强网络安全与防护、营销标准化、信息化运维和整合业务支撑体系建设，满足决策层、管理层、作业层三层应用。实现决策层全智能分析预测、风险管控和全方位的考核评价；实现管理层"业务全过程闭环运行，风险全天候在线监控，信息全流程规范统一和资产全寿命周期管理；实现作业层的工作自动化"，如图 2-2-1 所示。

图 2-2-1　省级营销技术支撑平台业务架构图

二、技术支撑平台建设蓝图

（一）营销"一体化"平台支撑体系

智能电力营销的发展成效，一定是综合利用推动产生的"合力"效应。这是由需求应用引导，由信息和计算机技术推动的。按照单一到整合，粗放到精细，人工到智能的发展思路，支撑未来电力营销向着 OTO 发展和智能化管控的，必然是"一体化"的平台支撑体系。这里的"一体化"并不是指狭义的一体化管理平台本身，而是指经过多年建设与发展，建立起来的适应智能电力营销发展的信息支撑体系。它是包含整体架构、大数据功能平台、各个作业自动化系统、智能化决策系统等，具备开放性、交互性、自适应性的柔性综合信息系统。

如图 2-2-2 所示，按照互联网思维和"大平台、微应用、组件化"理念规划而成的"一体化"平台支撑体系，以分布式技术为架构，支持弹性拓展、快速响应和高并发操作，实现去中心化，充分发挥分布式技术架构下的计算能力，配备统一服务监控管理功能，实现服务的在线部署、在线注册、在线扩容和版本管理，使系统具备在线性扩展能力，能够满足微应用、移动业务和 OTO 等互联网业务的发展需要。微应用和服务组件的建设方式，可突出功能简洁、体量轻、敏捷响应和开发成本低的优势。建设"厚云薄端"，将"一体化"平台打造成绿色集中式数据中心，支撑公司业务"标准统一、源端唯一、专业协同、共维共享"的发展目标，拓展云服务和管理，使智能营销建设适应能源互联网的发展需要。

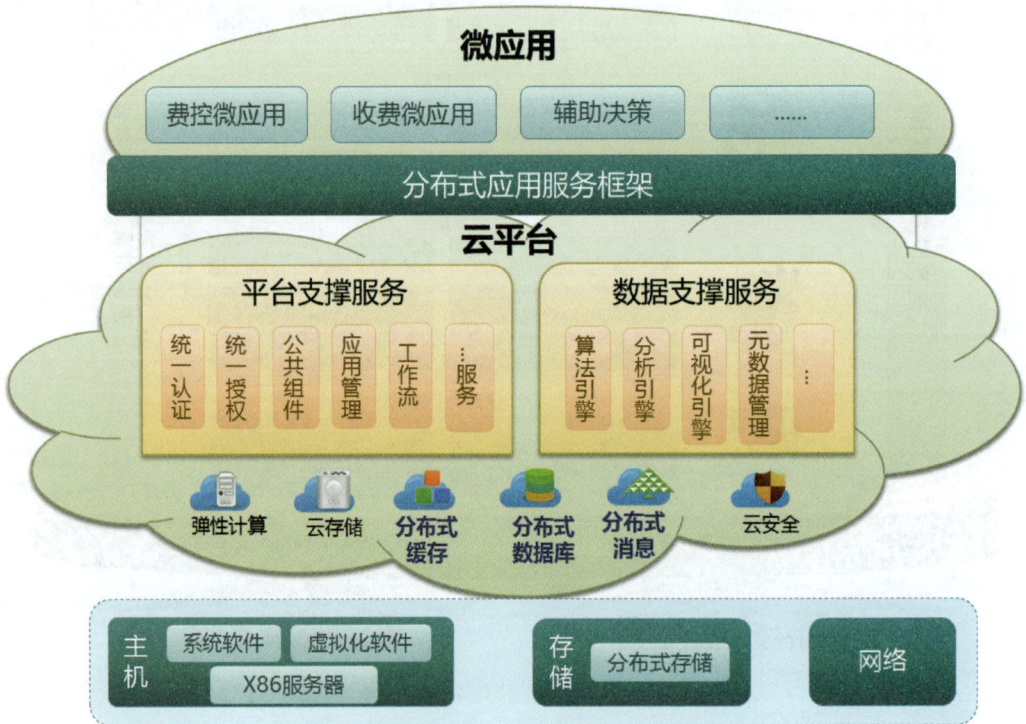

图 2-2-2　营销"一体化"平台支撑体系

（二）大数据支撑平台建设

在充分继承现在信息化建成的基础上，引入数据整合、存储、计算和挖掘等核心技术，构建与信息平台相融合的统一大数据平台，开发典型的大数据应用，同步建立与一体化平台相适应的数据标准规范体系，提升内、外部资源整合处理和价值挖掘水平，提升管理水平与创新能力。

如图 2-2-3 所示，大数据平台为公司信息化总体架构的重要组成部分，建设数据采集、分析、计算、服务、存储的五大中心的大数据平台，并融合现有结构化、非结构化、海量历史/准实时、电网空间地理信息四类数据平台，延续并提升数据资源服务能力，基于大数据平台构建云化服务能力，为业务应用提供更高效的技术支撑和新的业务方向。

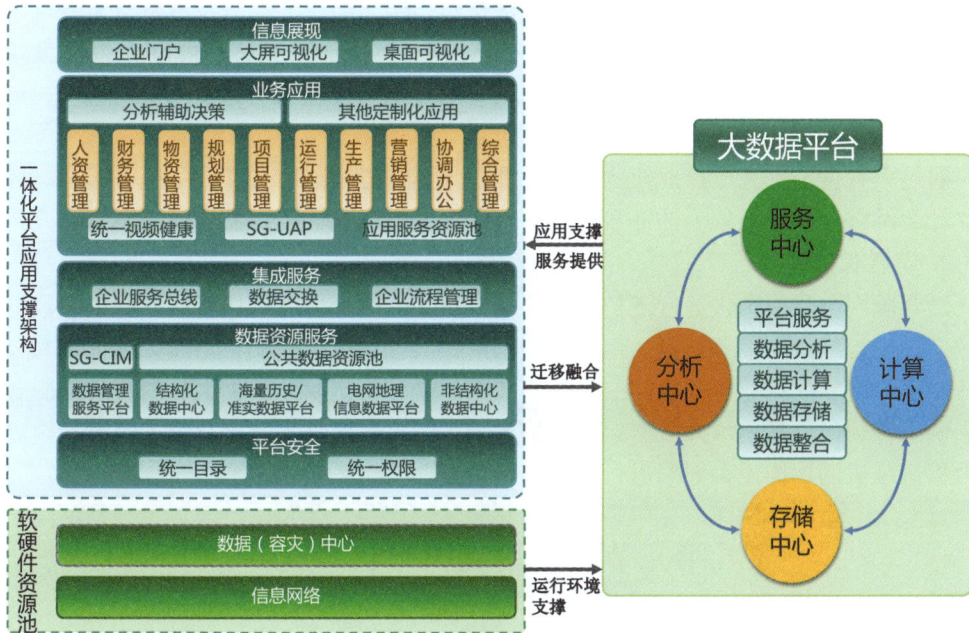

图 2-2-3　大数据平台应用架构

1. 平台建设

按照数据采集、存储、处理和应用要求，开展大数据平台技术研究和研发实施。结合现有技术及验证成果，实现流处理、分布式存储、数据挖掘、联机分析处理等大数据平台组件。通过大数据平台提供统一的数据存储与管理服务功能。

基于业务需求分析开展平台总体设计，通过大数据技术测试验证确定平台核心组件技术选型，分析大数据平台与现有数据中心的关系，研究 SG-ERP 现在相关组件的重用和提升改造策略，制定分阶段建设目标规划，按照先试点再推广的原则，统一组织开展大数据平台研发及应用。

2. 标准制定

按照国网公司信息化标准系统总体要求，制定大数据技术标准、应用标准、安全标准、管理与服务标准、数据开放标准。从大数据体系架构、关键技术、集成开发、应用管理、数据管理、数据安全、数据服务和运行维护等方面制定技术和应用标准规范，形成公司大数据标准体系，指导和规范公司大数据平台应用建设及其运维工作。重点制定大数据采集、交换、开放和使用标准，明确数据管理权、开放策略、使用范围和访问方式。推进公司大数据相关标准转化形成行业标准，积极参与国际标准制定。[①]

3. 应用建设

基于大数据平台建设构想，完成现有四大数据中心整合升级，建成包括输变电设备状态分析、电力负荷预测、配变重过载预警、配网停电优化、配网故障抢修精益化管理、防窃电预警、量价费损分析、用户用电行为分析、新型客户服务业务形态、政策性电价和清洁能源补贴执行效果评估等典型大数据应用建设。[①]开展配网运维管控应用、经济形势评价与预测工、基于售电量的经济指标预测、缴费渠道以及缴费行为分析、售电量预测分析、大客户价值所迫与需求响应分析、客户诉求分析、停电大数据服务响应、智能质检语音分析等大数据研究与试点应用，推动智能电力营销、电网生产、运营管理和优质服务等领域的大数据应用建设。

通过大数据平台完成数据架构优化设计，健全数据采集、交换、共享和开放机制，建立社会经济、气候气象等外部数据统一获取渠道，优化数据存储、使用和管理方式。

4. 运行保障

结合国网公司信息化运行维护管理规范以及大数据平台的应用特点，制定大数据平台的应用运行维护和服务规范。运用大数据的特点创新运维模式，培养数据运维和分析人才队伍，建立信息与业务协同的常态化数据运维分析机制。依据大数据管理与服务标准，明确各部门、各单位大数据运行维护职责，制定大数据平台运行维护规范，建立长效数据运维机制，构建大数据运行维护体系。

第三节　技术支撑平台重构

以营销"一体化"平台支撑体系、大数据支撑平台建设蓝图为目标，同时较好地利用多年来信息工程的建设成果，降低投资成本并且满足智能电力营销的发展需要，湖北公司目前已经着手开展技术支撑平台的重构工作。从优化、拓展、整合的思路出发，先后实施系统架构的分布式改造，提升系统运行性能；优化关键子系统的功能应用，加快服务响应速度；开发智能管控系统，支撑业务流程的上下游和横向整合，提高自动作业能力；构建省级集中的大数据资源池，提高数据资产的管理和利用水平；建设电力营销移动互联平台，满足实时交互的工作需要等，力求在现有条件下，提升技术支撑系统的智能化水平，满足精准营销和管理提质增效的需要。同时，为适应未来的开放交易和生态发展，构建营销"一体化"平台支撑体系，打下坚实的基础。

一、实施系统架构的分布式改造

作为核心业务应用系统，集中存储＋Oracle 数据库的传统物理架构主要分为三层，从上到下依次为：小型机、FC Switch 和磁盘阵列。这种架构的主要问题表现在：第一，受 FC 卡和中间层 FC Switch 带宽的限制，Oracle RAC 数据库可扩展性不足，节

---

① ［国家电网信通］［2015］251 号，国网公司关于印发《国家电网公司大数据应用指导意见》和《国家电网公司移动应用指导意见》的通知。

点超过 4 个后，小型机之间的 RAC 心跳流量大、延迟大，严重影响系统的整体性能；第二，存储可扩展性不足。

为了满足业务量不断增加、海量数据快速增长的需要，同时方便系统功能拓展，在保留原来系统业务架构、应用架构和数据架构不变的前提下，对集中的物理架构进行优化，改造为 X86＋Oracle＋分布式存储的系统架构。

改造完成后，系统不论从耦合度、运行速率、存储性能、扩展性能等方面，都得到了极大地提升和优化。目前，湖北公司已经完成了管理库的分布式改造工作，并计划逐步对生产库和各类应用进一步做分布式改造，以优化整体系统性能。

二、优化关键的系统功能应用

远程实时费控和收费账务功能模块，是营销业务应用系统中最繁忙的两个部分。在原来的集中架构里，与之相关的功能模块，都是部署在营销业务应用系统中。由于存在大量的电量电费查询需求，功能模块需要与营销业务应用系统进行频繁的信息交互，占用了大量的核心系统资源，也影响了系统的整体性能。由于系统响应慢，造成客户不良的收费感知，还发生过客户因为收费慢而投诉的服务事件。为了解决上述问题，亟需对远程费控和收费账务功能进行优化，提高服务响应速度，同时有效释放核心资源。

（一）建设远程实时费控平台

为了支撑集线上购电、实时查询、自助管理为一体的线上服务平台的应用，满足远程费控实时性高、精准度高、交互性强和客户感知敏感的特点，对远程实时费控功能的改造，总体上遵循高内聚、低耦合的原则，以 X86＋ORACLE＋分布式存储的方式，建设营销实时费控平台，构建远程费控的业务应用边界和外部系统的集成交互。具体从两个方面来着手：第一，降低远程费控应用与营销系统的耦合度。将原来分散部署在营销业务应用系统中的费控策略管理、数据准备、电费测算、电费审核、基准比较、费控策略解析与执行等与费控业务流程主线耦合度高的应用功能模块，作为营销实时费控平台的边界，减少频繁交互；第二，降低营销业务应用与短信平台、用电信息采集系统的耦合度。采用远程费控应用与短信平台、用电信息采集系统直接集成的方式，减少中间环节、提高效率。

改造后的远程实时费控平台应用架构如图 2-3-1 所示。营销业务应用系统仍然是核心，左侧是建设的远程实时费控平台，包含费控策略解析应用和营销远程实时费控应用两个部分，客户缴费引起余额变动时，营销业务应用系统的电费催缴及账务管理模块自动通过消息订阅触发基准比较，触动费控策略应用，发出复电指令信息给用电信息采集系统，执行停复电操作或提醒，同时通过短信平台向客户推送服务短信。抄表数据自动采集又将新的数据反馈给营销业务应用系统，重新核算生成新的电费，再与客户账户余额进行比较，生成新的费控信息，形成信息流的自动循环。

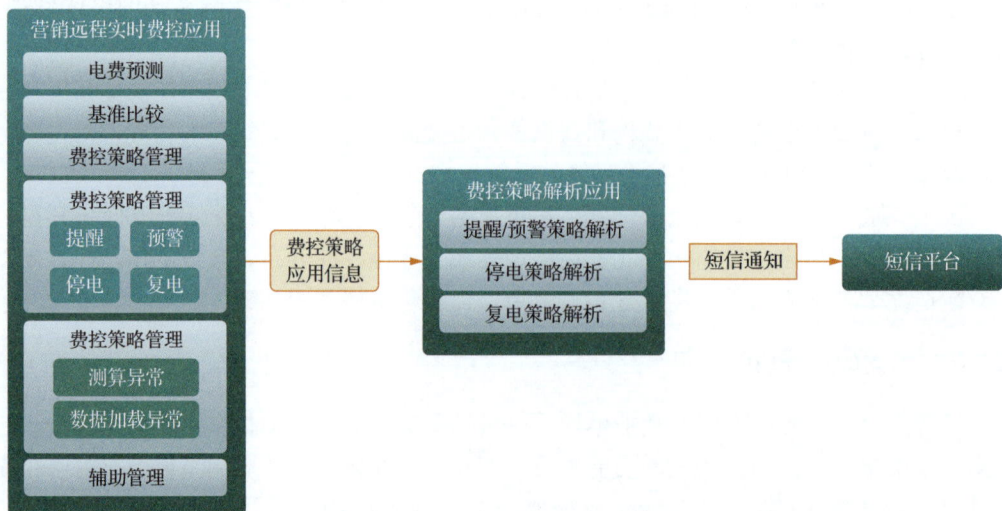

图 2-3-1　远程实时费控平台应用架构图

（二）优化营销收费账务应用

目前，营销收费账务系统运行凸显出 3 个方面的特点：第一，业务发生时期相对集中，抄表核算期间发生的收费笔数约占月总收费笔数的 67%；第二，第三方互动查询缴费系统的综合查询业务量较大，特别是基于互联网的新兴渠道，如支付宝、视频营业厅等，且呈现持续增长趋势；第三，对新型缴费服务渠道的接纳能力要求越来越高。

为了加快收费账务系统的服务响应，支持多渠道缴费的灵活接入，营销收费账务系统主要从 5 个方面优化，具体见表 2-3-1。

表 2-3-1　营销收费账务系统优化点

序号	优化点
1	归集关键收费信息
2	建立统一地址接口
3	实现与营销业务应用系统的进行关联集成
4	实现与市场化售电业务应用集成
5	实现与远程实时费控应用集成

如图 2-3-2 所示，第一，归集关键收费信息，将客户档案信息、应收信息、实收信息数据等体量大、变化频率高的数据，从营销业务应用系统同步复制到营销收费账务及应用系统，提高数据访问效率；第二，建立统一地址接口，接纳一体化缴费平台、非一体化接入第三方缴费系统和平台的接入；第三，与营销业务应用系统的进行关联集成，并使用 ORACLE OGG 完成各类应收、实收、档案变更等数据同步；第四，与市场化售电业务应用集成，满足多渠道快速缴费的需要；第五，与远程实时费控应用集成，支撑自助缴费和远方智能控制。正常情况下，增设的营销收费及账务应用主要承担客户缴

费管理、业务费缴费管理、营销账务管理和欠费管理业务。原营销业务应用系统中的电费收缴及账务管理与新应用互为备用,当营销收费账务应用宕机时,能迅速切回营销业务应用系统,从而提高系统保障水平。

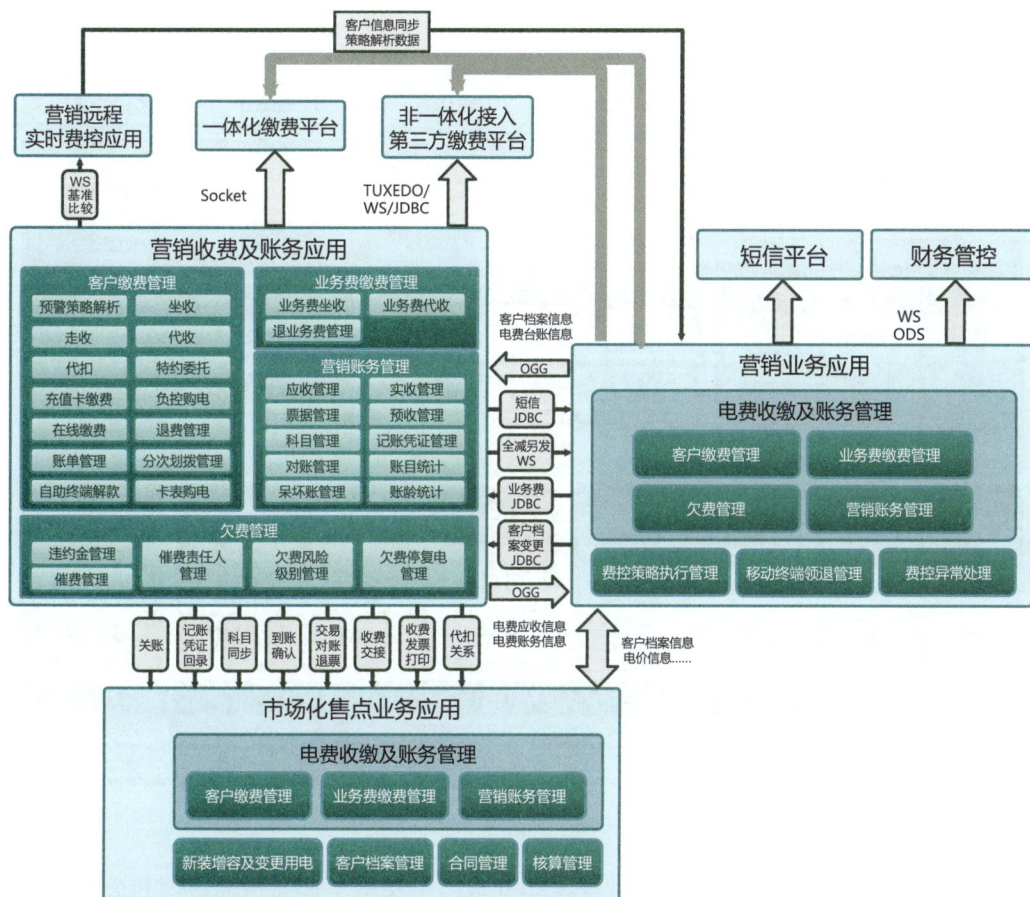

图 2-3-2　营销收费账务应用功能改造及集成架构图

三、提升系统对业务整合的支撑能力

随着供电服务综合需求的提升,越来越多的单一平台功能将向关联业务整合发展,以期利用综合资源优势,进一步提升企业内转效率,提升市场服务能力。为了提升系统对自动化作业、智能化管控的全面支撑,湖北公司先期开展了计量生产调度平台和营财一体化平台的建设工作。

(一)建设计量生产调度平台

电能计量装置是企业的核心资产。由于精细化程度不够以及管理手段的落后,企业在计量资产全寿命周期管理中,出现了设备资产账实不符、生产管理效率低下、无法对资产寿命和性能进行全方位评估等问题。建设计量生产调度平台是在满足业务集中管理的统一要求下,整合上下游计量业务,将生产计划制定、自动化检定、智能化仓储和物流配送进行整合，实现全流程作业自动化。同时，也是对生产运行、质量分析、标准体系、培训管理等信息流进行调度监控的技术手段。

计量生产调度平台主要包括 5 个功能模块：生产质量分析、调度监控、生产运行管理、计量体系管理和系统辅助，如图 2-3-3 所示。

生产质量分析
| 指标体系管理 | 计量异常统计 | 全寿命周期管理分析 | 统计报表 | 故障差错统计 | 轮换数据分析 |

调度监控
| 自动化检定装置调度 | 仓储调度 | 人员调度 | 配送调度 | 人工检定装置调度 |
| 任务监控 | 库存监控 | 配送车辆监视 | 计划监控 | 运行工况监视 | 生产过程监控 |

辅助管理
辅助设备管理	收发管理	淘汰产品目录维护
辅助材料管理	用户预付费卡管理	封印管理
条码\RFID管理	证书管理	抽样方案维护

仓储
出入库	储位变更	淘汰	报废
库房信息维护	设备分拣	托盘/周转箱管理	损坏
库房盘点	任务监控管理	借用	丢失

技术服务
| 临时检验申校 | 委托/仲裁鉴定 | 招标检测 |

技术服务
| 库存复检 | 检定质量核查 |
| 人工复检 | 监督抽检 | 供应商评价 |

采购
获取需求计划	到货计划
采购计划	收货确认
订货	

验收
供货前检验	供货通知
到货登记	到货后全检验收
到货后抽检验收	到货后样品对比

室内检定
检定方案管理	抽样检定检测	计量标准器检定/校准
检定计划	检测/检定/校准	测试设备检定/校准
样品比对	全性能试验	计量标准装置检定/校准

验收
| 配送需求 |
| 配送执行 |
| 配送计划 |
| 车辆管理 |

计量体系管理
| 计量生产及通用设施管理 | 实验室资质授权管理 | 计量人员资质管理 |
| 计量标准考核管理 | 文件资料管理 | 计量标准及测试设备管理 |

系统辅助
| 公告管理 | 满意度调查 |
| 培训管理 | 低值易耗品管理 |

图 2-3-3　计量生产调度平台业务架构图

生产质量分析模块提供报表统计和辅助分析，主要用于加强指标管理和决策参考；业务度监控模块是平台的"调度中心"，负责统筹安排生产检定配送计划，并对人员、装置、工况等状态进行监控，随时纠偏；生产运行管理模块是平台的"心脏"，主要支撑计量全业务的自动化运转；计量体系管理模块是标准"传递单位"，实现全范围的计量标准一体化；系统辅助模块配套完成公告、满意度调查、培训管理等。形成计量资产和信息流的闭环管理。

计量设备贯穿于电力营销流程始终，计量生产调度平台的建设也不能脱离营销业务应用系统。为了便于信息交互，提高工作效率，单独建设，作为 SG186 整个信息工程的一部分，采用统一的数据标准与营销业务应用系统、总部计量体系运行管控系统和企业门户等进行集成。为了支撑计量全业务整合，计量生产调度平台同时还集成了视频系统、检定线系统、仓储系统、配送系统等关联系统。

（二）建设营财一体化平台

建设营财一体化平台，主要是为了协调营销与财务之间电费账务标准不统一的问题，简化电费归集、退转、对账等工作手续。平台的应用架构如图 2-3-4 所示，主要包括营销账务应用、账务处理、业务记账、账务支撑四个模块。营销账务应用模块主要负责各种科目、银行等电费账务的记账管理；报表管理模块主要提供电力销售情况、各类统计分析报表；账务处理模块主要用于账务凭证的制作、审核、月末结转等；业务记账模块主要用于电费的发型、收费、解款、入账等日常记账销账工作；账务支撑模块主要包括科目管理、事务管理、会计凭证设置等功能。统一营销与财务之间的数据标准后，实行营财一体化平台与营销业务应用系统对口集成，以及与财务管控系统的报表、凭证和单据集成，实现关联业务的有效融合，破除横向协同障碍。

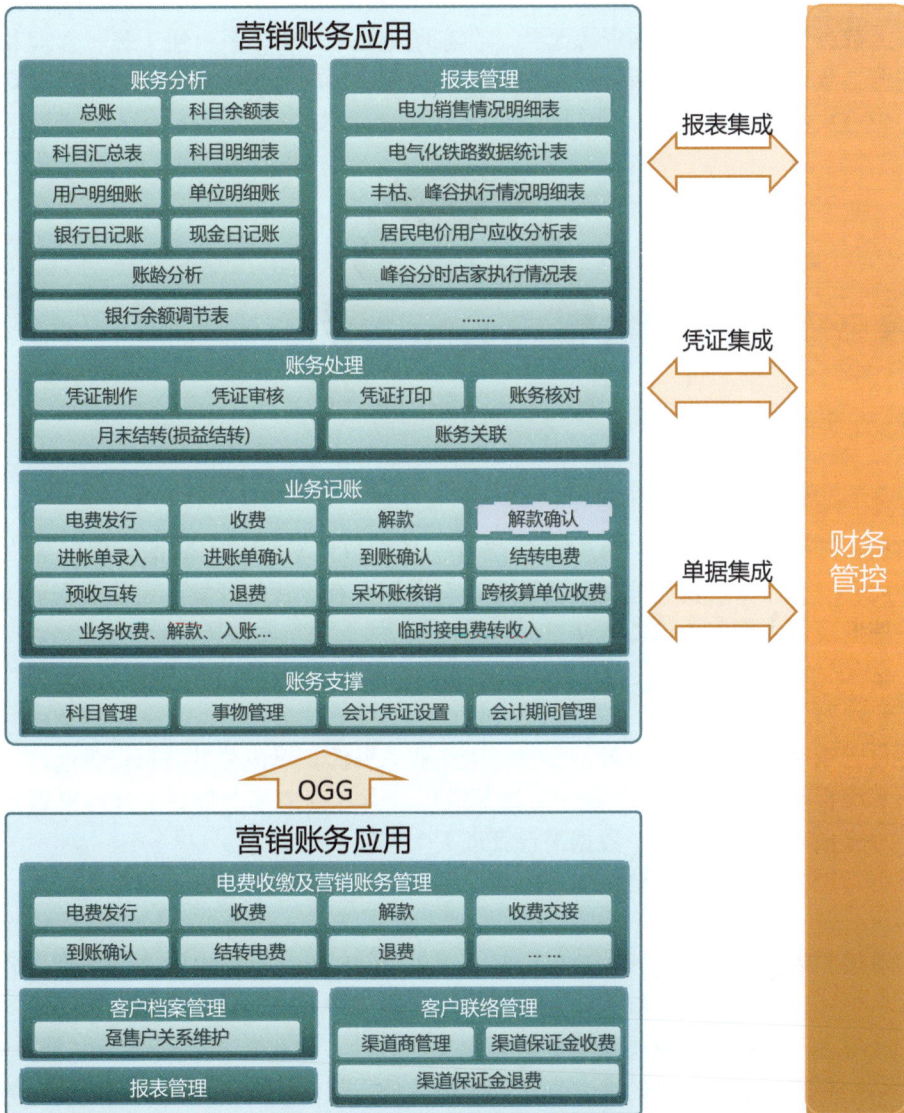

图 2-3-4　营财一体化平台应用架构图

四、搭建省级大数据资源池

多年来的积累和发展，使得公司利用信息系统开展电力营销的能力不断增强，基本完成了作业层的自动化，在智能化管控和智能分析、辅助决策上也进行了有益探索，积累了大量宝贵的数据。这些数据体量大、内容多样、时间跨度长，是企业重要的资产，但是在综合利用、价值挖掘、提升企业经营管理上，还存在较大地发展空间。为了充分挖掘数据价值，提高业务管控能力，提升供电服务品质，按照国网公司统一信息框架，湖北公司对营销"大数据"建设工作进行了全面规划和部署。如图 2-3-5 所示，在 X86＋ORACLE＋分布式存储架构下，以现有 SG186 营销业务应用系统及功能平台为核心，建设"大数据"—"公共数据资源池"—"辅助决策"三层体系。便于统一管理和调配全网资源，集中核心共享数据，挖掘数据资产价值，同时开展多维度、多角度地智能分析，为管理决策者提供参考。

图 2-3-5 "大数据"三层体系示意图

目前，湖北公司已完成"大数据"层营销基础数据平台和大数据管理服务平台建设，并配合"大数据"资源池的建设进程，有计划、有步骤的开发、完善数据资源统一管理、辅助决策支撑等支撑功能建设。

（一）建设营销基础数据平台

建设营销基础数据平台主要是整合营销全业务资源，形成公共数据资源池，便于建模分析和综合利用。如图 2-3-6 所示，按照应用分类，营销基础数据平台可规划为数据管理、综合报表与分析挖掘、数据平台管理三个模块。

数据管理模块主要负责营销业务应用、电动汽车、电能管理、计量生产调度、用电信息采集、营销 GIS 、95598 智能互动网站等数据接入，营销组织域、客户域、产品域、服务域、电网域、市场域等数据访问，SQL、CIS 接口、API 接口、业务、消息等访问接口管理以及营销统一编码和建模工作。

综合报表与分析挖掘模块主要负责自定义、转换、流程等报表管理，电量、电费、业扩报装、客户关系等信息的综合查询，实施计量、营业、业扩、安全等信息流的全面监管，支撑各类分析和市场预测。

数据平台管理模块主要负责平台配置、运行、资源监视、运行日志管理、服务组件和权限管理等工作，监管异常数据和状态，数据同步异常处理、同步调度处理等。

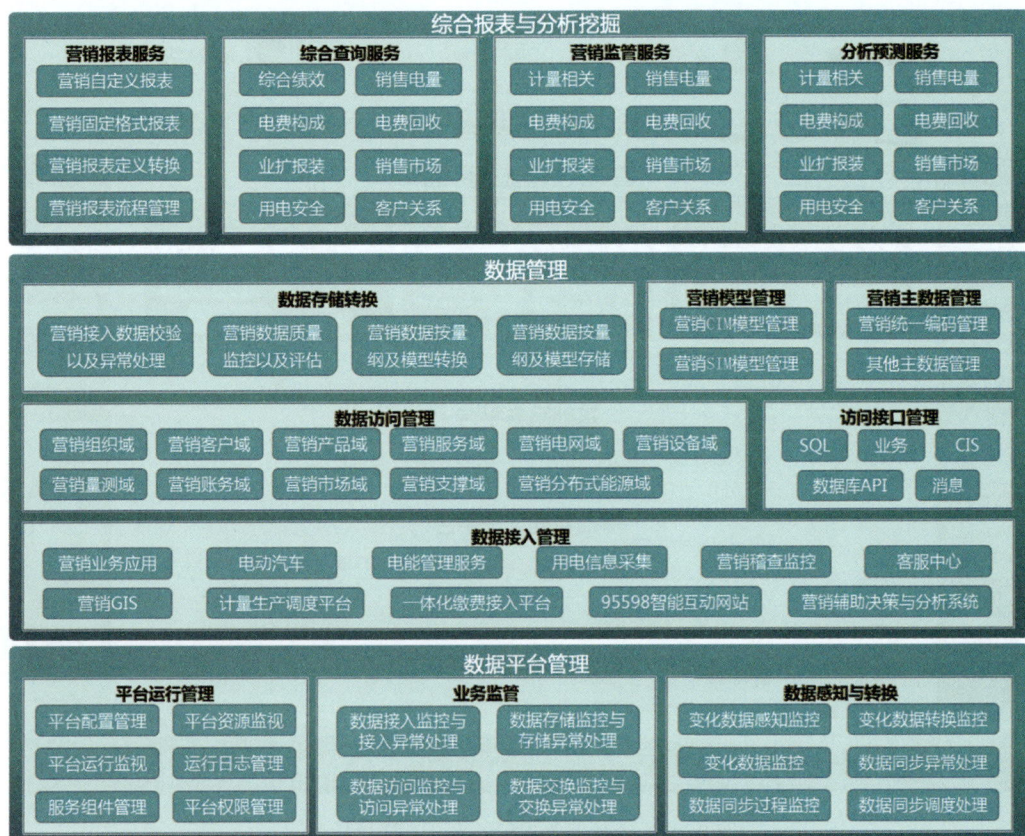

图 2-3-6　营销基础数据平台整体应用架构图

通过搭建统一的营销基础数据平台，提高营销业务管控力，支撑对外数据共享与业务融合，增强业务耦合度，提升企业对数据的综合利用能力。

（二）建设大数据管理服务平台

大数据管理服务平台以基础数据平台为基础，利用大数据技术，实现营销数据集中、共享与交换的总线式服务。平台支持 2 个方面的功能应用：第一，实现海量数据采集、存储和清洗转换，为数据共享、资源统一调配和辅助决策提供帮助；第二，通过建设分析引擎、搜索引擎和工作流引擎，开放企业内部的资源共享，并支撑未来向社会公众与能源服务商开放。

如图 2-3-7 所示，大数据管理服务平台基于大数据、云平台架构体系，在总体架构设计上可规划为三个层次，分别是基础数据管理平台、基础数据服务平台、大数据应用平台。基础数据管理平台主要负责不同结构海量数据的采集、存储、数据清洗转换，分析建模等处理；基础数据服务平台主要负责分析检索、批量计算框架、流计算框架设定、目录集成服务等。而营销大数据应用平台是整个大数据管理服务平台的"窗口"，支撑未来的能源服务商、能源生产者、消费者自由交易和信息交互。

服务对象： 公众 企业 电网公司

营销大数据管理服务平台

服务渠道

管理控制	营销大数据应用平台	安全控制

营销大数据应用平台

管理控制
- 运行监控
- 维护管理
- 配置管理
- 服务管理
- 系统管理

计费管理
- 用户管理
- 结算管理
- 财务管理
- 定价管理

统计分析
- 联机分析
- 报表统计
- 既席查询
- 信息发布

业务应用
- 公共服务
- 能效管理
- 企业服务
- 电力综合
- 开发应用接口服务

安全控制
- 安全检查
- 统一认证
- 访问控制
- 数据防护
- 安全审计

基础服务平台
- 分析引擎
- 信息检索引擎
- 批量计算框架
- 流计算框架
- 目录集成服务
- 工作流引擎

基础数据管理平台

数据处理
- 数据解析
- 规约引擎
- 实时流计算环境
- 数据持久化

数据存储
- 分布式文件系统
- 分布式数据库

数据采集
- 任务调度
- 通信协议处理
- ETL工具
- 分布式处理

营销业务应用系统　营销业务管控系统　电动汽车运营管理系统　用电信息采集系统　调度自动化系统　计量生产调度平台　其他系统

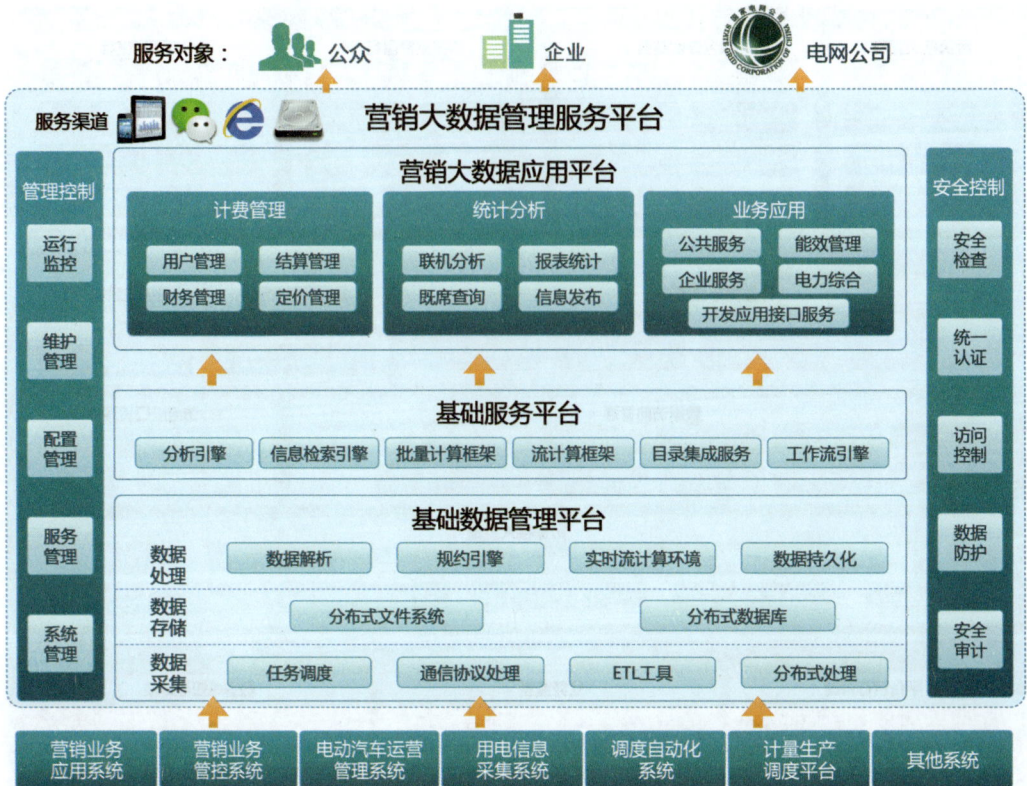

图 2-3-7　大数据管理服务平台总体架构图

作为技术支撑，大数据管理服务平台提供 4 个方面的功能：第一，实现电量电费精准计算。开放电量采集、电费计算等应用接口（API），精确、可靠地计算出所提供服务资源的费用，并将这些信息展示给用户和公共服务平台管理人员；第二，进行准确的运营统计分析。接受来自各个应用服务组件和用户的资源请求，并把所需的特定资源分配给资源请求者，同时合理地调度资源，使请求资源的作业得以正常运行；第三，提供平台运维管理。实现对公共服务平台 IT 资源和数据资源的统一，根据用户的需求提供可量化的接口服务和应用服务，有效将所需资源切换到实际需要的应用中，提高 IT 资源和服务资源的利用率，降低系统的成本；第四，提供对外服务。包括运营服务平台的分析模型设计和分析，为公共应用平台的对外服务应用提供分析模型组件，如营销业务数据挖掘分析模型、信息搜索模型、各类电力应用分析模型等。通过关联分析等数据挖掘工具关注信息搜索、分析痕迹留存等，可以有效地帮助企业、政府部门掌握用户的舆情动向和相关信息，并有针对性进行处理和信息再利用；第五，开放应用接口（API）服务。为参与相关方提供电力供需信息、负荷预测、有序用电信息、企业用能分析等，一方面促进电力信息在经济生产中的应用，另一方面也使更多企业参与电力数据的应用研究与开发，促进竞争与创新应用。

五、建设电力营销移动互联应用

据工信部最新发布的统计数据，截至 2016 年 1 月，我国移动互联网用户数已达到 9.84 亿。当前国内企业的手机 APP 已经在金融、电信、政府、制造、服务等行业全面展开，国外半数以上的企业都拥有自己的 APP 服务渠道。移动互联正在改变我们的生活，指尖上的经济好似一个无形的手，推动着指尖上的较量。电力作为社会基础能源服务行业，建设和发展移动互联应用也是大势所趋。根据国网公司移动信息发展规划，湖北公司在顶层设计的统一框架下，结合本地特点，对电力营销移动互联应用进行了规划。省级智能电力营销移动互联应用架构如图 2-3-8 所示，总体包含三个方面的内容：一是搭建一个移动应用平台；二是拓展内部移动和客户服务窗两个应用；三是建立标准、运维和信息安全三个支撑体系。

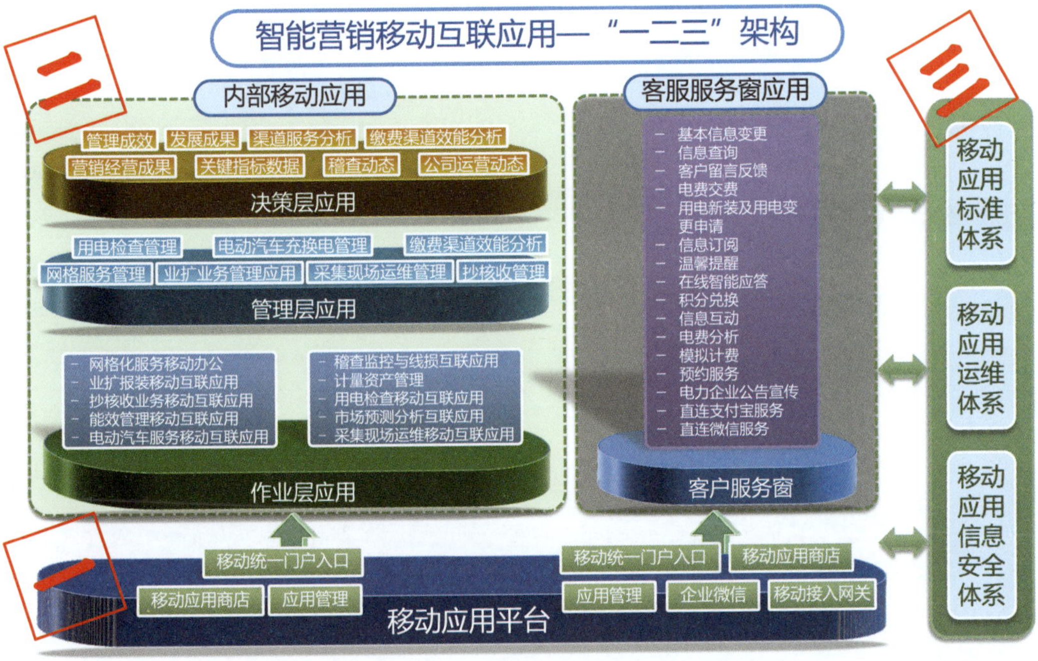

图 2-3-8　智能电力营销移动互联应用架构图

移动应用平台是整个架构的支撑，实现移动通信、互联网和智能手机技术在公司营销专业的全面应用。

内部移动应用服务窗主要面向公司营销业务决策、管理、作业三个层级内部用户业务处理和公司内外业务移动交互的统一管理。作业人员通过移动终端，可以方便地开展抄表收费、业扩报装、计量资产管理、市场预测等日常工作，尤其是跨部门跨专业的现场工作，将不再受到地域和时间的限制，变得更加高效。管理层可以通过移动应用，实现作业全过程的无缝管控。决策层通过移动应用窗口，可以随时掌握经营状况，并借助分析辅助工具，快速决策应对市场变化。客户移动应用服务窗主要面向广大的电力客户。通过搭建移动互联网应用产品商店，支持客户 7×24 小时自助办理用电业务、查询用电信息、完成消息订阅、了解用能节能情况等，大幅提高服务效率，进一步拉近企业与客户之间的距离。

移动应用标准体系、运维体系和安全体系的建立，是移动应用平台正常运行的保障。能够规范数据流、信息流和作业流，确保系统在安全可靠的环境下长期稳定运行。

信息化革命是推动企业升级转型的必由之路。维克托·迈尔·舍恩伯格曾在《大数据时代：生活、工作、思维的大变革》一书中前瞻性地指出，大数据带来的信息风暴正在变革我们的生活、工作和思维。大数据及云计算时代的到来，正在为传统能源企业向能源互联网转型，带来颠覆性的变革。这场数字化革命将深刻影响电网公司现有的营销模式，在信息化运动地推动下，传统交易将向着开放、交互和便捷化方向发展。

第三章
智能电力营销组织
保障体系

智能电力营销的核心内容就是以客户为中心的"入口＋平台"营销方式,其发展和深化需要尽可能缩短管理链条,围绕客户体验进行协同流程的设计,建立以客户为中心的组织机构和高度协同的工作机制。国家电网公司全面开展的"三集五大"建设,构建"一型五化"的"大营销"体系和"五位一体"协同机制,有力推动和保障了智能电力营销的建设和发展。

第一节　智能电力营销体制架构

"大营销"体系建设,旨在适应智能电力营销发展新形势,以客户和市场为中心,坚持集约化、扁平化、专业化方向,进一步创新管理模式,变革组织架构,优化业务流程,建成"客户导向型、业务集约化、管理专业化、机构扁平化、服务一体化、市县协同化"的"一型五化"大营销体系,推进"一口对外"的高效协同服务机制建设。通过建立 24 小时面向客户的统一供电服务体系,形成业务过程管控、服务实时响应的高效运作机制,持续提升供电服务能力、市场拓展能力和业务管控能力,提高营销经营业绩和客户服务水平。

一、组织架构

按照上下协同、指挥通畅、运作高效的原则,建成国家电网公司总部层面"一部一中心",省(直辖市)公司"一部二中心",地(市)公司"营销部(客户服务中心)"、县公司"营销部(客户服务中心)"的营销组织架构。具体架构见图 3-1-1。

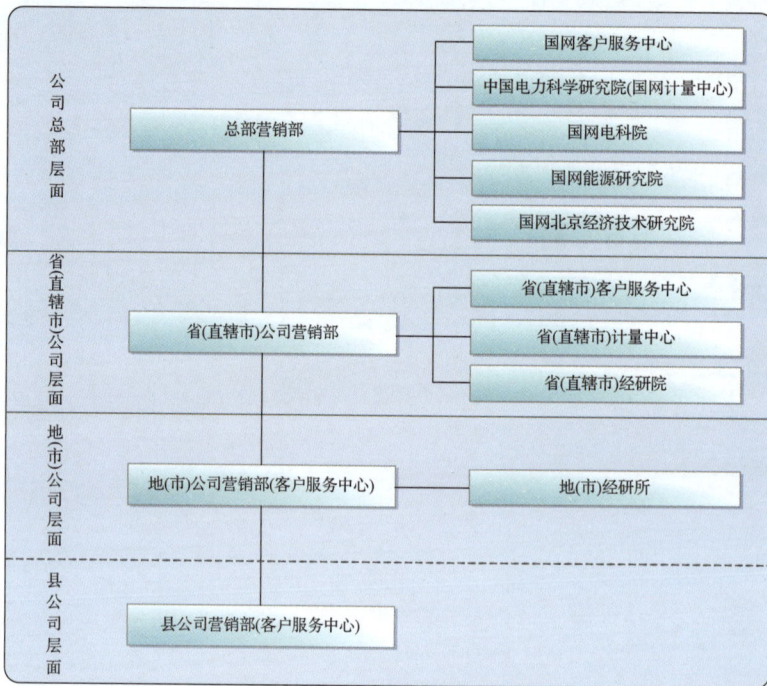

图 3-1-1　大营销组织架构图

（一）国家电网公司总部

总部营销部：负责营销业务归口管理，营销工作关键指标、核心业务、重要环节管控、分析和评价。负责中国电科院（国网计量中心）、国网电科院、国网能源研究院、国网经研院相关业务的统筹。

国网客户服务中心：公司集中供电服务业务的执行单位，总部营销决策的支撑机构，承担各省 95598 服务工作质量的监督、检查与评价。负责公司 95598 呼叫中心与智能互动网站的统一建设及运营、开展客户满意度调查等工作；节能与电动汽车展示体验中心的建设运营；总部电动汽车充换电支持系统的建设运营；总部集中部署的供电服务业务系统及数据平台的建设、运维与应用管控；负责拓展社会化服务项目，延伸服务领域等。负责配合完成相关营销服务工作。

中国电力科学研究院（国网计量中心）：负责建立公司电能计量、电测计量、高压计量最高标准，电能计量、电测计量、高压计量量值传递及计量专业技术管理、技术监督和业务指导等；负责营销前沿技术研究；负责营销自动化系统业务应用技术支持；负责能效管理相关业务开展及技术支持、节能服务与能效管理技术标准规范研究、节能量测评服务等。

国网电科院：负责开展节能服务技术标准规范研究及技术支持、节能量测评服务；电动汽车充换电设施关键设备研制；协助开展营销信息化、自动化支撑手段研究等。

国网能源研究院：负责开展营销战略、业务发展、市场拓展、优质服务策略以及营销政策、法规研究等。

国网北京经济技术研究院：负责开展营销项目可研评审、综合分析评价等。

（二）省公司

营销部：负责营销业务职能管理及组织实施。负责省客户服务中心、计量中心的业务管理。

省客户服务中心：负责 95598 全业务工单的转派、督办、回复审核和上报，承担本省 95598 服务工作质量的监督、检查与评价，营销自动化系统业务应用、有序用电相关业务支撑、220 千伏及以上业扩报装、电动汽车充换电服务网络系统运营监控、能效服务网络建设等省级集中业务执行。

省计量中心：负责计量器具检定配送等省级集中业务执行。具体业务有运营管理业务、技术质检业务、标准量传业务、室内检定业务、现场检验业务、配送业务和综合业务等。

省经济技术研究院：负责对省公司 220 千伏及以上客户接入系统方案编制，电动汽车充换电设施、分布式电源接入等方面提供业务支撑。

（三）直辖市公司

营销部：负责营销业务职能管理及组织实施（负责 35 千伏及以上客户供电方案审批，牵头组织制定 35 千伏及以下用户接入系统方案）。负责市客户服务中心、计量中心的业务管理。

市客户服务中心：负责 95598 全业务工单的转派、督办、回复审核和上报，承担本市 95598 服务工作质量的监督、检查与评价，营销自动化系统业务应用、有序用电相关业务支撑、电费账务处理、35 千伏及以上业扩报装等市级集中业务执行。

市计量中心：负责计量器具检定配送等市级集中业务执行。具体业务有运营管理业务、技术质检业务、标准量传业务、室内检定业务、现场检验业务、配送业务、综合业务等。

直辖市经研院：负责对市公司 35 千伏及以上客户接入系统方案编制，电动汽车充换电设施、分布式电源接入等方面提供业务支撑。

（四）省公司所属地（市）公司

营销部（客户服务中心）：负责所辖直供区以及县公司营销职能管理。负责地（市）城（郊）区客户、所辖直供直管县公司 110（66）千伏及以上客户营销业务执行，组织制定城（郊）区 10 千伏及以上、直供直管县公司 110（66）千伏客户供电方案和城（郊）区 10～35 千伏客户接入系统方案，审批所辖县公司 35 千伏客户供电方案（含接入系统方案），负责城郊乡镇供电所营销业务管理。

（五）直辖市公司所属区（县）公司

营销部（客户服务中心）：负责营销职能管理，承办市客户服务中心转来的 95598 非抢修类工单的转派、督办、回复审核和上报。城（郊）区客户营销业务执行（不含电费账务处理、35 千伏及以上业扩报装等市级集约业务），负责乡镇供电所营销业务管理。

（六）省公司所属直供直管县公司

营销部（客户服务中心）：负责营销职能管理，负责辖区内 35 千伏及以下客户营销业务执行，组织制定 10～35 千伏客户供电方案和 10 千伏客户接入系统方案，负责乡镇供电所营销业务管理。负责承办市客户服务中心转来的 95598 非抢修类工单的转派、督办、回复审核和上报。

二、业务体系

结合营销管理模式创新及组织架构变革，对 95598 业务公司层面集中、220 千伏业扩报装等营销业务省级集中、新型业务发展、大客户差异服务、智能用电服务、用电信息采集系统推广应用等涉及的流程进行全面梳理和优化，重点优化客户关注度高、与"三集"及其他"四大"交互多的 10～220 千伏业扩报装、95598 抢修和非抢修业务处理、分布式电源项目并网服务、有序用电方案实施、35 千伏及以下自备电厂接入等核心业务流程，明确了流程关键环节、涉及部门层级、具体业务岗位、工作时限等内容。业务体系见图 3-1-2。图中，蓝色部分是沿袭过去业务；黄色部分是原有的但须完善的业务；红色部分属于新型业务。

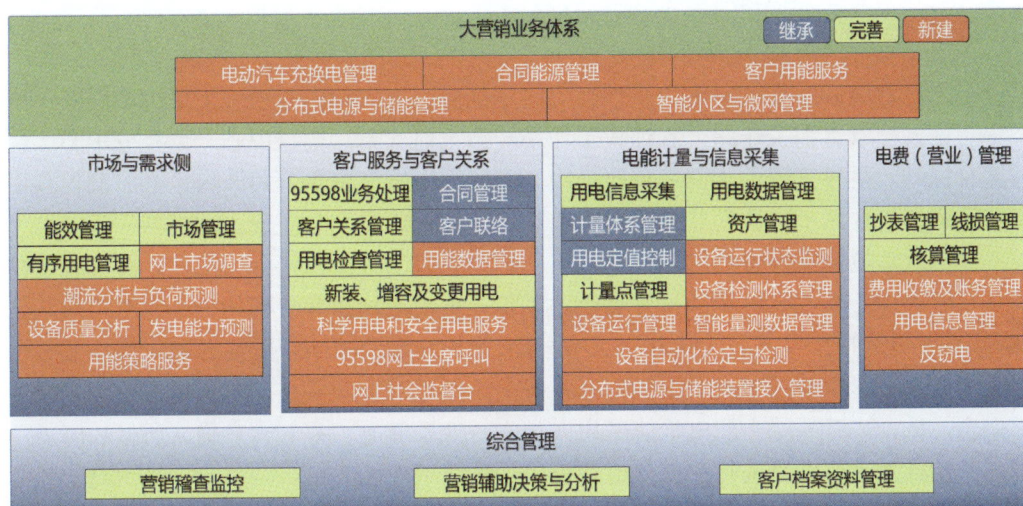

图 3-1-2　"大营销"业务体系

（一）95598 客户服务

国网、省、地（市）、县四级客户服务中心是公司与客户联系的信息平台和窗口，通过不断完善强化，全面提升公司员工服务意识和服务技能，清晰界定四级客户服务中心在 95598 业务运营方面的职责界面，梳理、优化流程，建立覆盖全业务、全岗位的制度标准体系，健全横向协同供电服务机制，全面提升公司供电服务质量和客户满意度。实现抢修业务由国网客服中心南、北分中心直接派单到地（市）调控中心、地（市）调控分中心；非抢修业务按管理权限直接派单到省客户服务中心或地（市）客户服务中心。

（二）业扩报装

按照"一口对外、内转外不转"的原则，合理优化 35 千伏及以上业扩报装流程，将各电压等级相关环节的运作层级与其他"四大"全面对接，明确省、市、县各相关部门业扩管理职能与职责界面，进一步健全业扩协同服务机制；按照核心环节集约化、客户界面属地化的原则，明确业扩流程各环节责任主体和完成时限，实现业扩报装运作效率和客户满意度的最优平衡。地（市）公司经研所在 35 千伏及以下客户接入系统方案编制方面提供支撑，地（市）公司营销部（客户服务中心）牵头组织发展、基建、运检、调控等部门对 35 千伏及以下客户接入系统方案进行审查；对于 10 千伏客户，各单位结合自身电网基础情况确定直接开放负荷额度，负荷额度以外的客户，地（市）、县公司营销部（客户服务中心）牵头组织发展、基建、运检、调控等部门审查；对于负荷额度以内的客户，由地（市）、县公司营销部（客户服务中心）直接拟定供电方案（含接入方案），发展、运检部门会签后由客服中心答复客户。将 110 千伏客户供电方案审批由省公司调整至地（市）公司营销部（客户服务中心），110 千伏客户接入系统方案由发展部门牵头组织制定，纳入客户供电方案。

（三）故障报修

国网客户服务中心统一集中受理客户故障报修。过渡期内，报修工单由国网客户服务中心派发至省远程工作站，省远程工作站转派至地（市）调控中心、调控分中心。经过磨合提升，最终实现由国网客户服务中心直接派发地（市）公司调控中心、调控分中心，省远程工作站负责协助监督抢修类业务工单的抢修进度与质量。

建立故障抢修横向协同机制，地（市）调控中心、分中心接受、派发、督办、反馈省客户服务中心95598转派的抢修类业务工单，负责配网故障研判，统一调配抢修队伍（抢修类工单直接派发至相应抢修班组），全天候响应和快速组织配网故障抢修，监督抢修工作质量。营销部门牵头对配网抢修业务全流程进行管理考核。实施营配抢修末端业务融合，低压表计故障由配电抢修班组人员先行换表复电，并与客户确认所换故障表示数，营销计量人员事后进行加封及电费追补等后续工作。

（四）计量检定

计量器具检定、资产管理由分区实施改为全省集中检定、统一配送，实行计量资产全寿命周期管理，提高检定效率和质量，巩固计量检定授权成果。

（五）电费抄核收

实行电费解款确认、到账确认分离，强化资金安全监控，压缩在途时间。省公司直供直管县公司电费核算、发行、电费账务处理等业务上收至地（市）公司；直辖市公司电费实收记账、对账工作由分散式改为市公司集中完成。

（六）用电信息采集系统建设及运维

依托"省级部署、省市县三级应用"的统一主站系统，由省级计量中心对全省用电信息采集系统运行质量和业务执行情况进行集中管控，负责对安装、调试、故障处理和运维工作纵向派发督办工单，实现建设与运维业务属地化、管理与评价集约化。

（七）营销新型业务

明晰省、地（市）、县公司在电动汽车充换电设施建设运营管理、节能服务体系、分布式电源接入、光纤到户与智能小区建设等新型业务的职责界面、工作流程。

三、保障作用

营销组织机构变革、业务流程优化以及依托技术支持系统的进步，推动了营销组织管理模式的创新和转变，为智能电力营销O2O服务模式的形成以及营销全业务实现"自动化、信息化、互动化"提供了坚强的保障。

（一）保障智能电力营销业务与系统的高度融合

（1）优化了营销资源配置。计量检定配送、95598电话呼叫业务、电费账务处理、营销自动化系统建设及业务应用管理的全面集中管控，在更大范围内优化整合了营销资源，提高了营销资源的配置效率与标准。

（2）强化了营销管控能力。通过对营销关键指标、营销全业务及营销服务的集中在线稽查与监控，可及时发现营销工作的薄弱环节，及时堵住经营漏洞，使营销质量、服务质量持续改进。

（3）有利于增供扩销和堵漏增收。营配调一体化运作、统筹业务报装和配网建设与改造，更好地满足了客户用电需求，优化了业务流程，缩短了业扩报装周期，减少了计划检修停电时限；统一了配网线损管理主体，有利于降低管理线损和技术损耗。

（二）保障智能电力营销新技术应用和新业务发展

（1）激励智能营销技术发展。组织架构明确并加强了国家电网公司总部、省（直辖市）直属科研单位对营销业务的支撑功能，加大了营销政策、关键技术、关键设备的研究。着力构建"互联网＋电力营销"智能互动用电服务创新体系，应用大数据、云计算、物联网、移动终端等互联网技术和理念，互联网和新技术在智能电力营销中的应用不断普及和深入。

（2）打造智能用电服务体系。规定了国家电网总部、省公司、地（市）公司营销组织对于电动汽车智能充换电服务网络建设、节能服务体系建设、分布式电源接入、光纤到户、智能小区等新型业务的管理职责，强化了省、地（市）、县公司组织支撑，使智能用电服务体系架构逐步完整。

（3）实现大数据集中共享。分层向上集约报装、计量、电费等业务，实现了资源大范围优化共享，为拓展业务领域、发挥集约效应、节约经营成本奠定了基础，为智能电力营销先进技术支撑提供了有力保障。

（三）保障智能电力营销服务能力和水平的提升

（1）提升供电服务能力。强化了服务协同化，突出对客户的服务职能，明确了营销部与运检部等部门之间工作界面，推进营销、农电、客户服务中心等专业整合，按照客户服务的要求和职责，提供更全面、更专业的服务。通过整合服务资源，规范故障报修流程，减少了停电次数、缩短停电时间，满足客户供电需求，确保供电到户，服务到户。

（2）为客户提供精准服务。依托互联网服务渠道的不断拓展，建立起客户关系管理，对电力客户端实现分析、评价、识别，实现了差异化营销策略，提高电力营销服务的针对性和有效性，使客户充分感受到专属、快捷的服务体验。

（3）强化业务协同配合。与运检、发策、物资、外联、纪检、调控、运营监控等部门建立例会制度、会商制度，合力协调解决智能电力营销建设中的难题，实现信息共享、分工协作的"一口对外"服务模式，使客户服务响应更加迅速，服务效率明显提高。

（四）保障智能电力营销专业化队伍的建设

（1）缓解营销缺员矛盾。压缩了管理层级，整合了营销管理和业务执行，避免了管理、业务人员的重复配置，提高了执行效率；通过整合配网和营销的 24 小时值班资源，压缩运行值班人员，运行效率大幅度提升。

（2）提升队伍整体素质。通过结构性培养"一岗多能"的营销一线人才，打造一批复合型、高素质人才队伍；以"专而精"为原则，加强对营销人员的培训，提高营销员工整体素质，分门别类建设起与智能电力营销新体系相匹配的高素质的营销梯级人才队伍，打造职业化营销队伍。

第二节　智能电力营销机制支撑

在"三集五大"新型组织体系架构下，国家电网公司为保证实施过程具有统一、规范的标准体系和制度体系，提出了"五位一体"的协同机制建设任务，这也是实现电力营销智能化的重要途径和有力支撑。

一、"五位一体"协同机制内容

传统流程、制度、标准、表单等要素均以文档形式分散存在，员工难以全景了解各体系管理要求。岗位手册由人工编写，容易造成制度、执行"两张皮"现象，难以适应组织结构和管理要求的快速变革。

"五位一体"协同机制是围绕职责、流程、制度、标准、考核等要素，以业务流程为核心，职责体系为保障，制度标准为准则，对流程进行梳理，实现流程相关要素的整合，促进企业绩效提升，保障"三集五大"高效运转的管理机制。

五个要素间的逻辑关系见图 3-2-1。其中，"流程"是所有业务运转的"脉络"，是连接其他各要素的主体和纽带。"五位一体"协同机制全面系统地表述了每个岗位"要

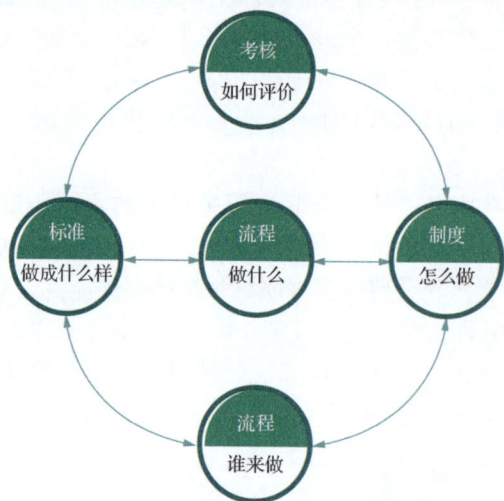

图 3-2-1　"五位一体"协同机制逻辑关系图

做什么？如何做？标准是什么？谁来做？如何评价？"等岗位员工亟需明确的问题。通过建立与流程动态匹配的岗位职责体系，分解制度条款，将流程环节逐一落实到岗位上，实现岗位职责的清晰界定，制度标准的有效落地，创新流程绩效管理、完善全员量化考核评价体系，推动公司各管理体系协同运转、持续优化。

二、"五位一体"协同机制优点

相比传统管理机制，"五位一体"协同机制具备以下优点：

（1）实现多管理体系协同运转。整合职责、流程、制度、标准、考核等各管理体系，便捷实现各体系管理和调整。建立各体系间的关联关系，各体系间既可动态引用又可动态修改，单体系调整会非常便捷地体现到其他体系中。如新印发一项制度，通过拆分匹配，可以快速落实到流程、岗位。

（2）实现机制"自完善"。通过开展各类定量、定性分析，分析流程与岗位的匹配度，验证岗位设置的科学性；通过流程与制度、标准的匹配度分析，检验制度、标准是否存在重复、遗漏的情况；基于风险控制要求，对流程实施风险评估，发现问题，持续改进，促进体系"自完善"。

（3）快速适应组织机构变化。若组织岗位发生变化，只需修改岗位、岗位与流程的匹配关系，便可动态导出新岗位的岗位手册。若管理要求发生变化，只需将新的管理要求匹配到流程环节，便可快捷落实到岗位，各级人员就能够快速了解所要遵循的全部管理要求。

三、"五位一体"协同机制功能

"五位一体"协同机制是一种创新的管理体系，旨在通过多体系融合、多部门协同，实现对企业整体业务和管理的管控。

（一）提高企业管理水平

"五位一体"协同机制建设，采用流程管理理念和方法，对业务流程分级分类优化，实施端到端流程的整体梳理，可促进各流程的有机衔接，有效解决权责不清、管理交叉、部门间流程不畅等问题，促进各业务体系高效运转。"五位一体"协同机制的建立涉及流程、组织、岗位、制度、标准、绩效指标等多种基本管理要素，体系建立的过程中需要对这些管理要素进行系统性、结构化的梳理，并在拆分或细化后在流程管理软件系统中建立对应的模型。这本身就是一个全面的管理体系梳理、管理内容细化、管理基础改进的机会和过程。以流程管理体系为基础搭建统一的管理平台，使职责、流程、制度、标准、考核等体系协同运转，促进不同管理体系之间的相互融合，形成良性循环和闭环管理。

（二）动态改进岗位职责

将与流程相关的管理要素匹配到流程最小单元——流程环节后，当组织结构和岗位出现变动时，业务流程中的管理要求可及时准确地落实到新的组织和岗位。假设"35

千伏电网规划编制"这项工作原属于地市公司的电网规划管理岗，后调整到了省公司经研院电网规划岗，仅需要简单操作，删掉原岗位，将典型岗位匹配新的实际岗位，就可以重新导出新的岗位手册。若发生制度、标准调整修订等情况，仅需针对制度、标准模型的内容进行修改，流程节点中对应的制度条款、标准条款就会自动更新。一旦新制度、标准订立，仅需拆分新制度、标准，匹配新条款即可导出新的岗位手册，使所涉及的岗位可以实时了解管理要求的变化。这种协同联动的机制，实现了管理体系灵活动态的调整，有效提升了公司管理水平。

（三）更好落实岗位责任

在流程发生变化时，可以对岗位职责进行动态分析，可以知道哪些岗位职责需要变化、拆分或合并。当人员调动到新岗位，也可以借助"五位一体"的岗位责任体系很快地获知自己的职责、流程、管理要求以及绩效指标等，为新员工到岗培训提供有效支撑，也提高了岗位管理的效能。

（四）引导流程岗位优化

通过流程模型合理性分析，可以实施深入的流程、岗位分析与优化。比如借助角色分析，可识别一个岗位既是发起人，又是审核人或流程没有决策人员的现象等；借助组织断点分析，可识别一条流程中各部门职责界面交叉过多带来的效率低下，沟通成本过高的问题；借助流程绩效分析，可解决一条流程的绩效指标如何分摊与协同考核的难题。

（五）服务其他管理体系

"五位一体"协同机制能以管理为落脚点，服务于流程、制度、标准、绩效体系管理。以制度管理为例，借助"五位一体"协同机制实现了一个岗位可看到所有与自己相关的、来自不同制度的不同条款约束。这一方面提升了相关制度的可读性和执行力；另一方面促使该岗位从自身的角度评估制度的合理性，例如，是否能执行，是否与其他制度冲突等。如果制度发生修改，那么该岗位对应的标准、信息系统、绩效指标都需要进行动态的检查和调整，这将促使"五位"不断自我修复，自我完善。这种方式打破了公司各管理体系的边界，使得各管理体系既有独立性，又有关联性，有效消除了管理体系孤岛。

四、"五位一体"协同机制保障

（一）提升优质服务水平

"五位一体"协同机制的深化应用，在保障优质服务方面表现突出。通过风险控制与面向客户业务管理流程的结合，有效地防范了服务过程中的投诉举报风险；各流程中绩效考核点的设置，使得工作人员时刻自我提醒，有效提升了优质服务的质量；严格执行流程与严格的考核制度，提高了优质服务的效率。

（二）明晰岗位职责分工

"五位一体"协同机制让每个岗位职责清晰明确，每项业务流程细化顺畅，制度、标准准而不失，绩效考核以人为本，有据可依。让每名员工知道自己具体要干什么，怎么干，干到什么程度，有什么要求。重点优化流程交叉部分岗位职责的界定划分，用更具体的责任分工和要求来满足每个岗位需求，以资源配置最优、最高效为原则，实现无缝、高效联动。

（三）规范营销班组管理

在"五位一体"协同机制班组落地实施进程中，体现为集中优势资源，组织专业力量，结合工作实际，强化中间产出物的过程管控，通过抓流程质量和专业衔接，制定微流程，深化完善标准控制流程体系，有力地促进了营销管理效率和优质服务水平的提升。一是实现工作发起由命令型向事件激励型转变；二是风险控制实现常态化转变；三是绩效考核实现由结果兑现向自我控制转变；四是工作协调关系由被动接受向主动推进转变。

（四）优化业务流程体系

"五位一体"协同机制，对营销业务中涉及的热点管理问题、跨领域、跨专业的核心业务流程，如业务委托（受理）、工程管理、业扩报装、停电计划等，进行深入细致的梳理，并进行端到端的整体流程优化，消除流程断点，改进管理薄弱点，提高营销工作效率和重点业务的管控能力。

（五）使体系运转更流畅

通过"五位一体"管理机制的深化应用，打通了管理界面的通道，形成了员工任务转换的全自动对接，实现了营销各专业间、与其他管理部门间的工作任务传递的高效率，大营销模式下的各机构间的界面更清晰，任务流转更明确，环节对接更紧密，这些效果的取得，都是"五位一体"机制带来的管理变化。

第三节 组织保障体系实施案例

"大营销"体系组织架构建设和"五位一体"协同机制建立为智能电力营销建设提供了强有力的保障和支撑。只有借助这强劲"东风"，顺势而为，才能早日实现智能电力营销目标。为此，国网湖北省电力公司做了大量的探索与实践，下面就营销队伍建设和营销装备管理水平两个方面略述一二。

一、营销队伍建设

企业发展战略中，必须把人才建设放在优先位置。努力做到人才资源优先开发、人才结构优先调整、人才资本优先积累、人才投入优先保证。随着智能电力营销建设步伐越来越快，营销新业务发展和新技术出现对人才需求程度将日益提高，营销人才特质多样化、专业化、高端化的趋势越来越明显。

以国网湖北省电力公司为例：通过实施人才强企战略，立足"重视人才、培养人才、科学使用人才"的工作思路，进一步健全人才评价和技术技能评定机制，完善教育培训体系，加大全员教育培训力度，从知识、技能、思维、观念和心理五个层次，采用"全员覆盖、交叉轮训、考赛结合"等方式，增强营销人员的纪律作风意识、业务技能水平和风险防控能力，提升了营销队伍整体素质。

（一）创新人才队伍建设思路

将省、市、县等各级供电单位从事营销工作的全体员工纳入营销队伍建设范畴，并将其划分为各类人才、合格在岗员工、新进转岗员工及社会化普通用工四类人员。

各级各类人才：对所有用工性质开展人才分级和人才分类。人才分级包括领军、高级、中级、初级四级（国网公司级、省公司级、地市公司级、县公司级四级）；人才分类包括经营型、管理型、技术型、技能型四类。

合格在岗员工：获得岗位要求的技术技能职称、经岗位考评认证合格并从事相应营销岗位工作的合格在岗员工。

新进转岗员工：指新进、转岗或在上岗考评中不合格，拟通过职称评定、职业技能鉴定、相关岗位资格考评提升业务工作能力的一般营销在岗的员工。

社会化普通用工：是指以劳务外包、劳务派遣、业务委托等各种形式，由第三方用工单位外聘的从事营销辅助性工作的社会化劳务人员。

以"专而精"为目标，按照"人才分级、专家引领、师资先行、梯队培养"的工作思路，实施人才队伍"优化、提升（培训）、更新"工程，科学、有序地建设营销领域梯级人才队伍，快速提高营销队伍整体素质，以适应智能电力营销建设和运作要求。人才队伍培养体系架构见图3-3-1。

1. 人才分级

针对不同业务层级营销工作对员工业务水平、能力素养的不同要求以及队伍规模差异，分别制定不同的培养计划，明确不同的培养目标，设计不同的培养方案，保障营销队伍建设按需开展、落到实处。

2. 专家引领

大力培养业务骨干、技术专家、管理能手，鼓励营销员工通过竞赛、比武、人才评定等多种手段获得各级各类人才称号，在各级岗位上发挥示范引领作用，激励、带动全员业务素质和综合素养的全面提升。

3. 师资先行

结合多方资源，以营销培训师的培养为先导，挖掘和培养一批既有知识传播理论水平又具有岗位实际业务经验的综合型师资人才，开发一批结合实际、针对性强、适应发展要求的课程，为全员培训和队伍发展做好充分准备。

4. 梯队培养

注重对各层级经营管理、技术、技能等各类人才结构的合理配置规划；注重对跨专

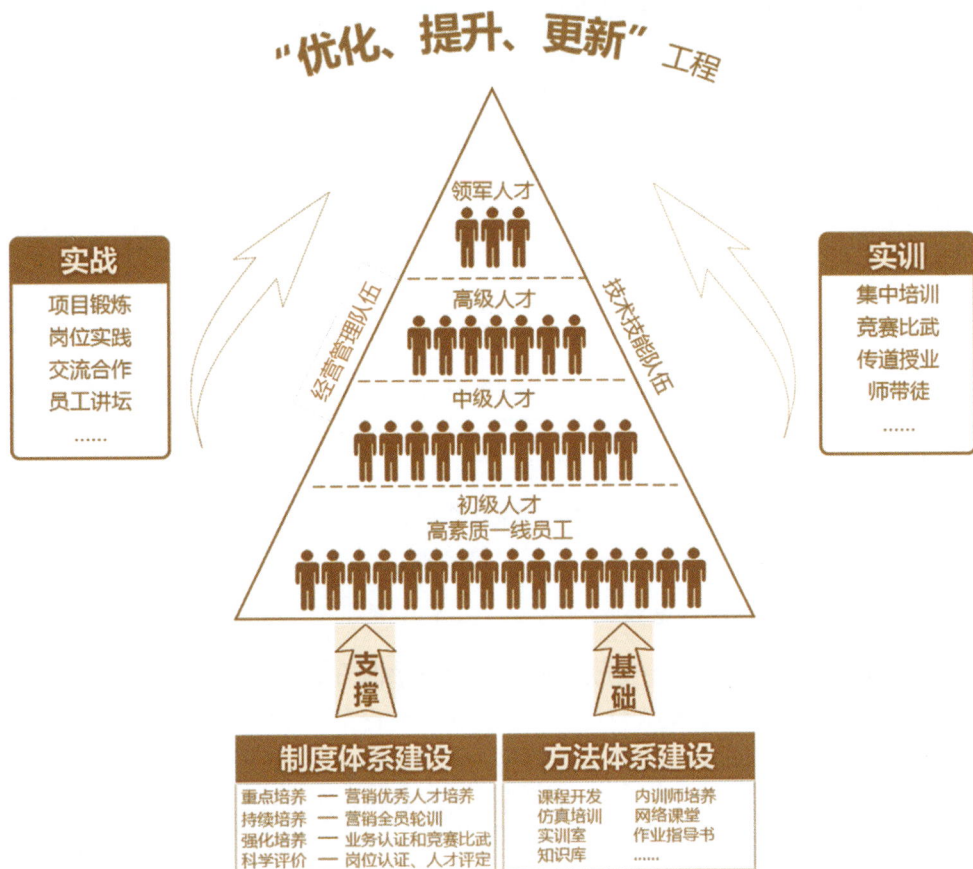

图 3-3-1 人才队伍培养体系架构图

业、能担当多种性质工作的复合型人才培养；注重对关键岗位的后备人才培养；注重对社会化用工的强化管理和统一培养，打造门类齐全、科学合理的人才梯队。

（二）完善人才队伍建设方法

实施人才强企和人才发展规划，以制度体系建设和完善为支撑，以方法体系建设为基础，按智能电力营销的专业化导向来构建营销课程体系，支撑全员队伍建设的全面落地。

1. 搭建实训基地

依据全省人才培训需求，拟定"1＋5＋N"的实训基地建设方案，即一个省级培训中心、5个地市级培训基地、N个剩余地市级培训基地。整合全省培训资源，分层次、协作共同完成人员技能培训、鉴定、比武等项目。

2. 完善课程体系

构建营销全业务课程体系，形成结构层次合理、专业门类齐全的模块化课程分类，开发统一的课程大纲、教案设计、考核标准、考评题库，逐步解决培训、考评与工作实际结合不紧密、针对性和实效性不强的现状。

3. 建立远程培训平台及实操仿真环境

建立适应智能电力营销课程体系的远程培训平台，为营销各类业务的系统实操演练提供仿真环境。实现针对不同系统应用的流程、参数、数据定义等配置组件，使系统实操培训环境能方便的配置，实操演练中操作流程、生成数据的正确性也能很方便地通过系统自动考评。

针对电能计量装置接线、抄核收、采集、反窃电、分布式电源等核心业务实操项目，建立实训室，统一技能鉴定考评、专项竞赛和实训项目的操作规范和考评标准，创造条件让学员能在真实的设备、环境下开展演练，提高现场培训实效。

4. 开发辅助工具

探索开发多样的辅助培训工具，如可动态管理的知识库、实用的作业指导书、便捷的网络课程；构建营销管理的"百度百科"，提供营销知识储备、文件政策查询渠道；搭建营销培训"微平台"，通过微信、微博、微课堂等形式，鼓励员工开展营销业务研讨或专题讲座，增强员工学习自觉性和参与度，实现营销学习可视化、移动化、自主化。

（三）丰富人才队伍建设途径

按经营管理和技术技能人才两大分类，以实战实训为手段，采取集中培训、远程自学、认证考评、传道授业、交流合作、竞赛比武、自我完善等多样化的方式，进行多形式、多渠道的能力素质培养和纪律作风教育，做到优秀人才重点培养、一般人才持续培养、考评不合格人员强化培养，实现全员持证上岗目标，全方位打造营销全员四级人才梯队。

1. 集中培训

针对课程体系中必须集中脱岗培训的课程，定期征求选课意见，定制组合课程，开设各类短期集培班，员工按需申请，参与培训合格后，在人员档案中积累学分。

2. 远程自学

开发网络课堂、仿真平台等远程培训方式，不论是主业人员，还是农电工和社会化用工，均实行培训账户一人一号、终身积分，根据学员在线学习时长、作业练习、仿真实操记录等对学习效果进行系统评价，成绩合格的累积相应学分。

3. 认证考评

明确认证考评标准，拓宽认证考评渠道，逐步实现全员的持证上岗。破除"一证走天下"模式，对于已取得认证资格的员工，根据技术技能等级设置不同的学分标准，低于学分标准的，开展资格复核。

4. 传道授业

安排经考评论证合格的兼职培训师参与各级培训项目，承担授课任务，实现兼职培训师和受训学员的共同进步；不定期组织师傅带徒弟的宣传、评比活动，通过传帮带形式，辐射、带动全员职业精神和业务素质提升。

5. 竞赛比武

针对重要工作或技术技能组织技能比武、竞赛、调考等，不断扩大竞赛种类，丰富竞赛内容，规范项目设计，提高各类技能竞赛的全员参与性，通过多种竞赛形式，加速选拔和培养人才，带动全员素质和工作质效的提升。

6. 交流合作

通过"走出去、引进来"机制，以研讨、座谈等形式不定期组织跨区域、跨专业交流沟通；安排各级各类人才及后备队伍到多种岗位上锻炼，提升综合素质；加强校企合作，开阔全员的专业视野。

7. 自我完善

通过人才评价评分制度，激励全员自觉开展在职跨领域自修，鼓励重要岗位储备人才的培养、学历教育水平的提高、"双师"型人才的评定和复合认证型人才的成长。

（四）加强重点课题研究

随着电力体制改革不断深化，智能电力营销发展步入"新常态"，由此引发市场、技术、管理方面的冲击和变革，必须按照项目制组织模式和工作机制，开展营销课题研究，培养一批懂管理、善策划、会经营的管理人才和肯钻研、能分析、勤动手的技能人才，促进智能电力营销可持续发展。

1. 研究人才队伍结构发展趋势

技术的革新将带来传统营销岗位结构的变革，结合智能化、互动化电力营销服务体系发展，抄核收、用电采集、客户服务专业之间业务集约、岗位融合将不断深化，有待重塑新的营销岗位体系，构建与之相匹配的岗位能力要求。因此，及时发现和研究人才结构发展趋势必不可少。

2. 培育适应新环境的骨干人才

结合智能电网和能源发展的新理论、新技术，开发智能电力营销新业务、新技术课程体系，组织现场培训方案。选拔骨干人员参与售电市场研判、数据价值挖掘等课题研究、科技项目攻关、制度规范编制修订等前瞻性项目，培养、锻炼、储备兼职内训师，促使其尽快成长为专业领军人才。

3. 提升核心技术运营队伍素质

围绕用电采集、电动汽车充换电技术应用及分布式电源运营管理等重难点业务，针对性开展管理创新、QC成果、典型经验征集等活动，促使关键技术得到强化普及和应用，为智能电力营销发展提供人力资源保障。

（五）营销员工素质提升工程典型案例

2015年以来，国网湖北省电力公司针对营销全员开展了纪律作风教育、法治素质培养、业务技能培训和风险防控意识培训，以达到营销全员"三通"（纪律通晓、素质通关、风险通识）目标，为公司打造一支作风过硬、业务精湛、依法依规的营销队伍。

1. 实施举措

以开展员工素质提升工程为抓手，通过五大举措，提高营销全员综合素质。

（1）收集各营销专业典型案例，编制案例手册，将基层典型案例手册纳入"三通"

手册，提炼"营销经验宝典"。

（2）完善"企业微信号"、"专业实训室"和"营销半小时"等"多位一体"培训体系，畅通学习培训渠道。

（3）按照"全员覆盖、交叉轮训"原则，开展营销全员"三通"轮训，用两年时间覆盖营销全部员工。统一命题制卷并组织抽考，考试成绩与绩效考核挂钩，抽考不合格者需再次培训，取得优异成绩的个人和单位将给予表彰和奖励。

（4）开展优秀内训师评比和营销专业技能比武活动，提升专业队伍水平；组织"营销人的故事"征文和先进事迹征集活动，树立典型模范，营造共进氛围。

（5）通过建立营销微信圈，开通营销微博，开设营销微课堂，开展"营销半小时"下基层等方式，搭建营销"微平台"。依托国网公司"网络大学"培育案例教学精品课程；采取"基层提炼、地市优化、省级评选"的认定方法，以创新者姓名或班组名称命名的方式，打造营销各领域、各层级管理技术经验的专属品牌。

（6）建成"营销知识库管理系统"，构建营销管理的"百度百科"，弥补知识空白，实现知识搜索"一步到位"。

2. 实施成效

至 2015 年底，公司编制了营销"三通"手册（《服务文化》、《警示案例手册》、《风险辨识手册》）、营销"三通"标准化课件、题库；组织了 8 期共 201 名营销兼职内训师参加营销"三通"技能提升培训班，规范标准化授课模式，完成覆盖全员人数 40% 的"三通"轮训；成功举办针对县公司营销副总的营销中级培训班，弥补了县公司分管营销副总长期缺乏专业培训的空白；"营销人的故事"宣传稿 64 篇刊登各类媒体，展现了营销人发扬"三千"（千辛万苦、千言万语、千方百计）精神、爱岗敬业、服务群众的良好精神风貌。自活动开展以来，在公司内部营造了良好的学习氛围，增强了基层营销战线员工的规矩意识和服务意识，促进了个人能力的快速提升，打造了一支作风过硬、业务精湛、依法依规的营销人才队伍。

二、营销装备管理

俗话说，"兵马未动，粮草先行"。营销装备是实现智能电力营销的硬件保障和先决条件。随着营销智能化和新型业务的快速发展，大量新技术、新设备在营销的各个环节得到了广泛应用。营销业务的实施对技术装备的依赖程度日益增强。面对已有的设备投入和将要进行的装备购置，如何做到盘活现存，适度新增，让有限的资金发挥更大的效益？这涉及营销发展整体规划、设备的全寿命周期各环节的规范、集中管控。

国网湖北省电力公司遵循国网公司发展战略，结合资产管理现状，综合考虑内外部环境、资源、风险及未来趋势分析，营销装备的管理，以"安全、效能、成本综合最优"为营销装备管理目标，以营销资产全寿命周期管理为体系搭建平台，建立资产管理体系，实现营销资产全面整合、有效配置，高效支撑业务开展。提出资产全寿命周期管理模式（life cycle asset management，LCAM）。

（一）建立营销资产管理体系

建立以实物资产为核心，涵盖及统筹与实物资产相关的人力、信息、金融，形成业务融合、流程贯通、标准统一、强调风险及持续改进、系统化的工作及管理体系，支撑资产管理目标、策略、计划的制定及实施，保障资产管理总体目标的实现。

（二）优化营销项目投资策略

从确保公司可持续发展、风险可控、满足使用需求、保持装备健康水平等目标出发，采取项目决策分析与评价、项目优先级排序等方法提出公司营销资产投资需求。通过投资风险识别及评价、公司投资能力测算，优化平衡投资规模及项目，规范投资控制，科学、合理制定投资计划。通过诊断分析、项目后评价等方法，评估投资效率和效益，发现问题，提出业务提升举措，达到投资决策全过程管理持续改进的要求。

（三）优化资产全寿命周期管理策略

全寿命周期管理策略包含主要资产寿命周期活动在资产中实施的具体要求或变化，以及在资产健康状态评价中确定的资产当前和预测的状态和绩效，同时也考虑资产退化建模、技术创新、可用的资产信息和限制条件。优化资产全寿命周期管理策略是考虑装备的状态、风险、成本等因素，目的是为制定资产管理计划（建设、运行维护等方面）提供指导。

1. 必要性

基于职能的传统资产分段管理模式强调阶段的划分和有序性，这种模式"相对割裂"而非"闭环"式管理，资产的采购、安装投运、转资和资产运维等管理职责分散在不同部门；同时资产信息仍散落在不同的管理信息系统中，故而营销装备资产管理现状无法实现资产效益的最大化。资产全寿命周期管理模式统筹考虑资产的规划、设计、采购、建设、运行、检修、技改、报废的全过程，在满足安全、效益、效能的前提下追求资产全寿命周期成本最低，提高投资效益。

2. 基本原则

系统性。以系统化管理思想统筹协调资产全寿命周期各个环节，明确各环节工作重点，加强各环节工作衔接、配合，推进资产全寿命周期管理一体化、标准化、流程化进程。

可靠性。通过对装备全寿命周期的全过程质量监控和成本跟踪，优化相应工作流程和策略，正确处理好资产安全、寿命、成本三者的关系，提高资产运营效益和全寿命周期健康水平。

客观性。充分考虑不同地区发展能力、装备水平、经营环境、运行环境等影响因素的差异，因地制宜，制定切实可行的整改措施，确保取得实效。

（四）规范营销项目管理水平

营销装备的全寿命周期管理离不开规范化、标准化的项目管理。湖北省电力公司营销项目管理坚持依法、科学，以系统应用为前提，以过程管控为重点，以对标考核为手段，搭建管控平台，实现项目管理依法合规、可控、在控，优化资源配置，推动智能营销装备现代化、科技化速度。

1. 实施举措

1）项目管理精益化

建立营销项目管理体系。进一步简化项目管理流程，在清除、简化、整合的基础上开发一套营销项目管理系统软件，对营销项目资料及流程进行管理，实现流程管理信息化和自动化，进而实现营销项目管理流程的精益化。

明确各级人员的职责。营销部是项目的归口管理部门，对工程质量进行全过程管理，采取有效措施，确保项目技术、经济指标得到全面完成；运行维护单位是项目的具体实施部门，严格执行安装工艺规程和工序卡，对项目实行全过程的质量控制并自觉接受监督检查；安全检查部门负责项目的全过程安全监察并参与竣工验收；财务与资产管理部门依据本公司资产总额做好资金预算，合理筹措资金；物资部门及时采购所需设备、材料等，办理购货合同、催货、验货、回收废旧物资及协同厂家做好售后服务；审计工作部负责项目的全过程审计；纪检监察部负责项目全过程的效能监察。

实行项目专责制。每一个项目都设立项目负责人，统一协调设计、设备招标、物资供应等各方面关系，使之紧凑衔接。项目负责人取得委托后，根据具体情况决定是否安排设计及监理，并对设计要求、设计深度在设计委托书中陈述清楚。项目负责人同技经专责从技术和经济两方面审核、修订项目实施方案，核实预算资金，审核材料计划，经领导批准后，实施招标流程，签订施工合同，实施单位填写开工报告，才能正式开工。同时，项目负责人对工程项目的工期、质量负全面责任，并实行追溯制、终身负责制。

2）项目管理标准化

汇编手册，夯实基础。湖北省电力公司广泛征集意见和建议，汇编了以下三本手册：《典型项目手册》——选取用电信息采集系统、充换电站建设等典型项目，制作标准模板，为同类项目实施提供参考指南。该指南进一步细化、补充、说明相关规章制度，对营销项目从储备计划到验收结算等全流程进行逐一梳理，分门别类绘制流程图，编制"一项一档"案卷目录，在突出进度、成本、质量的同时，更加注重营销项目的精益化管理。《政策宣传手册》——涵盖财务、审计、招投标等相关政策，以问答形式为项目管理释疑解惑。《系统操作手册》——图文并茂详解 ERP、营销项目管理和财务管控等系统的操作流程及方法，为日常工作带来极大便利。

搭建平台，加强管控。湖北省电力公司在国网系统内首开先河，开发应用营销项目管控平台。该平台实行同步流转纸质与电子资料，以项目编码或名称为线索即可检索所有过程资料；控制流程节点，过程资料经审批合格才能流转到下一环节；预警关键时限，根据里程碑计划，实时提示重要环节启动时间。在过程管控的同时，实现了营销项目档案的标准化管理。

2. 实施成效

2015 年，湖北省电力公司通过项目有效储备和实施，为营销"六化"的实现和营销 O2O 模式的创建提供了坚强可靠的物质设备保障。例如，智能电能表的推广应用及配套建设，为实现"全覆盖、全采集、全费控"、"智能电管家"和"十分钟缴费圈、村村缴费点"等项目的顺利实施提供的可靠保障。另外，湖北省电力公司2014～2016年所有营销项目全部纳入营销项目管控平台进行管理，项目资料完整率和准确率达到90％以上。

综上所述，大营销战略的组织架构和业务架构等体系机制是实现智能电力营销的体制保障；"五位一体"的管理机制更是智能电力营销不可或缺的机制保障。当然，不可否认的是"大营销"体系在实践中尽管取得了良好的效果，但也面临一些问题和挑战。比如高度集约化的业务和专业化分工对各业务模块的协同配合提出了更高的要求，如何实现无缝链接？同时，与营销服务末端融合的问题也越来越明显。专业化分工让"人跟着业务走，越来越远离客户"，而市场营销则是以"终端为王、客户为王"，客户关系管理需要从与客户面对面开始。上述问题需要我们在推进智能电力营销的过程中仔细思考原因，积极调整应对策略。

第四章
智能电力营销建设
实践

在我国"互联网＋智慧能源"政策的推动下，能源电力行业互联网化特征日趋明显。国家电网公司 2016 年营销工作报告中作出营销管理实现"作业自动化、管理数字化、服务互动化"战略部署。在电网公司营销管理集约化、专业化程度日趋成熟时期，加快智能电力营销应用实践，尽早实现传统电力营销向智能电力营销迈进，是电网公司实现集约、精益、高效发展的有效途径。

第一节　作业自动化

电力营销作业自动化指营销作业方式借助技术支撑平台，融合数据批量采集、传输、计算技术，实现营销信息数据自动推送，无缝对接，电量电费批量自动处理的过程，作业自动化是智能电力营销服务模式转变的关键环节，是确保客户需求快速响应的重要保障。作业自动化应用实践体现在抄核收一体化、工单电子化、稽查智能化三个方面。

一、抄核收一体化

电网公司日常抄表、电费核算和收费业务经过多年信息化建设，基本上实现了各环节的计算机自动处理，如抄表工作通过智能电表改造和搭建用电信息采集系统实现数据自动采集上传，取代了人工现场抄表，电费核算利用计算机取代人工审核，收费工作广泛利用金融机构和第三方支付渠道，实现了电费批量代扣和电子化缴费，大大提高了工作效率。实施抄核收一体化作业，实现抄核收数据自动推送，闭环运行，是电费管理模式转变的必然选择。

（一）抄核收一体化简介

抄核收一体化是指在电力营销营业电费管理工作中，原有抄表、核算、收费作业方式从现有周期化、单向型向准实时化、双向型转变，作业流程从传统抄表、核算、收费三段断裂式分段处理独立运行模式向自动化、工厂化流水线作业模式转变。抄核收一体化实质是基于用电信息采集系统"全覆盖、全采集、全费控"方式，实现高低压客户自动远程抄表、电量电费智能计算、审核并自动发行，电费收费实现社会化代收、电子化支付。抄核收一体化业务流程如图 4-1-1 所示。

（二）抄核收一体化重点建设内容

1. 抄表自动化

通过用电信息采集系统和营销业务信息系统集成应用，实现自动制定抄表计划、远程自动获取抄表数据、智能复核抄表数据并自动提交至电费审核环节，抄表数据异常自动判断，最终完成抄表方式从人工抄表到机器处理转变，保障抄表数据准确、完整、可靠。

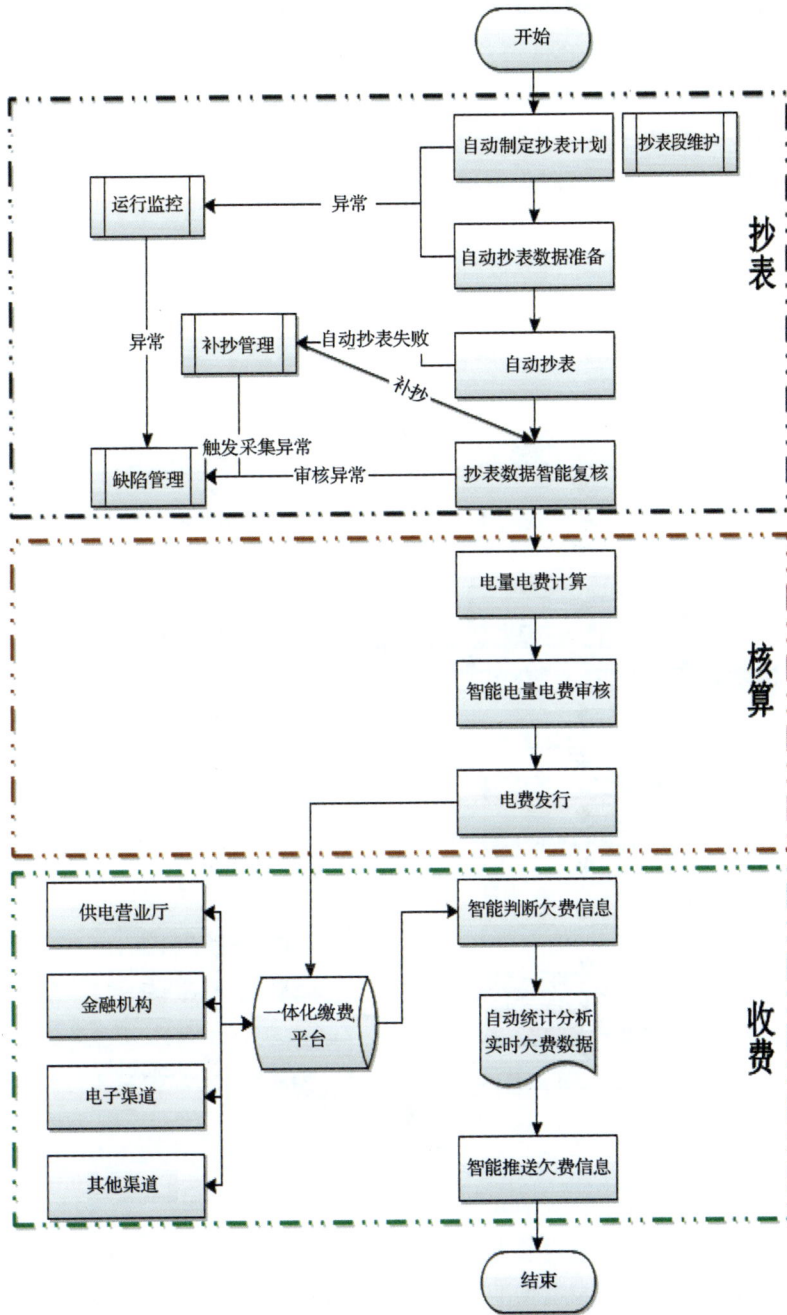

图 4-1-1　抄核收一体化业务流程图

2．核算智能化

合理配置营销业务信息系统电费审核规则，实现机器智能、自动完成电费审核、电费发行工作；建立典型核算类型数据模型，持续开展校核规则的分析、优化和配置调整，提升信息系统对异常问题判定的准确性；修订完善核算工作规范，加强核算异常问题监控和规范处理，实现电费核算、发行工作集约、高效。

3. 收费电子化与支付实时化

拓展多元化、社会化电费缴纳渠道；完成一体化缴费平台功能，开放一体化缴费平台入口，容纳多类型第三方支付平台，对各类支付平台渠道集中管理；实现收费电子化、支付实时化，智能推送实时欠费信息。

4. 优化抄核收一体化工作流程

主要基于用电采集信息系统软硬件平台建设，完善营销业务应用信息系统功能，实现原抄表、核算、收费三段分裂式作业转为一体化流水线作业。抄核收智能化与传统抄核收流程对比如图 4-1-2 所示。

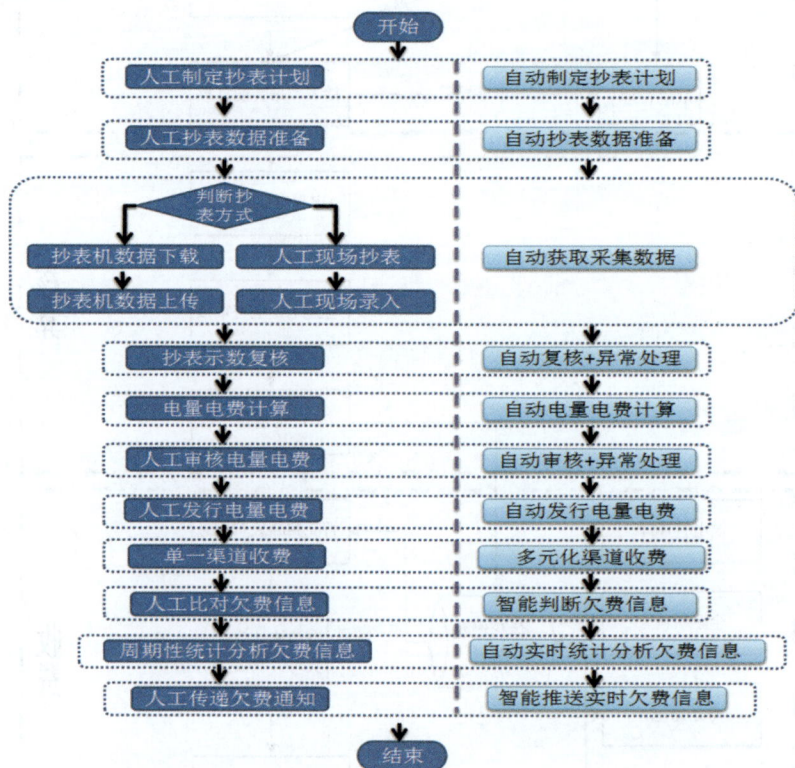

图 4-1-2　抄核收智能化与传统流程对比示意图

抄核收一体化流程优化是将原人工制定抄表计划、数据准备、数据抄录等工作改为自动制定抄表计划，自动抄表数据准备，自动获取采集数据，减少业务流程人工操作环节；抄表示数复核异常处理改为流程化处理，实现处理过程的集中预警监测；人工进行抄表数据复核改为系统进行智能化初核，人工重点审核疑似异常客户。核算智能化是在营销业务应用信息系统中合理配置电费校核规则，建立典型核算类型数据模型，智能化控制核算工作内容和流程，优化核算异常处理方式，加强核算异常数据的定向分析审核，核算工作重心从电费发行"数量"向营业"质量"管控转变，实现电费集中核算、智能审核、自动化发行。

（三）抄核收一体化实施措施

1. 建设用电信息采集系统

（1）建设硬件基础设施，实现"三全"覆盖。加快硬件设施建设，实现高低压客户用电采集终端"全覆盖、全采集、全费控"模式。建立用电信息采集系统运维、监控标准化管理体系，培育省地县三级运维队伍，开展用电信息采集系统主站、通道和现场终端设备日常运维、在线监测标准化作业，提高远程集抄数据采集成功率、准确率、及时性。

（2）推行远程自动化抄表管理。通过完善营销业务应用系统功能实现自动制定抄表计划、自动数据准备、自动获取采集数据，实现抄表过程自动化、集约化管理，同时通过示数防火墙（示数智能校验）、补抄、核抄、周期核抄、抄表线路规划支撑集约抄表管理。

（3）扩展自动化抄表功能。实现多次抄表、多次收费，月末日 24 时抄表结算，抄表数据现场比对三方面扩展功能。开发实时抄表计费软件模块，支撑高低压客户各类场景每月多次抄表、计费；利用月末日 24 时冻结抄表数据制度，实现月度电量电费同步发行、结算，避免线损数据波动。

2. 开展电费核算集约与智能化工作

（1）优化前端业务。在新装、增容、变更等业务流程中，加强电费抄核收相关参数优化配套模板及数据校验规则。建立客户电子档案层防火墙，针对客户计费档案变更，将人工审核前移至业务信息归档环节并由机器自动研判，确保计费档案差错率为零。

（2）规范智能核算管理。建立并完善电费审核规则库管理，通过自动计算、电量电费层防火墙、黑白名单管理、智能发行，实现智能化核算管理。建立典型客户核算规则数模，便于实现各计费类型客户抄表数据电量电费自动计算、审核、提交。

（3）优化智能校核功能。完善客户档案信息自动校验规则、业务动态电量电费自动退补功能、电费发行工单超期预警功能，提高电费核算正确率、及时率。

3. 拓展新型缴费渠道

（1）搭建一体化缴费应用平台。搭建一体化缴费接入管理平台，整合现有缴费系统，如银行代收系统、自助缴费终端系统、第三方支付平台等，统一数据接口，支撑电力公司、金融机构、非金融机构等多种渠道缴费。实现各类缴费渠道的统一规划、统一接入、统一管理。一体化缴费平台应具备渠道调试管理、渠道服务管理、实时监控管理、终端应用管理 4 大功能。

（2）拓展电子化缴费渠道。推广 95598 互动网站、"掌上电力"、"电 e 宝"手机客户端等自营电子缴费渠道，拓展支付宝、微信、全民付等互联网第三方支付渠道，推广充值卡缴费、电话语音缴费、数字多媒体缴费等新型电子缴费渠道，满足"交费电子化、账务实时化、服务便捷化"缴费服务需求。

（3）规范缴费渠道管理。制定统一规范缴费渠道合作协议，明确渠道维护职责和运营异常问题处理流程，确保缴费渠道运转畅通。

4. 科学制定缴费服务策略

利用大数据挖掘技术开展客户缴费行为分析，实施差异化缴费服务策略。如对"三高"（高压、高耗能、高风险）客户制定"一企一策"缴费策略；对城区低压客户推广移动互联网、远程费控预购电缴费方式；对农村地区客户推广社会化代收等方式。

5. 实施抄核收全流程集中管控

设置抄核收业务处理情况及信息系统服务情况集中监控功能，实现电费抄核收全业务、全过程监控；提供统一的异常服务接口及异常跟踪管理，实现跨业务跨部门协作，实现业务处理、信息系统运行异常问题 24 小时处理完结。

6. 扩展营销业务应用系统支撑平台功能

（1）大数据实时应用。建立营销大数据分析模块，挖掘客户用电信息数据，为负荷预测、电网规划提供决策支持。逐步应用于客户服务提升、用电行为分析、电能质量评估、售电市场开拓、电网质量感知等。

（2）线损实时统计。建立电网线损分析管理模块，实现用电信息采集系统与调度实时系统、电能量计量系统、SG186 营销业务应用系统整合应用，最终达到全网理论线损、实时线损、电能量平衡的在线自动化统计与分析。

7. 规范抄核收一体化质量管理

（1）规范工作制度标准。健全抄核收一体化管理标准、工作标准、岗位作业规范、工作质量考核标准，确保抄核收一体化作业模式运转通畅。

（2）建立质量管控机制。应用营销业务应用技术支撑平台的用电信息采集、稽查监控系统开展抄核质量在线监测、稽核工作。定期开展远程抄表数据现场比对工作，对智能电能表运行状况及电量异常监测，防止用电信息丢失或被篡改。

8. 建立协同工作机制

建立抄核收各环节异常问题处理、远程协助工作、电子工单推送等跨专业、跨部门协同工作机制，确保作业流程一体化，智能化、闭环管理。

9. 合理调整机构岗位及职责

实施抄核收一体化作业后，现场抄收人员需求降低，用电采集系统现场运维和低压表计故障抢修工作量急剧增大，营业质量集中监管责任加大。公司要坚持核心业务专业化、非核心业务外包化原则，合理调整岗位人员及职责。例如将抄收现场作业人员转至用电采集运维队伍，电费核算人员工作偏重营业电费质量监管。

（四）抄核收一体化应用成效

以国网某省公司为例，创新抄核收作业模式，通过用电信息采集系统、营销业务应用系统，对接一体化缴平台完成抄核收一体化工作。通过建设营销业务应用技术平台扩展功能实现了抄核收一体化作业管控，该技术平台功能扩展项目包含新增智能抄核 8 大功能模块、异常管理 68 个功能项、缺陷异常统计 331 个功能点。完成了典型电费核算数据模型搭建、电费核算及检验规则优化提升、非典型核算数模的高低压客户现场改造工作以及抄核收流水线作业测试。试点运行 1 年后，抄核收集中智能化处理 100%，电量电费差错率低于 0.01％。主要应用成效体现在以下五方面：

（1）抄核收作业质量显著提升。抄核收一体化作业实现了抄表、核算、电费发行全流程自动化、智能化，全过程闭环管理，实现了客户用电数据信息及时、完整、准确应用，电量电费数据实时性、准确性、正确率大幅提升，试运行期间针对电费出门差错的纠错作业次数同比下降 71％。

（2）电费电价管理统一规范。抄核收全过程"集约化、智能化、异常闭环"管理提高了全省电费电价执行规范性，用电服务公开、透明。"全减另发"等电费审核纠错作业次数下降了 82％，有效提升了电费电价规范水平。

（3）电网公司人力资源优化配置。实施抄核收一体化作业前，以某地市公司为例，该地市公司人工抄表片区 12824 个，抄表人员 803 人，地县所各层级电费核算人员 113人。实施一体化作业后，人工抄表区压减为 1325 个，减少 89.67％；远程抄表人员 53人，现场抄表人员 120 人，减少 78.46％。地市核算人员 32 人，较集中前减少 71.68％。

（4）客户服务质量有效提升。实施抄核收一体化作业后，智能程序作业替代传统人工灵活作业，有利于电网公司计量、抄表和结算行为规范性，减少现场抄收作业与客户服务接触点，大幅降低客户投诉风险。据国网 95598 客户投诉工单数据显示，该省推广抄核收一体化作业后，抄核收质量投诉同比下降 70％。

（5）客户互动服务实时响应。抄核收一体化作业可支撑实时监测客户负荷与电网电压波动情况并预警管控，有助于电网公司生产部门运维、故障抢修工作，提高电网供电可靠性，为打造实时化、互动化和服务体验个性化的智能用电服务模式提供支撑。

二、工单电子化

随着信息化系统的完善，目前在电力营销领域大部分业务工单已实现电子化管理，但在营业厅与客户交互的纸质工单、在作业现场用于记录的纸质工单仍大量存在，在内部不同部门、不同管理层级之间仍习惯于采用纸质工单签字盖章的方式进行业务传递、审批，导致部分业务纸质单据需要重复录入，传递效率低。因此，有必要进一步推动营业厅、作业现场及部门内部流转的工单电子化，加快信息流转和共享，减少信息不及时造成的低效率，有必要建立面向客户、跨部门、跨专业的全流程电子化作业模式，全面提升营销业务管理与客户服务水平。

（一）工单电子化简介

工单电子化就是实现业务传递从纸质工单到电子推送，使电子工单成为唯一的业务处理和评价依据。通过工作方式变革和系统优化，形成流程与系统匹配、业务跨专业贯通、信息跨身份沟通的"一配两跨"格局，实现作业流程电子化、信息流转无纸化、责任界面可视化。通过实施智能营销工单电子化作业手段，实现涵盖营销全业务、通畅的线上运行的工单电子化渠道；业扩报装、业务变更、缴费等客户服务申请，均可采用电子申请或由营业网点系统受理，转向客户线下用电消费和体验，线上业务执行。

（二）工单电子化实施措施

1. 规范档案信息管理

在营销业务应用系统的基础上，按照"标准统一、分级集中、动态管理、信息管控"的原则，规范电力客户档案管理，建设客户纸质及电子档案室，建立客户档案电子采集管理系统，实现纸质档案的电子化管理和实时共享查询。

2. 优化匹配业务流程

通过梳理、比对营销系统业务流程与实际流程间的差异，实施同步优化，分析整改卡口环节，实现系统与业务的完全匹配。优化营销系统功能，实现营销系统业务流程的每个环节均具备电子工单的预览、打印、下载、上传等功能。

3. 电子化改造营销业务流程纸质工单

电子化改造营销现有的新装增容及变更用电业务、供用电合同业务、抄表核算业务、电费收缴及营销账务业务、计量点管理及资产管理业务、电能信息采集业务、用电检查业务和客服95598业务流程中产生的纸质工单，将原有未电子化的纸质工单转换为电子表单，统一各营销业务流程中的电子工单数量和电子工单模版。

4. 推广应用等高新设备

推广应用电子签名板、高拍仪、身份证识别仪、移动作业PDA终端和多功能书写台等高新设备。应用电子签名板完成受理业务确认、代替勘查环节、现场移动作业等需要客户签字的手写签名以及电网公司内部人员手写签名；应用高拍仪拍摄或扫描营业厅内文件；应用身份证识别仪识别客户的身份证；应用移动作业PDA终端进行现场作业的业务处理、拍照和文件上传，进行营销系统业务工单的审批；应用多功能书写台进行客户营业厅受理业务的预填写，实现流程环节重要凭据电子化记录和无纸化流转。

5. 开发营销业务全流程电子作业管理应用平台

开发营销业务全流程电子作业管理应用平台，从电子免填单、现场移动作业、远程电子签批与电子工单可视化四个方面进行具体业务处理，实现营销工单电子化模式转变和营销全业务的工单电子化全覆盖。电子免填单实现营业厅等办公场所的无纸化作业，现场移动作业实现现场无纸化作业和工单的快速传递，远程电子签批实现内部办公传递与客户通知确认的远程作业，电子工单可视化实现全面的业务信息管控与工单信息可视化。

（三）工单电子化典型业务场景应用成效

业扩报装变更用电业务具有纸质单据多、跨部门流转、交互频度高的特点，以下以业扩报装的典型业务场景与环节进行工单电子化成效说明，如图4-1-3所示。

通过在营业厅使用电子书写台预填申请信息、使用身份证识读设备采集身份证信息、电子签名设备采集客户签名等手段，减少客户填单工作量，实现客户免填单与无纸化办公。以下为电子免填单的工单电子化成效说明，如图4-1-4所示。

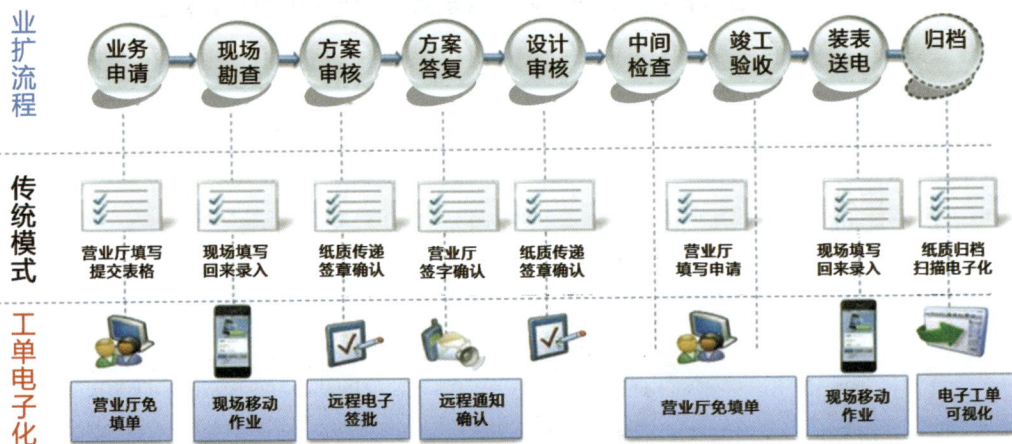

图 4-1-3　业扩报装工单电子化模式转变图

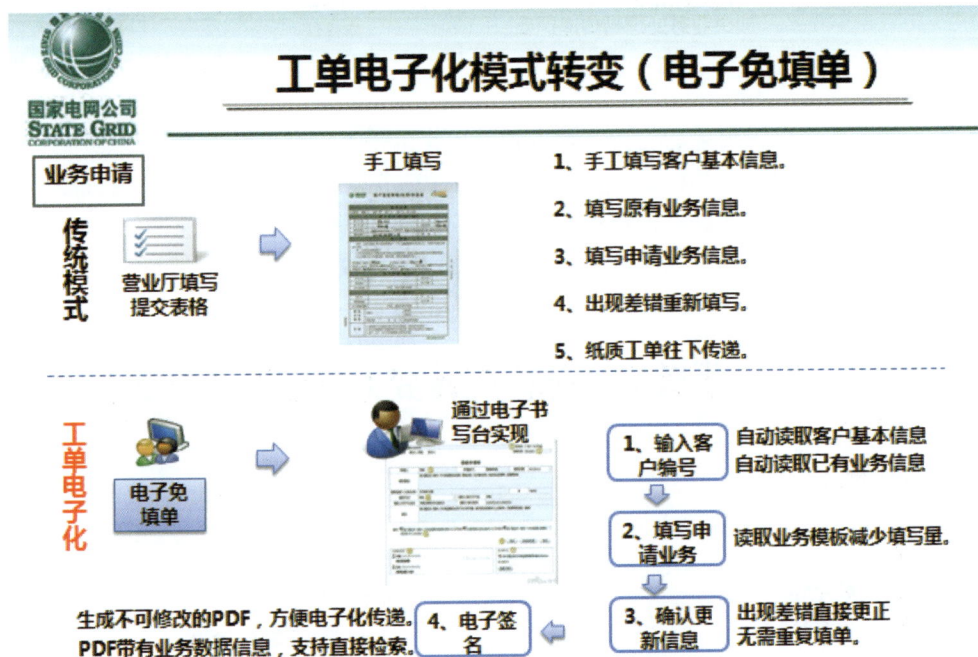

图 4-1-4　电子免填单工单电子化模式转变图

　　客户经理在勘查现场扫描客户表号或户号，可自动定位客户工作单进行处理。支持在客户现场进行工单信息录入与画接线简图。完成信息填写后由客户直接进行电子签名确认。通过现场移动作业，利用 PDA 移动设备实现现场无纸化作业，避免工单与纸质工单不对应的"两张皮"现象，并实现工单的快速传递。以下为现场移动作业的工单电子化成效说明，如图 4-1-5 所示。

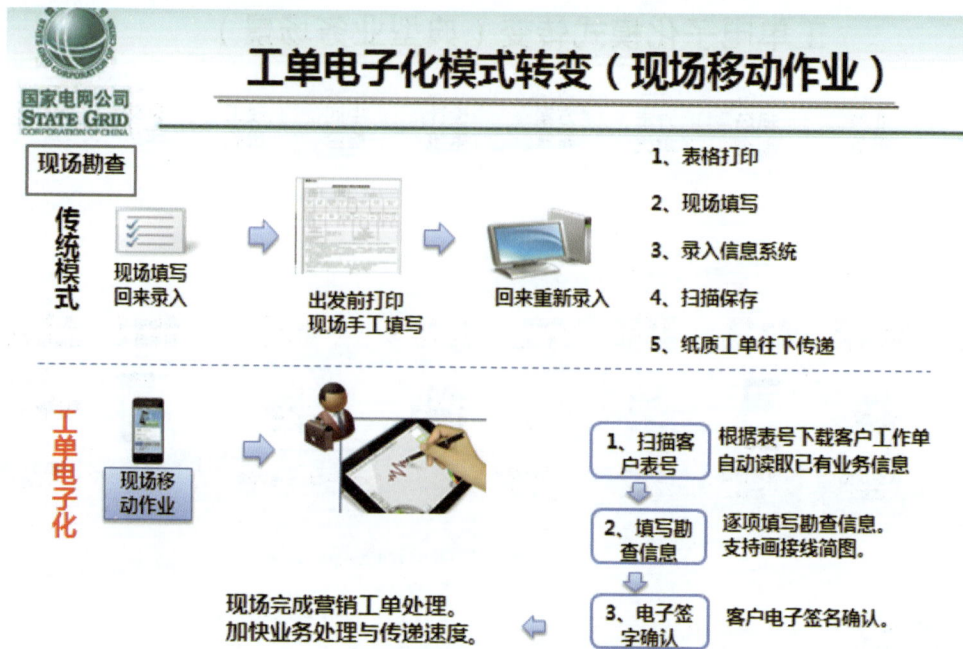

图 4-1-5　现场移动作业工单电子化模式转变图

　　按照格式生成电子表单后支持三种方式的远程电子签批：支持在办公地点通过手写签名板实现工单远程电子签批；支持通过移动 APP 进行远程电子签名；支持远程的电子工单的智能终端审批。通过远程电子签批实现内部办公传递与客户通知确认的远程作业，提高工作效率。以下为远程电子签批的工单电子化成效说明，如图 4-1-6 所示。

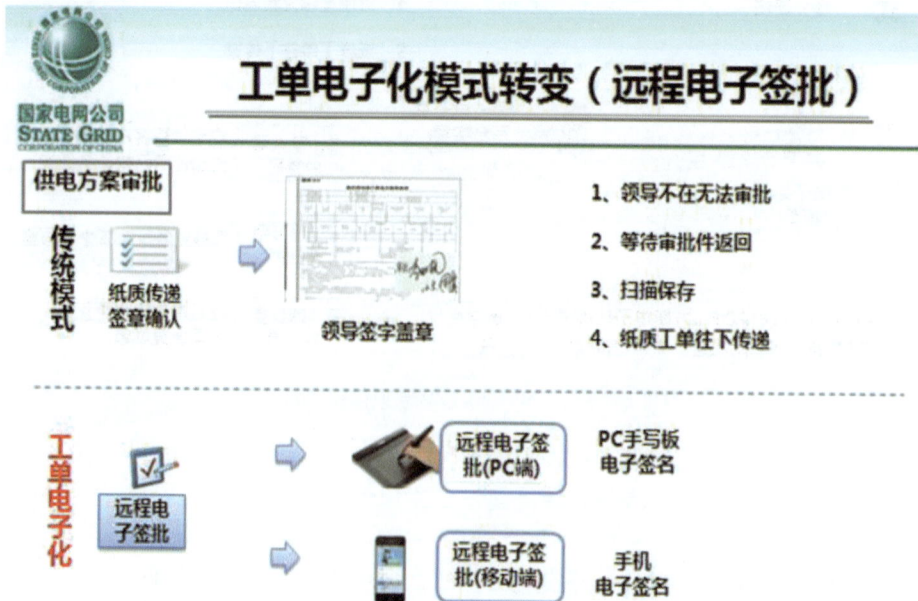

图 4-1-6　远程电子签批工单电子化模式转变图

通过电子工单可视化实现全面的业务信息管控与工单信息可视化,支持按照时间轴查看电子工单,支持按照模糊检索的方式检索电子工单,支持统计各个客户与环节生成的工单数量。以下为电子工单可视化的成效说明,如图 4-1-7 所示。

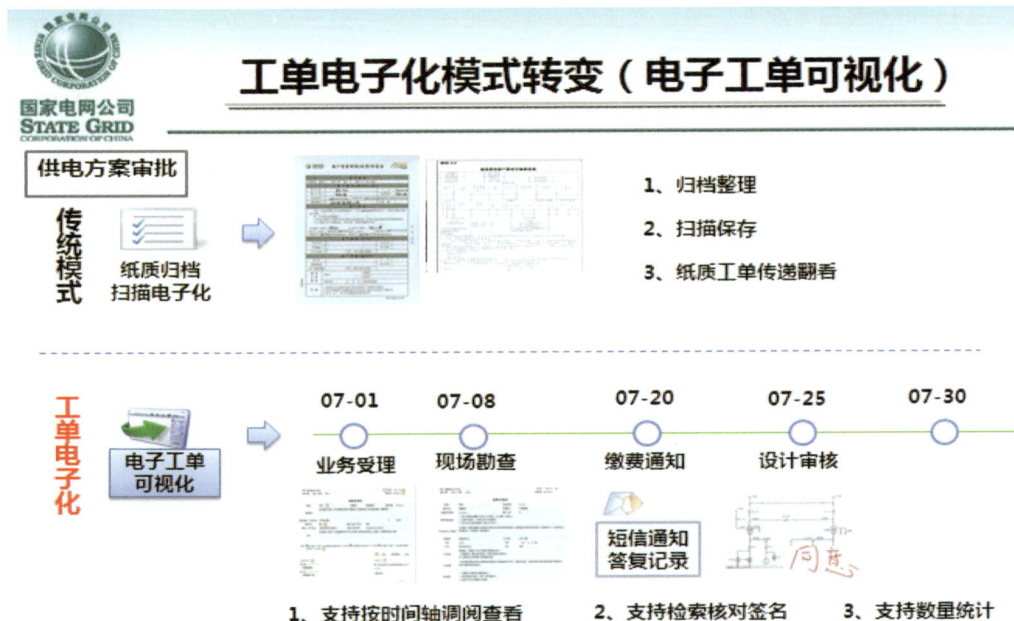

图 4-1-7 工单电子化模式转变图

三、稽查智能化

近年来,营销稽查工作信息化进程加快,但随着电力营销管理向"精准化、精益化"迈进,企业内部需要监管的营销风险点增多。创新营销稽查作业方式,对电力营销过程中营业、客户服务等行为实施全过程、全环节在线实时智能稽查,降低营业差错、预防电力营销风险,保障企业与客户合法权益不受损害是电网公司防范营销风险、提升管理效益和服务水平的有效途径。

(一)稽查智能化简介

稽查智能化是新型营销稽查业务作业模式,通过建设营销稽查监控应用平台,使用掌上稽查移动作业终端,综合应用多维分析、大数据挖掘等信息通信技术,运用用电现场 GPS 导航等服务手段,建立营销稽查智能化工作机制,构建"在线管理、智能分析、自动跟踪、及时预警"稽查智能化工作体系,对公司经营成果、供电质量、工作质量、数据质量和服务资源进行在线监控和分析,实现营销全业务可控、在控,有效提高营销业务管控和客户服监督能力。稽查智能化实质是实现电力营销全业务、全过程、全岗位在线监测、多维分析、问题诊断,逐步实现营销稽查由"问题处置型"向"智能防控型"转变。

（二）稽查智能化实施措施

1. 完善营销稽查监控应用系统功能

（1）完善营销全业务、全过程监控功能。创建统一营销稽查业务模型和标准化业务流程，建立覆盖供电服务、业扩报装、安全用电服务、电价电费、线损管理、计量管理、市场管理等7大业务类别的指标监控体系，对营销关键指标、工作质量、服务质量实施集中监控与稽查，实现营销全业务、全过程监控，提高营销业务管控力、日常业务执行力、客户服务监督力，实现营销管理向集中精细方向转变。

（2）扩展稽查异常问题自动识别功能。建立营销稽查规则库，支撑应用系统自动筛查稽查异常信息，并自动生成异常问题清单；设置系统自动调节稽查阈值功能，如设置季节性阈值、地域性阈值，由系统自动根据用电高峰季节、地域特征，对客户用能信息进行监控，实现营销异常自动筛查、异常清单自动生成、营销异常自动预警。

（3）扩展稽查异常智能诊断分析功能。建立稽查典型经验数模，运用大数据挖掘分析、机器学习、人工智能等技术，实现稽查异常问题清单自动研判、自动提交稽查报告，自动派发稽查任务工单。

（4）统一营销稽查信息数据来源。统一应用系统数据接口，集成营销业务系统、用电信息采集系统、营销GIS应用等系统数据，确保稽查信息数据来源准确、实时、安全，支撑在线稽查作业。

2. 构建在线智能稽查作业模式

完善营销稽查监控信息系统功能，将运行信息、服务资源以及营销关键指标、工作质量、服务质量和信息系统数据质量纳入系统集中监控与稽查，支撑日常稽查、专项稽查、主题稽查任务，实现稽查监控节奏合理、运转有序。营销稽查监控业务架构如图4-1-8所示。

现有营销稽查监控系统可开展日常稽查运营展示、稽查主题维护、稽查在线监控、异常判断、稽查任务生成归档、报表统计七项日常工作。该应用系统具备"业务全程管控、异常自我诊断和预警、信息主动推送"等应用功能，实现7×24小时营销业务在线监控、营销异常自动预警、预警信息主动推送、稽查任务全程自动追踪和稽查考核自动生成的闭环管理模式，能定期自动生成稽查报告，设置营销管理考核模块，实现营销稽查业务闭环管控。

3. 建设营销掌上稽查应用平台

建设营销掌上稽查应用平台的主要目的是实现掌上稽查集中管理，满足电网公司移动作业发展需要。该应用平台采用无缝集成接口应用设计，站在一体化应用角度，实现与营销业务系统、用电信息采集系统、营销GIS应用等系统的数据集成与业务协作，最大程度发挥相关系统间的协同效益。

营销掌上稽查应用平台总体架构主要包括移动应用管理平台、应用终端及相关外围系统接口应用等部分。移动应用管理平台主要负责对移动设备统一接入与管理，提供业

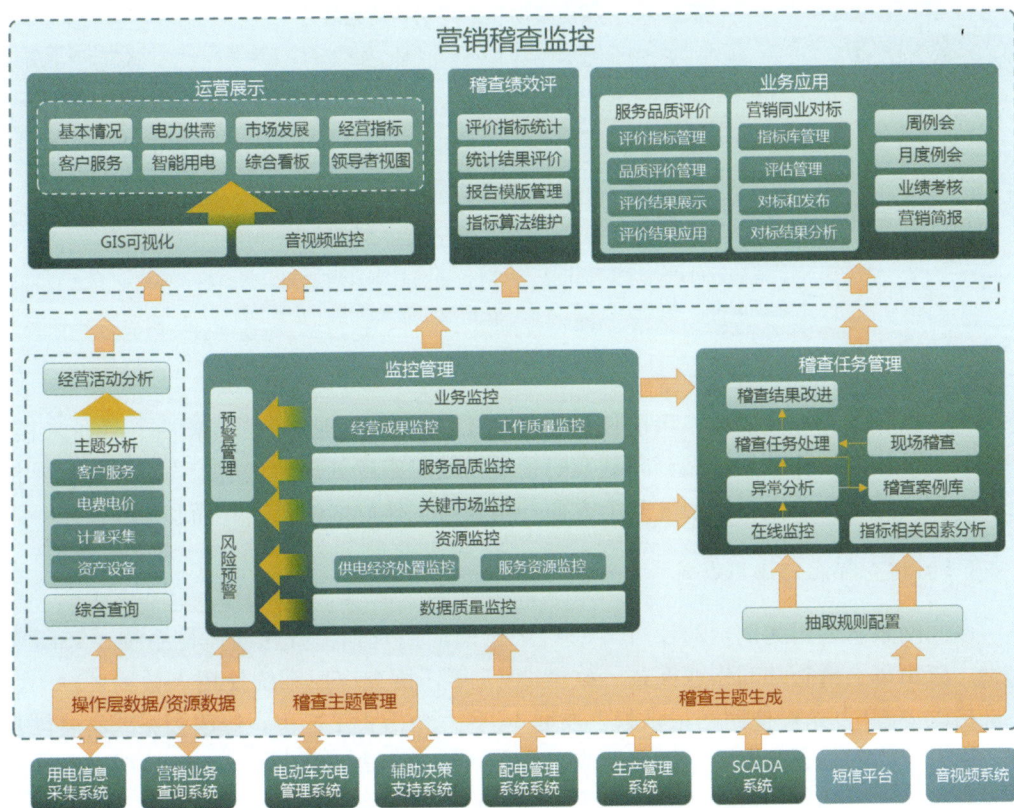

图 4-1-8 营销稽查监控业务架构图

务逻辑实现智能移动作业管理，并可进一步扩展至营销其他相关业务（如一站式业务受理、现场抄表、现场用检、移动办公等），移动应用终端则为业务应用人员提供一个便捷的操作应用，可扩展至营销现场全业务，外部接口应用则统一实现与后台系统（营销业务系统，电能采集系统，营销 GIS 应用）的信息交互。

4. 推广应用营销稽查移动作业终端设备

营销稽查移动作业终端是全面应用移动通信、互联网技术以及移动智能终端技术，实施掌上稽查系统建设，提供移动稽查、稽查问题查询、现场作业监控、客户视图等主要功能，全面支撑营销全业务的移动互联客户服务、营销作业、营销管理和辅助决策需求，推动全局营销业务管理精益化、技术智能化、服务互动化应用水平的提升。

营销稽查移动作业终端通过无线网络安全接入移动管理平台，采用在线运行模式开展相关业务应用，并与外围系统进行交互，在不具备无线实时接入的情况下，也可以通过采用离线模式在现场开展相应工作，并可在网络条件具备后，将现场录入信息同步至后台应用系统。因此，营销掌上稽查作业模式主要有离线、在线、在线＋离线三种模式，其中在线＋离线由于满足现场作业需求和网络环境状况是当前应用最多工作模式。基础移动作业终端功能列表如表 4-1-1 所示。

表 4-1-1 稽查移动作业终端功能列表

功能应用项目	主要功能
我的任务	包含工单代签收、工单处理、现场稽查、任务导航、轨迹回放等功能
专项稽查	查询客户实时用电采集信息功能，包括电表示数、电流、电压、负荷等信息
公共查询	包含营销客户信息统一视图、稽查问题分析、工单查询功能
实时信息查询	查询客户实时用电采集信息功能，包括电表示数、电流、电压、负荷等信息
信息公告	信息公告可以通过移动作业平台向各移动终端发送通知公告、政策文件、参考资料、辅助表格，协助现场人员方便、快捷地完成现场稽查工作

5. 建立稽查智能化工作机制

建立营销稽查在线监控、生成任务、派发工单、稽查处理、回复检查、评价考核、持续改进的闭环工作体系，做到问题及时发现、及时跟踪处理。从监控内容特性、监控工作频度、监控对象重要性程度几个方面，明晰各工作层级的工作界面和流程要求。

（三）稽查智能化应用成效

以国网某省公司为例，2012 年 4 月以来全面应用营销稽查在线监控系统，2015 年始推广应用掌上稽查移动作业模式。截至 2015 年，稽查应用系统使用人数约 6000 人，年度稽查 3600 万条疑似问题记录数、发起 17.8 万个稽查工作单，修改档案或者合同户数 126 万户，发起了 6.5 万个客户整改工作单，追补电费 3083 万元，有效堵塞营业质量管理漏洞。近几年的稽查智能化应用实践表明，稽查智能化大幅提高了电力营销经营质效，减少了人员劳动强度，实现了营销稽查实时在线作业，确保了营销稽查业务的连续性和高效性，提升了营销稽查工作质效。主要应用成效体现在以下几方面。

1. 掌上稽查方式促进稽查作业更规范

（1）现场作业程序更严谨。根据稽查主题和地点自动规划作业路线，便于外勤人员查询客户和路线，按计划和指令展开营销稽查各项工作，提高工作效率和规范性。

（2）稽查工单信息录入更及时。可在现场进行各项工作信息录入，确保工作记录的真实性，减少相关人员事后整理资料工作量。

（3）稽查现场取证更便捷。作业终端系统能支撑所有现场拍照、录音、录像等信息取证方式，且实时上传存档，利于营销稽查工作的公开透明及客服沟通工作。

（4）现场数据比对更精准。为外勤人员在现场提供详实数据和资料支持，比如客户信息、缴费情况、用电情况等信息查询，提升现场稽查的工作效率。

2. 企业营销风险防范水平提高

在线监控作业和掌上稽查移动作业相结合，实现任意时间、任意地点的营销日常稽查、专项稽查或临时性稽查工作需求，实现"在线管理、智能分析、自动跟踪、及时预警"稽查智能化作业模式，营销风险防范由事后分析向"事前预警、全过程管控"转变。

3. 稽查异常问题查处自动化、精准化

稽查规则库、典型稽查经验库、相关稽查阀值自动调节功能设置等，促使稽查异常问题筛查更全面、异常问题分析更准确、稽查任务派发更精准，作业自动化程度高。

4. 提高了客户服务水平

健全的稽查考核评价体系促使营销稽查作业流程标准化，视频供电营业厅建设促使营销运营内部监管可视化，应用各项技术收到建立多元化的智能预警，实现了风险评估、风险防范等风险管理体系的应用，有效控制电力营销风险，减少了营业质量差错，降低了供电服务违规行为次数。

第二节　管理数字化

随着智能电力营销的发展，"大数据、云计算、物联网、移动终端"应用的逐步深入，电网公司已实现了由传统企业向数字化企业的转变。数字化管理的应用与实践，直接关系到电网公司的内部信息化水平，关系到业务管控是否科学顺畅、决策管控是否精准可靠，关系到客户服务、客户体验满意度是否改进提升。当前需要科学、有序地开展营销管理数字化应用，全面实现电力信息流、业务流在供电企业、市场、客户间的精准智能互动。电网公司近年来在数据源头、专业数据应用、决策管控方面取得了一定的成效。

一、客户基础信息治理

电力营销的基础是客户信息，客户基础信息治理工作是智能电力营销建设的重要基础和必要前提，直接影响到智能化、信息化、自动化的应用水平。客户基础信息治理作为客户数据的完整性、唯一性及有效性的保障，是支撑智能电力营销数据保障的关键环节。

（一）客户基础信息治理简介

客户基础信息的治理，是通过电网公司标准、统一的客户基础信息管理框架，采取客户基础信息完整、唯一及有效性保证的综合信息化数据治理手段，从而保障客户档案信息标准化、数字化管控。

客户基础信息治理是实现营销管理智能化的数据支撑，主要来源于客户报装登记与现场信息。主要包括基本信息、管理信息、用电信息、个人信息等。

基本信息：客户户名信息、用电地址信息、供用电合同信息等；

管理信息：客户分类信息、电价信息、行业类别信息、每月电量电费信息、所辖管理单位及台区信息、关联户与集团户信息、发票管理信息、缴费管理信息等；

用电信息：电能表信息、互感器信息、电源信息、受电设备信息、年阶梯信息、电费结算信息等；

个人信息：联系方式信息、身份证信息、营业许可证信息、增值税信息等。

（二）客户基础信息治理实施措施

智能电力营销管理对客户基础信息数据的要求是由封闭模糊向开放交互转变，最终构筑电力与终端客户之间零距离服务渠道和最优化用电体验。仅依靠技术手段、新建系统的方式难以有效解决当前所面临的问题，数据治理要以数据标准化、数据过程管控为手段，实现全面、高效的数据管理。数据治理包含客户基础信息标准建立和实施两部分内容。

1. 标准建立

（1）实施客户基础信息智能校验。同步完成统一的客户基础信息业务模型设计，并对客户基础信息定义及代码值标准化定义制定标准校验规则；建立起规范、标准的客户信息管理框架，实现对新增客户基础信息创建、对已有客户基础信息的完整采集和规范梳理，进而实现对客户信息的全寿命周期管理。

（2）把控源头业扩报装信息录入。客户新装增容及变更用电等业务，是客户基础信息录入的源头。对新装增容、变更用电等业务环节中客户基础信息录入，按业务归属关系在业扩变更源头上落实业务规范、培训提升等管控，确保客户基础信息建立的完整性和准确性。

2. 标准实施

（1）常态化周期性数据校核。通过客户的档案创建、信息录入、复核生效、查询应用、数据共享、客户封存等一系列系统功能，对客户基础信息数据的规范校验、逻辑对应关系等进行查漏补缺，并与客户现场基础信息，以及当前各类营销业务应用系统及平台间的完整性、准确性核查相结合，常态化保持营销异常数据清理、细致做好客户基础信息档案普查。

（2）实行数据质量对标考核。完善针对异常信息、不规范信息的相关限制、检索和校验功能，全过程管控客户基础信息数据的质量，并将此管控手段纳入营销管理考核的重点予以实施，分析数据质量不一致、不规范的具体原因，研究数据质量提升措施，在治理手段上构建闭环管控。

（3）防控安全与服务风险。严肃规范客户隐私、安全相关的基础信息，使客户基础信息不流失、不泄密。规避客户的电价、电能表、电量电费信息等涉及量价费相关的差错异常，降低客户服务投诉风险的发生。

（4）开展信息普查抽检。对客户基础信息的实际执行情况深入排查，严肃对待人为因素造成的电价制度与政策执行、现场与系统基础档案与信息的业务差错、违规行为问题，严格按"营销违规行为整顿"相关条例予以严惩。

（三）客户基础信息治理取得成效

电网公司通过制定统一的客户信息管理标准，开展全方位的清理与完善普查工作，建立客户基础信息治理实施考核体系，做到客户基础信息治理工作的系统化、规范化和制度化，从而有效的完善了客户不规范基础信息，疏通了与客户交互体验的沟通桥梁，防范了相关用电政策执行不到位的地方。自 2013 年起，国网某省公司营销基础数据异常指数累计发现问题约 7 954 330 个，完成消缺 7 952 878 个，整改完成率 99.98%。排名从国网公司 2012 年等 15 名升至 2013 年第 1 名，该省营销数据质量得到全面提升。

二、计量资产全寿命周期管理

随着智能电力营销的发展，实施计量资产全寿命周期管理，提高计量资产管理效率和效益是支撑大营销体系建设的重要内容，有利于管理模式创新，业务流程优化，从而实现计量资产管理方式由分散粗放向集约精益的根本性转变。

（一）计量资产全寿命周期管理简介

计量资产全寿命周期管理，是按照资产全寿命周期管理框架体系的方法和要求，从计量资产的订货选型、到货验收、检定、运行维护、现场检测、周期轮换、报废处理全过程研究管理策略、工作流程和评估方法，为实施计量资产的全寿命周期管理奠定基础。

（二）计量资产全寿命周期管理实施措施

计量资产全寿命周期管理的总体实施措施为：结合国网、省级计量中心建设现状，依托国网与省级计量中心生产调度平台、用电信息采集系统、营销业务应用系统和营销基础数据平台等，建立精益化的数学模型、全面量化的指标体系、标准化的评估流程，实现计量资产全寿命周期的状态分析、质量分析、寿命评价以及供应商评价等功能，识别影响计量资产寿命的关键因素，监控供应商的产品质量管理水平。计量资产全寿命周期管理体系如图 4-2-1 所示。

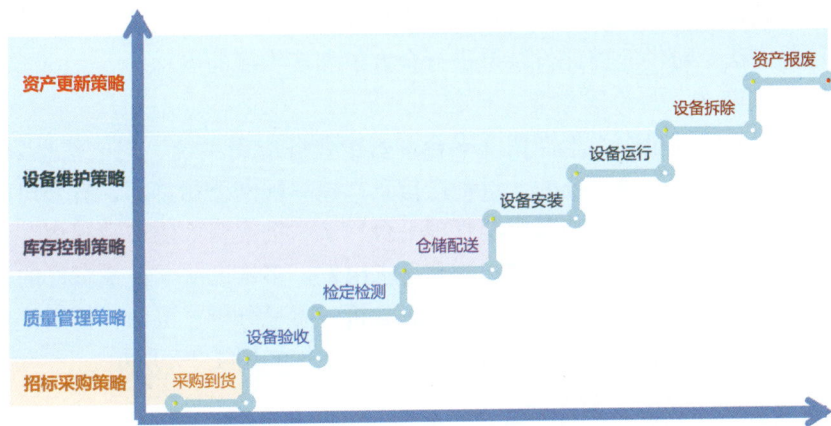

图 4-2-1　计量资产全寿命周期管理体系

1. 接口多个系统所需的各环节业务数据

根据相关接口规范，接口省级计量生产调度平台获取计量资产各环节的状态数据；接口营销业务应用系统获取计量资产的安装、运行、拆回等状态信息；接口用电信息采集系统获取采集终端采集成功率、抄表数据等信息。通过与以上系统平台间的数据共享和交互，获得计量资产全寿命管理所需的各环节业务数据，为计量资产全寿命周期管理提供数据支撑。

2. 开展计量资产全寿命周期状态分析研究

将计量资产全寿命周期管理分为八项关键环节，依次为采购到货、设备验收、检定检测、仓储配送、设备安装、设备运行、设备拆除和资产报废，对各环节的业务进行统计分析。

3. 开展计量资产质量分析研究

以计量资产状态分析为基础，通过对面向计量资产全寿命周期的质量评价理论、模型及相关技术、方法的深入研究，根据国网公司的营销计量资产全寿命周期管理指标库，分别针对八项关键环节进行计量资产质量评价指标的提取与筛选，构建批次计量资产的质量评价指标体系。

4. 开展计量资产寿命分析评价研究

在计量资产状态分析和计量资产质量分析的基础上，对计量资产寿命及其影响因素的深入分析与建模。采用统计分析方法，将计量资产表龄、库龄现状与标杆值进行比较分析；运用主成分分析和多元回归方法建立计量资产寿命预测模型，根据批次计量资产和单个计量资产的相关数据对计量资产寿命做出预测；将批次和单个计量资产寿命的预测值与标杆值进行比对，根据评价结果找到导致计量资产寿命折损的主要原因。

5. 开展面向质量管理的供应商评价研究

面向质量管理的供应商评价模型构建具体包括：构建评价指标体系、确定评价指标的评分细则和统计周期、确定评价指标权重、完善评价结果的计算方法等内容。提取与计量资产质量管理相关的一级指标，并将其细化为二级和三级指标，设计各指标的评分细则，确定各指标的统计周期，实现各评价指标权重的动态差异化调整；完善供应商评价结果的计算方法，对供应商评价结果进行全方位和多维度的展示。

6. 开发计量资产全寿命周期管理平台

集成国网、省级计量中心生产调度平台，营销业务应用系统、用电信息采集系统、国网计量中心信息化平台等系统的计量资产信息，建立国网公司总部、省公司两级纵向贯通、横向集成的计量资产全寿命周期管理平台。从"批次资产的宏观视角"和"单个资产的微观细节"这两个不同的角度和管理需求出发，多维度展示计量资产的全局风貌与成效，实现计量资产全寿命周期各环节状态分析、质量分析、寿命分析及评价和供应商评价等业务功能。计量资产全寿命周期管理平台架构如图4-2-2所示。

（三）计量资产全寿命周期管理实施成效

在计量资产全寿命周期管理系列研究的基础上，国网公司于2013年3月开始计量资产全寿命周期管理平台标准化设计制定工作，当年完成了计量资产全寿命周期管理平台的研发和江苏、上海、福建、重庆、青海试点建设任务；2014年完成了国网公司下属的其他省公司计量资产全寿命周期管理平台的推广建设。通过计量资产全寿命周期管理的实施，实现了计量资产职能管理向流程管理的转变，有效提高了计量资产运营效率，提升了计量资产质量，延长了计量设备使用寿命，优化了计量资产成本效益。

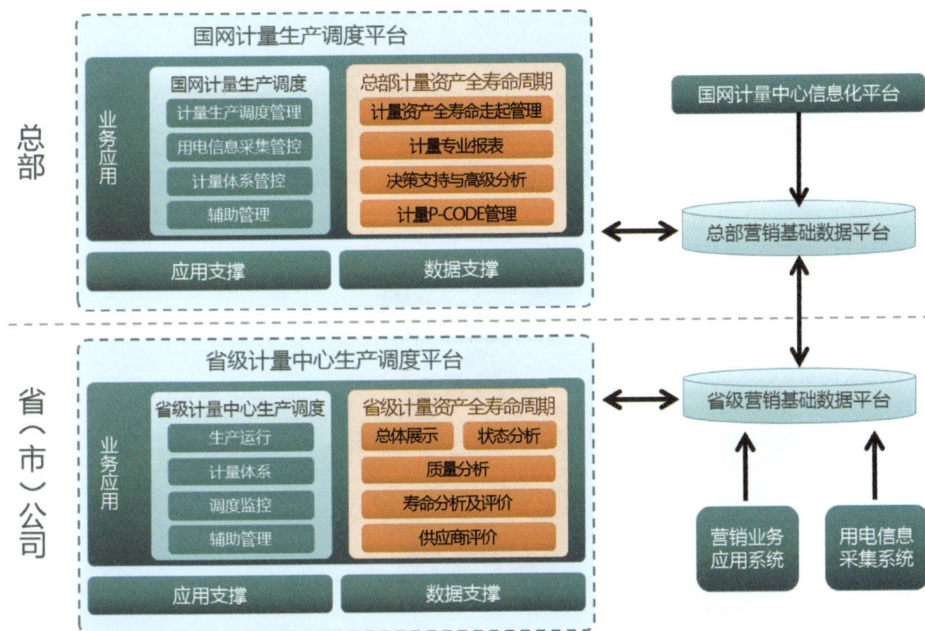

图 4-2-2　计量资产全寿命周期管理平台架构

三、营配调贯通

随着国网公司"两个转变"的深入推进，全面实现"三集五大"体系的高效运转，必须建立完善专业部门横向协同机制，在提升客户服务品质上形成合力，满足客户用电服务需求，进一步提高供电服务能力。实施营配调贯通，是以客户为中心、以需求为导向、以技术为推动的互联网思维与电力核心业务深度融合，构建扁平、高效、协同的组织管理模式所必备的互动特征，是基于营配调数据共享、信息集成的一种技术实现手段。

（一）营配调贯通工作简介

实施营配调贯通就是要通过营配调数据共享和信息集成、营配调末端业务融合，实现基础数据"一个源头"、业务流程"一套标准"，基于"营配调一张图"开展跨专业一体化应用，促进营配调数据质量和营配调业务应用水平的持续提升，实现客户需求的快速响应、服务质量的可靠优质。实施该项工作，既可以提升内部协同工作效率，也可以进一步提升供电服务水平。

营配调贯通工作是支撑 95598 全网全业务集中、提升电网公司精益化管理水平和供电服务能力的必由之路。营配调贯通重点工作有三方面，一是完成公司经营区范围内的所有地市公司、直供直管县公司和控股县公司营配调基础数据的全采录、全贯通，包括变电站、10 千伏线路、公用配变、400 伏线路、高低压客户专变、专线、表箱、电能表、营销营业网点等数据信息，实现营配调相关系统的数据共享和信息集成，为营配调协同业务的开展提供技术支持；二要建立营配调贯通数据异动管控和日常维护机制，实现营销业务应用系统与电网 GIS 平台之间数据对应一致率 3 个"100％"，即"变电站—10 千伏线路"对应一致率 100％、"10 千伏线路—配变"对应一致率 100％、"配变—低压客户接入点—表箱"对应一致率 100％，为营配调相关业务应用奠定数据基础；三要全面推广 95598 客户报修定位、故障研判指挥、停电计划安排、业扩报装辅助制定、线损管理等协同业务的应用，有效提升公司客户服务能力、电网运营能力等核心竞争力。营配调贯通应用如图 4-2-3 所示。

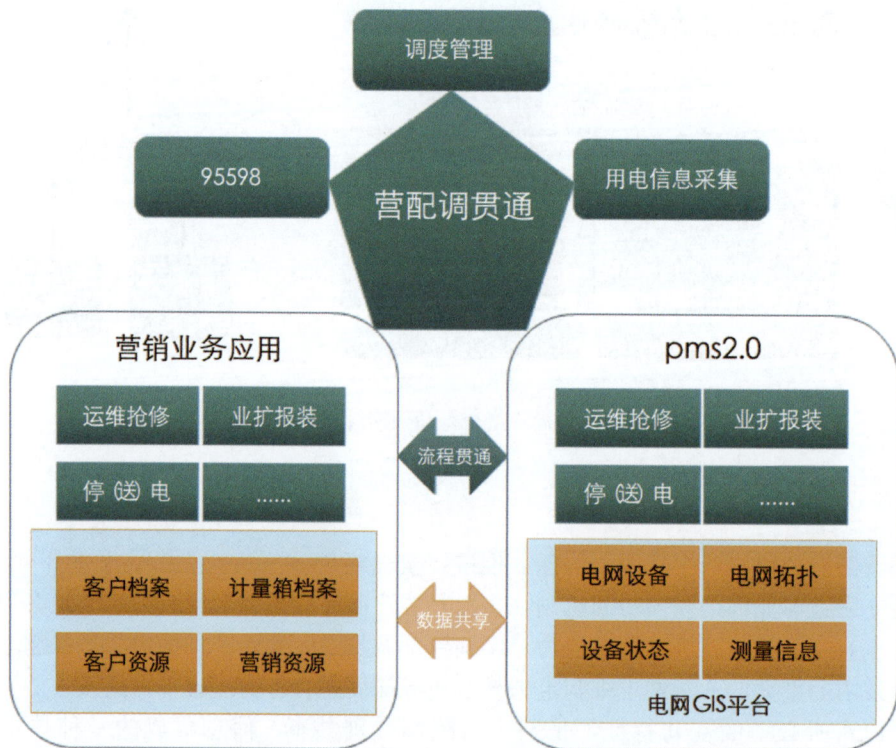

图 4-2-3　营配调贯通应用示意图

（二）营配调贯通工作实施措施

1. 数据采集录入工作

根据当前存量电网设备信息及高低压客户信息采录进度，制定里程碑计划，协助并督导项目实施厂商按质保量开展现场采集和数据录入工作，确保营配调贯通工作基础数据准备。

2. 开展数据治理工作

落实省、地、县，班组等各级职责，充分利用营配调贯通全方位辅助提升工具开展数据深度治理，实现数据采录与维护的全过程管控，持续开展存量数据治理工作。

3. 纵横向督导管控

纳入对标指标月度跟踪，及时跟踪与通报各供电单位数据采录和治理进度及质量情况，协调解决数据清理过程中的问题，适时开展数据采录及治理现场工作的督导。

4. 规范数据异动管控

规范数据建模和源端数据维护，遵循"电网数据以运检侧为准，客户数据以营销侧为准"原则，确保数据维护和业务处理同步。

5. 实现协同成果的多方应用

开展配抢故障研判指挥功能应用，计划停电安排业务协同，实现停电计划流程化管理，开展应用业扩报装辅助制定，开展线损精益化管理，开展配网调控信息化运行等多项应用。

（三）营配调贯通工作取得的成效

促进电网企业基础管理更扎实，彻底改变了原有管理模式，解决了配网家底不清、台账不全，信息化管理手段低的问题；问题发现更精准，台区线损异常排查高效，有效填补了管理漏洞；营配调信息更透明，建立了可开放容量功能模块，为客户经理办理业扩业务提供支撑，提升了业扩报装效率；业扩协同更高效，现场勘查时间有效缩短，大幅提高了供电方案编制效率；配网提升更精准，提高了配网运行可靠性，避免电网建设改造资金浪费；实现配网抢修更主动，通过"主动式"配网运行抢修模式，缩短了抢修服务时限；促使95598支撑更有力，实现了停电到户分析和故障智能研判，促进停电信息的准确、快速编制与报送，提高了坐席人员系统查询速度，及时解答客户询问。

以国网某省公司为例，第一阶段营配贯通工作基本完成。第一阶段（2014～2015年）数据采录范围包括全省城网、农网10千伏数据的采录，以及所有城区低压设备数据、50%城区低压客户数据的采录。截止到2016年，营配贯通工作综合进度为98.90%。第一阶段营配调贯通验收工作稳步推进。

四、三库一模型

电力营销在日常运营中所积累的海量数据，为电力营销的统计分析、市场定位、策略制定、精准施策等业务及管理需求提供了基础。智能电力营销要求摒弃以往凭借习惯和经验的管理方式，用数据说话，对营销全业务基础数据进行深度挖掘和高级应用，形成智能电力营销管理的"三库一模型"（主题库、数据库、图表库、分析模型），为电力营销管理提供科学有效的数据支撑，促进电力营销内部流程改进，提高营销管理质效，是当前智能电力营销管理的核心。

（一）三库一模型简介

"三库一模型"是指在电力营销全业务范围内构建统一的数据资源库、分析主题库、图表库、分析模型。数据资源库是统一的信息来源，分析模型是决策支持分析的大脑，分析主题库就是决策支持分析结果，图表库是对决策支持分析结果的包装。

通过数据资源库的统一构建，从数据层面上实现跨专业信息融合，消除各专业的信息壁垒和信息孤岛；通过分析主题库、图表库和分析模型的统一构建，实现全业务领域内决策支持分析技术和经验的共享和传承；通过图形化、拖拽式的交互性操作实现高敏捷、个性化的营销决策支持分析应用。"三库一模型"示意图如图4-2-4所示。

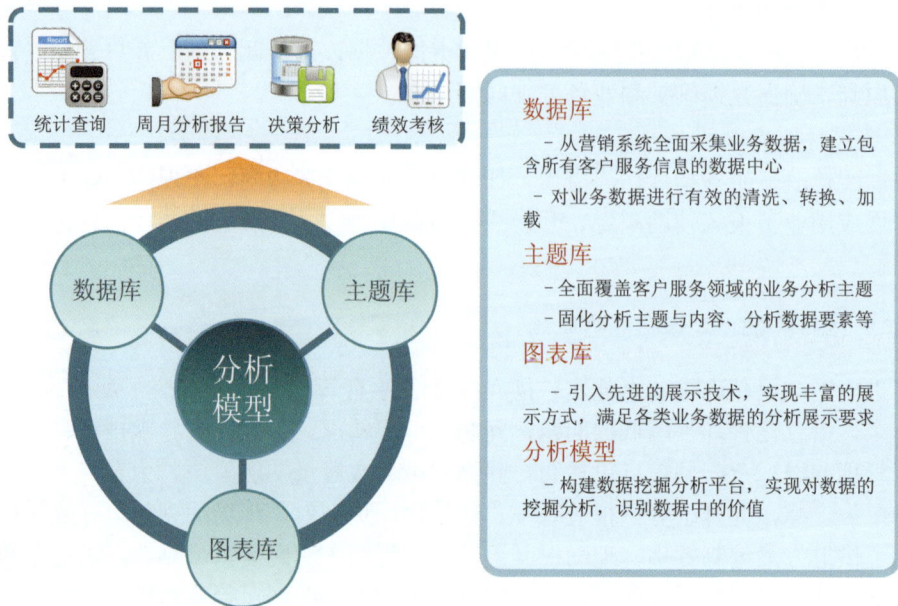

图 4-2-4 "三库一模型"示意图

（二）三库一模型的建设措施

构建统一的决策支持分析平台，通过电网公司营销数据专业管理岗位、职责、流程、标准、考核"五位一体"制度化建设，实现营销数据专业化管理创新及统一决策支持管理创新。"三库一模型"的构建包含统一数据资源库管理、统一分析主题库管理、统一图表库管理、统一分析模型管理和决策支持分析平台建设等五个方面的内容。

1. 统一数据资源库管理

针对营销数据资源管理各成一体的问题，借鉴数据仓库设计方法，采用 ETL 技术，从各专业抽取数据，通过数据清洗、加工，转化成按照时间、地域、业务类别等维度的数据元，将各数据元的来源、加工方法、统计算法形成数据字典，作为数据白皮书发布给各专业使用，达到数据的统一管理和使用者对数据的共同认知。

2. 统一分析主题库管理

营销管理决策支持分析主题是根据营销业务的统计分析需求千变万化的。采用专家经验法，通过多批次组织各专业专家对决策支持分析主题需求进行归纳整理，最终形成相对完整的营销全业务基础决策支持分析主题库。在信息化实现层面，达到分析主题组件化，实现分析主题可配置、可扩展。

3. 统一分析模型库管理

通过将各专业用到的数据分析方法，依据不同的数据特点和数据分析的要求进行抽象和封装，形成通用的模型。不同专业，不同分析主题，如分析模型相同，确定数据输入，即可得到相应的分析结果。

4. 统一图表库管理

数据可视化技术将数据信息以图形或图像形式呈现，统一图表库管理对营销各业务的数据可视化技术进行统一，构建出各类图型、图表，同时支持任意维度的堆积和多图表混合展现，打破单纯的视觉呈现，拥有互动图形客户界面。

5. 决策支持分析平台建设

决策支持分析平台是基于"三库一模型"开发出的具有突破性的商业智能桌面软件工具。管理人员可将关心的数据、分析模型拖拽至数据"画布"上，即可实现无编程、高敏捷的决策支持统计分析应用。

（三）三库一模型的应用

基于"三库一模型"的决策支持管理，在电网公司营销领域实现了数据资源的统一管理、信息的统一发布、信息的统一数理分析和为公司辅助决策提供统一的支撑。如图4-2-5所示。

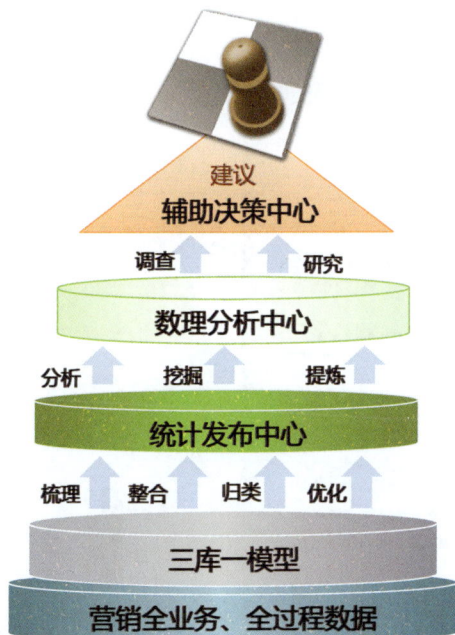

图 4-2-5　基于"三库一模型"的决策支持体系

数据资源的统一管理：实现了外界环境因素相关的业务分析、政策基础数据及省、市、县各层级公司发展、经营情况等大数据分析方法和理念，实现业务分析和辅助决策平台的升级，支持大数据的分析挖掘应用。

信息的统一发布：以内网、Pad 终端、手机终端等为载体，实现周报、月报、年报以及各类专项报告的编制和发布；为外部应用提供统一数据接口集成服务。

信息的统一数理分析：为各专业的决策支持分析应用提供各种统计分析算法，满足数据处理、基础统计、高级统计、数据挖掘不同层次应用。

统一辅助决策支撑：提供月度异动信息和政策资讯，支撑指标和项目监督管控、计划决策等。

（四）三库一模型应用成效

通过"三库一模型"决策支持分析平台，实现无编程、高敏捷的决策支持统计分析应用；对营销辅助决策分析所涉及数据进行统一抽取、清洗、转化，实现各业务执行层、管理层、决策层应用的信息统计口径一致和全面准确；对服务问题预先感知，降低客户投诉率提供有效保障；对问题自动追溯并进行原因归类分析，实现问题的快速定位和责任落实。

以国网某省公司95598决策分析为例，自三库一模型决策支持分析平台上线以来，投诉处理时长较去年同期缩短40%，可见平台上线以来，主要95598业务处理时长明显降低。

通过95598基础报表分析，实现了对选择报表主题以及报表主题项目的统计时间周期，系统根据报表模板对报表项目所关联的元数据进行动态加载。在对元数据进行组合计算操作后，得到报表项目所要求的数据内容，数据与报表模块组装后，生成报表页面，如图4-2-6所示。

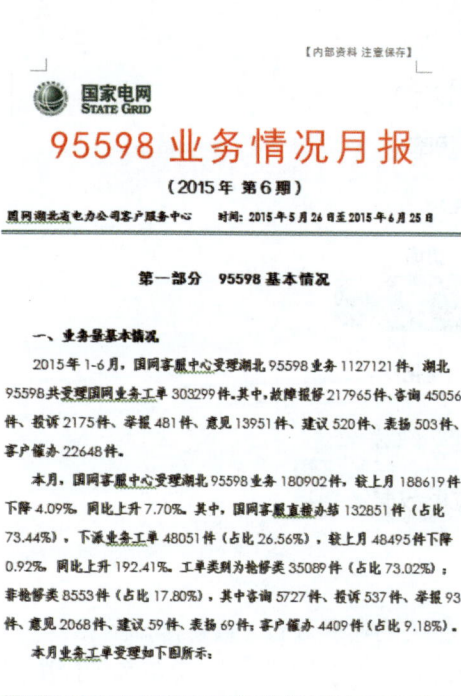

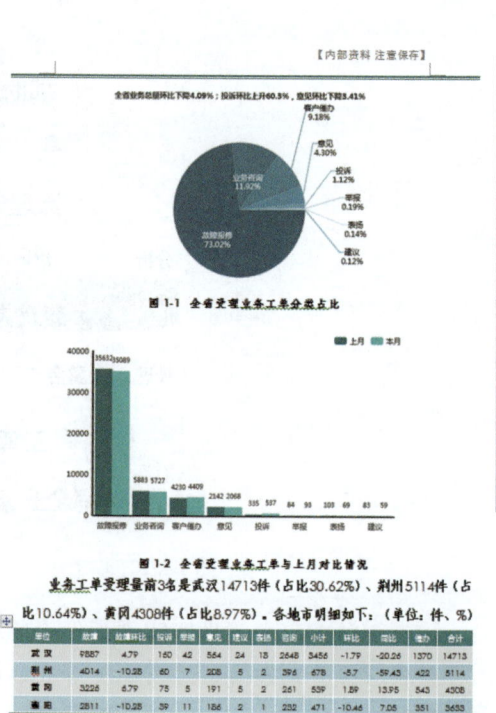

图 4-2-6　95598业务情况月报生面页面

通过 95598 数据分析应用，根据分析主题项目的分析时间周期，定期对分析主题进行分析。利用数据处理引擎动态加载分析主题所关联的元数据项，并装载分析主题所使用的分析模型对元数据进行分析，最后将数据分析关键路径、分析结果等信息，基于图表项目元素进行看板展示。应用场景主要包括 95598 受理工单分析、指标排名分析、投诉业务分析、故障保修业务分析、咨询业务分析、举报业务分析、意见业务分析、建议业务分析、表扬业务分析等，如图 4-2-7 所示。

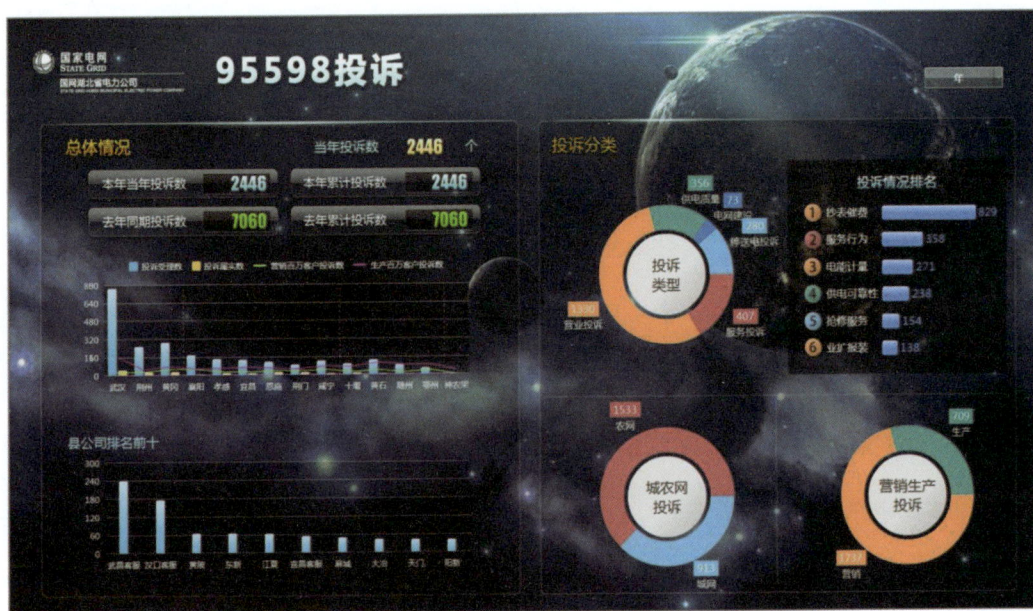

图 4-2-7 95598 业务受理、投诉情况看板展示界面

五、业扩报装 "e 网通"

业扩报装业务涉及电网公司内部多个专业、部门，环节多，周期长，协调工作量大。业扩报装业务也是客户用电信息的源头所在，其质量高低对市场开拓、抄核收、供电服务、营销策略执行等影响巨大。对用电客户而言，希望电网公司能缩短报装接电时间，早日送电。业扩报装业务是由电网公司电力营销部门归口办理，实行 "内转外不转"，提供 "一口对外" 服务。多年来，为方便客户，电网公司在优化报装流程、缩短办电时限上采取了很多措施，但由于缺乏有效的协同管控手段，与客户的期望还存在一定的差距。要满足客户用电报装的需求，提高业扩报装工作效率，规范业务处理流程，就须从业扩报装业务全过程管控入手，建立 "e 网通" 管控系统，打通专业壁垒，让所有工作电子化、痕迹化、数字化，做到全业务可控、可视、可考核。

（一）业扩报装 "e 网通" 介绍

1. 业扩报装 "e 网通" 建设简介

业扩报装 "e 网通" 管控系统，全称 "业扩报装全过程管控系统"，是在国网公司营销业务管理系统的基础上，自主开发完善高级应用功能而形成的报装业务管理系统，可实现对业扩报装全过程所有环节、所有业务、所有资源进行管理和控制，通俗讲就是业扩报装管理的 ERP。

2. "e 网通" 特征

"e 网通" 可从业务、管理、决策上实现业扩报装全方位、全过程管控，其主要特征是"三个一"，即一网受理、一网办结、一网监控，如图 4-2-8 所示。

报装 "e网通"

一网办结　　客户服务能力　业务管控能力　协同运作能力　　一网受理

一网监控

图 4-2-8　业扩报装 "e 网通" 特征

1）一网受理，实现受理渠道多样化

全业务受理。客户办理业扩报装业务不再受属地营业厅限制，可在任一营业网点申办 47 类业扩报装业务，也可通过手机 APP、95598 电话、95598 网上营业厅申办线上受理业务。客户还可在线查询报装进度，全业务异地受理，打破了报装业务受区域限制、电压等级限制、服务资源限制等壁垒，提升了客户服务质量与满意度。

2）一网办结，实现办理过程电子化

全协同作业，通过系统建立起一个协同平台、一个协同机制和一个责任体系，系统围绕报装业务自动生成协同工作计划和事项，智能预约相关部门，督办网上会签，对各部门工作质量形成约束；全电子工单，报装全流程所有业务进入系统运行，业务办理有记录、有结果、可追溯、可考核；现场作业使用手持终端录入信息，既保证了信息的及时准确，也可以减少后期手工录入差错；可视化体验，业务流程、收费标准、工作质量对客户都是可视的，可通过电子方式查询，增强了客户的服务体验。

3）一网监控，实现管理监督规范化

将协同机制变成实实在在的流程环节，与报装相关的部门、岗位、业务、制度全部以电子化方式进行管控；将报装业务作为项目管理，对各节点完成时限进行预估测算，对可能超时限的环节提前预警；为客户经理、管理决策人员提供不同的视图，为及时准确进行管理决策提供有力支持；发布提醒、预警、督办信息，督促在规定时限内完成业务，并自动向客户发送短信告知业务进展；分部门和人员细化考核指标，系统自动生成考核结果。

（二）业扩报装"e 网通"工作措施

1. 确定建设思路与应用构架

以提升全面的客户服务能力、业务管控能力和协同运作能力为目标，对电网公司内部报装管控实现"一口对内"、对客户报装服务形成"一口对外"；以客户服务经理作为对内、对外的中间桥梁，形成"E 网化"的解决思路；系统建设基本架构分 3 个层面着手，一是管理层面重点落实三个需求，二是业务层面实现应用三个功能，三是技术层面解决协同有序两个问题。

2. 分层落实系统建设与业务应用

1）管理层面

增加 BI 辅助决策功能，实现可视化管理。为管理层提供整体项目动态，快速查看各部门对高压业扩报装的操作、当前滞留的部门环节、关键里程碑图、业扩报装全景图、人力资源工作量、业务完成情况等。

自定义报表管理功能，达到数字化管理和图形化呈现。可分析业扩报装重点项目工作动态、时限构成、单位影响、人员效率、延迟因素、项目风险及各部门对时限环节的影响等，实现对业扩报装工作的客观评价。

考核考评管理功能，与个人绩效挂钩，明确部门责任归属。针对协同部门、设计、施工部门建立完整的评价指标体系，主要是对业扩报装进度与质量产生影响的指标，系统支持按照各部门设置指标，可定期或项目结束时按照部门、项目等进行指标数据抽取，并根据抽取数据与评价计算方式生成评价分数。

2）业务层面

实现报装全过程管控，将所有线下环节纳入线上管理。扩充营销业务，应用系统报装模块的功能，增加对协同部门、设计单位、施工单位所负责工作的记录与管理，通过技术手段解决系统报装工作与实际业务工作脱节的问题。

强化项目管理，对重点项目实时跟进，推行里程碑项目管理。根据不同电压等级、双电源、用电容量等设置关键里程碑标准工作日。自动生成项目里程碑节点，加强报装各环节时限及工作质量的预警、监管与考核，实现报装全过程的可控、能控、在控。

增加客户触点，实现流程透明化。新增客户告知模块，包括告知信息库管理、报装手册打印、客户短信告知、客户通知预订、客户自助导航功能。

3）技术层面

扩展无缝集成，做到管控系统与 SG186 系统数据时时共享、与短信平台无缝对接。

提高系统运行效率，将管理层、操作层有机分离，各司其职，有序运行。

（三）业扩报装"e 网通"建设成果

业扩报装"e 网通"为客户提供异地报装、网上报装功能，解决客户报装不便的问题；将设计、供货、施工环节纳入监控，通过预警、督办，督促相关单位尽快完成业务，解决流程体外循环的问题；通过网络支持、协同办公，对协同环节进行智能化安排和预警，实行网络办公，使报装协同机制真正落地，解决协同机制不畅的问题；将报装流程中可以同步进行的环节，以技术手段进行"串改并"，同步发送至相关部门并行处理，从而缩短整体时间，解决报装效率不高的问题。

以武黄城际铁路为例，2014 年 6 月 6 日，武黄城际铁路 220kV 何刘牵引站在经过 10 个小时紧张工作后，顺利完成送电作业。确保了湖北省委、省政府和中国铁路总局确定的 6 月 9 日武黄线开通目标的实现。何刘牵引站是武黄城际铁路全线供电的枢纽变电站，对供电条件要求高，在时间紧、任务重的情况下，国网湖北省电力公司充分发挥业扩报装"e 网通"新平台作用，运检部、调控中心、湖北省客服中心和湖北省计量中心以及国网湖北省电力公司武汉供电公司发起通力协作，将供用电合同、调度协议的签订、计量装置配置以及客户送电申请等原需要串行的环节改成并行处理，减少 3 个环节，缩短 14 个工作日，确保了在 6 月 6 日按期保质送电。

第三节　服务互动化

随着互联网产品和互联网思维渗透到人们生活和工作的各个方面，特别是智能手机的应用普及，使得传统的生活方式和缴费习惯发生了很大改变。在供电服务工作中，查询、缴费等智能化、信息化的新技术应用和服务手段创新也正在不断改进和完善。电网公司顺应国家提出的互联网＋发展战略，加快智能营销发展步伐，运用信息化技术，不断拓展服务手段，建立了面向用电客户 OTO 互动体验型"客户服务窗"。

一、新型缴费方式

电网公司优质服务观念的不断深入，社会对高效的营销服务体系、完备的营销服务平台提出了越来越高的要求。"互联网＋"的兴起，互联网的创新与经济社会各领域深度融合，推动了电网公司技术的进步、产业效率的变革，有效地推动了新型缴费渠道的应用与推广，实现由传统营销模式向智能营销方向发展转变。新型缴费渠道的推广应用，为客户提供更好更全面的缴费服务体验，是电力营销 OTO 服务模式的实践应用，是顺应当前互联网技术、智能营销发展的时代产物。

（一）新型的缴费方式介绍

新型缴费方式的应用与推广，提供拓展营销服务渠道，适应客户服务方式多元化需求，充分利用网络信息技术、先进支付手段，实现电 E 宝、95598 网上营业厅、微信、支付宝、银行网银、手机掌上客户端等新型缴费渠道先后产生，满足了客户多样化、个性化缴费需求。

1. 微信公众服务号支付

通过手机微信添加服务公众号，客户可在消息显示区域看到推送消息，窗口下方有"我的用电"、"公共信息"和"电力生活"等功能按钮，客户可根据需求进行自主操作，实现在线缴费和用电信息关注。以湖北省电力公司微信号为例，如图 4-3-1 所示。

图 4-3-1　微信公众服务号二维码

2. 支付宝第三方支付

支付宝公共事业缴费，支持水、电、气、通讯等缴费。客户可直接通过首页的"生活缴费"支付窗选择缴纳电费，如图 4-3-2 所示。

图 4-3-2　支付宝缴费二维码

3. 掌上电力 APP

由国网公司打造的一款掌上电力互动服务平台，具有用电查询、交费购电、网点导航、停电公告、信息订阅、在线客服等服务功能，让客户享受到更多的智能化服务，如图 4-3-3 所示。

通过微信，支付宝等APP扫描此二维码，可完成"掌上电力"APP下载

图 4-3-3　掌上电力 APP 缴费二维码

4. 95598 服务互动网站

95598 服务互动网站是国网公司统一对外服务网站，提供电力信息浏览、网上业务受理、网上缴费、信息自动查询等网络服务功能。登录互动网站平台，点击右上角【我的 95598】，选择《服务开通》，输入十位数字的用电户号和查询密码（初始查询密码为 888888，可拨打 95598 语音电话进行修改），选择开通用电服务；服务开通后，选择菜单自助服务≫充值缴费≫电费缴纳/预存≫选择缴费客户≫为本人缴费可进行电费支付；选择菜单≫用电业务查询，可进行账户余额查询、电费电量查询、准实时电量查询、业务办理进度查询等操作。95598 智能互动服务网站操作步骤如图 4-3-4 所示。

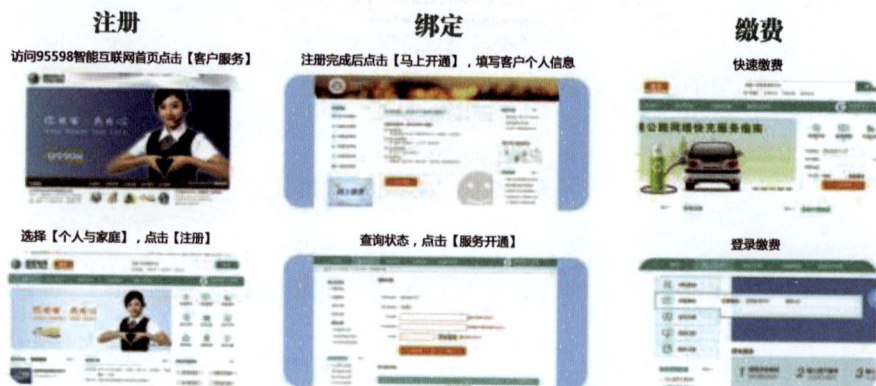

图 4-3-4　95598 智能互动服务网站操作步骤

5. 电 E 宝

电 E 宝由国网电商公司独立开发，面向客户提供一站式理财及电力特色服务，最

大的特点是能够实现全网 26 个省市公司的电力缴费功能，集成了国网商城、国网商旅、金财贷、掌上电力等系统内移动应用，并提供了供电窗、电费小红包、财富好管家等服务和产品，为全网电力客户提供便捷、高效的电力服务和金融服务。

6. 网上银行与电话银行缴费

开通了网上银行的客户，通过该行的官网输入账号和密码，查找"缴费站"，选择"电费"即可进行缴费。或者手机拨打 95598 服务热线，按照语音提示进行自助缴费。

7. 新型缴费方式适用人群

不同的缴费方式，对应不同的人群，如表 4-3-1 所示。

表 4-3-1　新型缴费方式适应人群

序号	缴费方式	适用人群
1	电 E 宝、支付宝、微信服务号、掌上电力 APP	偏好互联网平台、智能手机体验的客户；对用电信息查询有较高需求的客户
2	网上银行、电话银行	熟练使用银行产品，忠实于银行服务的客户
3	95598 服务互动网站	偏好互联网平台的客户；对相关用电政策有较高需求的客户

（二）新型缴费方式的推广措施

在新型缴费方式的应用与推广过程中，通过多途径的宣传引导，让客户自主选择缴费方式，为不同客户群体提供更为丰富的服务与体验；通过客户电量、电费等信息的精准与透明，保障客户缴费资金账户的安全可靠；通过信息的同步响应，保证信息接口顺畅、变动信息反馈迅速。推广过程中，实行全过程、全闭环的管理模式，包含宣贯、实施、评估这三个阶段。

1. 宣贯阶段

从开展辅导培训、发放宣传册、开展宣传活动、舆论宣传、网上宣传等多方面进行广泛的对内对外宣传，形成浓厚的社会宣传氛围。可通过内部培训、营业厅互动、联合传播、合作传播、口碑传播等方式，实现新型缴费渠道途径宣传，如图 4-3-5 所示。

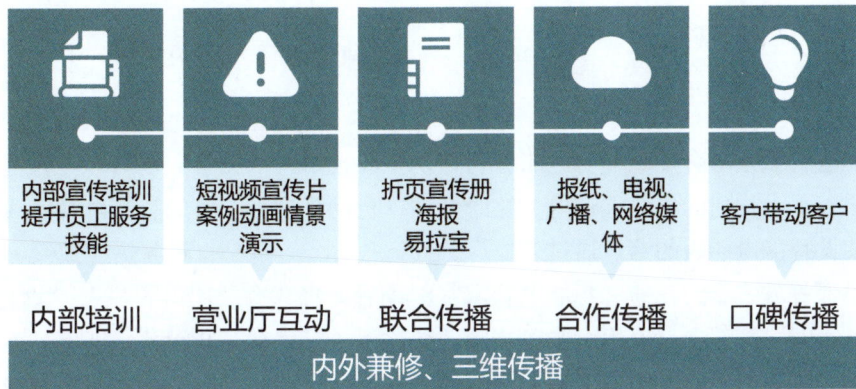

图 4-3-5　电子缴费渠道宣传途径

2.实施阶段

实施阶段是新型缴费渠道应用与推广的核心环节。通过规范内外宣传，达到辖区全覆盖；通过渠道推广内部管理，使员工业务、服务素质统一规范，做好客户沟通引导，使客户缴费方式逐步转变；通过第三方支付平台接口管理，使电子交易渠道的使用率更高，客户体验更满意；落实业务与信息综合管理，使客户发行电费及时准确、电价执行精准可靠、用电信息及时传递。

3.评估阶段

评估阶段就是通过动态的过程考核机制，定期通报应用与推广中存在的问题及进度因素，提出改进措施，落实整改方案，完善营销各项业务的过程控制手段和方法，使电子缴费渠道应用与推广工作科学有效、协调有序、互动闭环运转。

（三）新型缴费方式应用成效

国网某省公司于2015年通过"网点引导、上门推广"等方式，在全省范围内开展了新型缴费方式推广应用工作，以满足不同用电客户的缴费需求。加大宣传电E宝、微信、支付宝、95598服务互动网站、掌上电力手机APP等缴纳方式，使电力客户可通过手机终端随时随地充值购电、查询自家用电信息、停电信息公告等服务，节约了客户缴费时间，减少排队交费的烦恼，让更多的客户体验新型缴费方式的便捷的同时，缓解了供电营业厅和银行网点的柜面现金收费压力。

截至2016年，国网该省公司新型缴费方式总客户数达432万户，占客户户数比重的25.3%，其中支付宝缴费户数达227万户，网上银行缴费户数达132万户，新型的缴费方式已被大众广泛接受，新型缴费方式的推广工作已初见成效。

二、智能电管家应用

为适应当前电力客户需求变化的趋势，构建智能化、互动化的用电服务体系，更准确响应客户需求，赢得顾客信任，进而赢得市场。智能电管家的产生，将实现"网上购电、实时查询、自助管理"的一体化双向互动优质服务体验，是提升电力客户消费自主性和透明度的重要举措。

（一）智能电管家简介

智能电管家是融合传统购售电服务与移动互联技术，依托掌上电力、支付宝、微信等移动服务平台构建的集线上购电、实时查询、自助管理为一体的智能电管家线上服务平台。装设智能电能表的客户通过营业厅、社区代办点、95598服务热线预约、支付宝服务窗验证等方式签约开通"智能电管家"服务后，将享有"用电管家"、"购电管家"和"服务管家"等三项超值用电服务体验，通过手机等移动互联设备，即可足不出户在线享受电费预警与停复电短信定制、优惠活动微信推送通知、网上购电便捷交费、业务情况实时查询等专属服务，轻松实现"网上购电、实时查询、自助管理"的一体化双向互动优质服务体验。智能电管家内涵如图 4-3-6 所示。

图 4-3-6　智能电管家内涵示意图

（二）智能电管家建设措施

电网公司将传统的购售电服务与"互联网＋"技术相融合，巧借网格化服务体系，大力推广新型缴费渠道，构建全开放、全透明、互动化、无处不在的智能用电信息平台，为客户提供"一键式"、"一对一"的专属服务，让客户从被动参与到主动融入。具体采取的工作措施包括：

1. 找准需求

获取政府主管部门认可与支持，将"智能电管家"嵌入智慧城市和美丽乡村建设之中，充分发挥智能用电在建设新型城镇化战略中的重要作用，赢得政府等各管理部门的支持，为"智能电管家"的深入推广营造良好的政策环境、舆论环境和发展环境。同时做好品牌宣传推广，利用电视、电台、报纸和微信等媒体进行相关政策、业务流程的宣传，利用典型社区、典型村组进行现身说法，利用营业厅及广大供电服务人员开展多种形式的宣传推广活动，让广大电力客户体验"智能电管家"所带来的方便和实惠，提高"智能电管家"的信誉度和美誉度，让广大客户自觉、自愿的领用"智能电管家"。

2. 组织严密推广有序

组织营业、计量、电费、服务、信息、市场等多个专业紧密配合，从政策、技术、信息、服务和协调全方面分析推广策略，制定实施方案，层层落实责任，将责任和压力充分传递到基层站所每一位员工，明确了"找准载体、做好示范、整体推进"的思路，通畅问题反馈处理机制，消除推广阻力，同时做好与财务、物资等部门的协调，形成了推进工作的强大合力。

3. 完善系统强化支撑

打通 SG186 营销信息系统、用电信息采集系统、短信服务平台、电子缴费渠道等各大业务环节系统平台，加强系统服务器承载能力、资源整合协调能力、配套监控运维支撑体系、计量设备功能质量、现场紧急复电手持设备配置、短信平台建设等信息系统建设，强化客户采集数据传输、电费测算、系统停送电指令执行、电费代扣及短信提醒、可视化用电服务信息推送等服务协同能力。统筹协调系统建设与运维工作，整体开展业务功能开发、主站系统监控、程序性能升级、基层需求应答、日常运维值班、费控短信推送、后勤物资保障、推广政策指导、应用效果督查等各方面工作。

4. 总结经验示范引领

严格执行客户准入的信息标准、管理标准和维护标准，使"智能电管家"管理规范化、制度化，达到客户关键信息明晰、信息采集高效、服务保障优质和职权责任明确的效果。针对推广过程中发现的问题及时提出整改意见、及时遏制错误苗头，消除客户投诉风险，避免造成不良社会影响。

5. 设定目标落实考核

合理设定推广目标，分解智能电管家推广任务，根据客户类型选取推广策略，优先引导城市出租房、商业租赁门面、高档社区以及电子支付经验足的潜力客户群，培育新型的客户群体；建立推广进度通报机制及业务监控体系，将推广质量纳入同业对标考核，充分发挥考核指标的指引作用，促进"智能电管家"推广工作向良好的方向发展。

6. 规范服务流程

规范服务流程，所有已安装智能电表的客户均可享受"智能电管家"服务，若客户还未安装智能电表，电网公司会按计划为客户免费升级更换智能电表。已安装智能电表的客户可以通过供电营业厅、电话预约、社区代办等方式申请"智能电管家"服务，电网公司核对客户用电信息，确定电费提醒方式及预警额度，并签订远程费控补充协议，签订后立即生效，"智能电管家"可对客户电费测算余额，通过短信提醒客户充值缴费以及复电通知。"智能电管家"服务流程如图 4-3-7 所示。

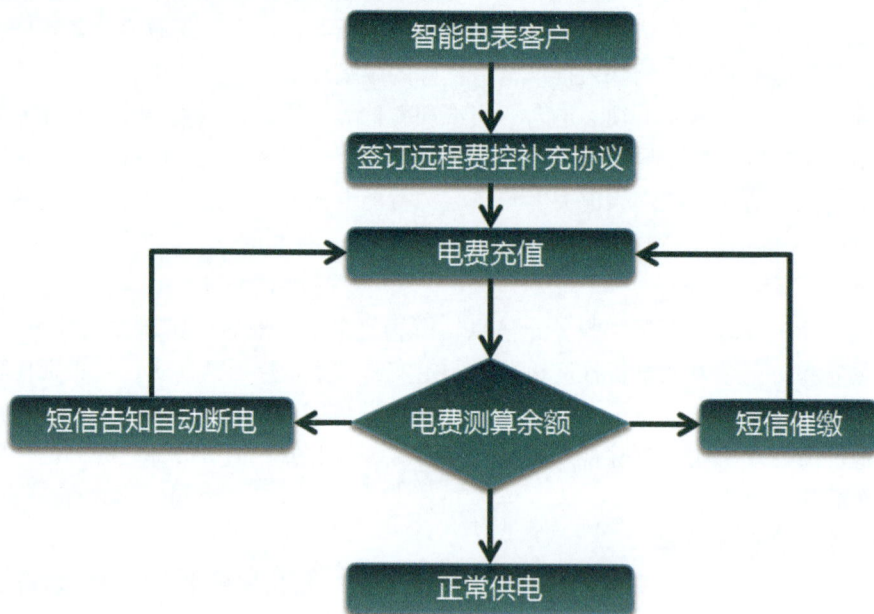

图 4-3-7　"智能电管家"服务流程图

（三）智能电管家建设成效

"智能电管家"供电服务品牌及其服务模式的推出，实现了供电服务客户需求与客户体验的互动形成。电力客户可通过各类缴费渠道 24 小时轻松购电，并可实时到账，免除了排队缴费的烦恼；通过电能表及手机终端功能，客户用电信息、电费余额清晰明了，便于随时查询；在客户电费余额不足时自动得到短信预警提醒，可保障不出现欠费停电；通过指定的用电服务专员，在需要的时候，可享"一对一"的专属服务。

以国网某省公司为例，2015 年以来通过智能电管家品牌的推广，短短半年间智能电管家客户覆盖比例过半，业务范围覆盖全省大部分地市、县；通过智能电管家服务品牌的成功推广，全面提升了公司营销基础管理水平、生产经营质效、风险防控能力及互动服务能力。将抄、催、收人员从大量人工重复劳动中解放出来，将工作重心转移到采集运维及客户服务上，进一步优化了人员结构，通过转变传统的"先用电，后缴费"为"先充值，后用电"电力消费模式，电费回收风险得到有效管控。

三、网格化服务

随着经济发展和社会进步，广大用电客户对电力营销服务的公开、透明和及时性的要求越来越高，客户希望时时掌握自己的电量电费信息、用电需求得到电网公司的迅速响应、能及时了解电价政策和安全用电知识。在电力营销服务发展中，通过智能电表的改造、信息技术的广泛应用，已经实现了抄表数据远程自动上传和多元化、电子化的缴费方式，并逐步搭建和完善了多渠道的用电信息交互方式，基本满足了客户需求。但随着信息技术的广泛应用，传统的抄表、收费等人工作业方式逐步取消，也使得电网公司和用电客户面对面直接交流和沟通的机会越来越少，而用电客户个性化的用电需求还无法通过 95598 网上营业厅和 95598 服务热线得到完整和全面的解答。

针对新形势下电力营销服务工作中出现的新问题，实施供电服务网格化管理，化整体为网格，变"坐等"为"上门"，强化客户诉求快速响应处理能力，打造"人在格中转、事在网中办"的闭环服务模式，是实现供电服务"零距离"、服务区域"全覆盖"、客户诉求"全响应"、解决供电服务"最后一公里"的有效方法，也是公司改革创新、竞进提质、促进管理升级和效益的重要举措。

（一）网格化服务简介

以行政区域或供电基本单元（台区或线路）为供电服务网格，设置网格管理员，全面落实供电服务责任，通过网格管理员与用电客户面对面的沟通和接触，实时收集客户用电需求，并充分利用配电 GIS、营销业务综合应用、自动充换电等技术支撑平台，实现对客户需求的快速准确响应，让供电服务网格化成为有效支撑电力营销 OTO 服务模式的线下全新体验，营造良好互动的新型供用电关系。

（二）网格化服务的建设措施

1. 划分服务网格

按照便于"纵向管理、横向协同"的原则，以行政区划、变电站、配电线路、台区为单元，兼顾区域经济发展、地理位置和客户数量等因素，划分为不同层级的供电服务网格。网格划分如图 4-3-8 所示。

图 4-3-8　网格划分示意图

2. 明确职责定位

供电服务网格内设置网格管理员、网格协管员、网格监督员等，共同开展好网格内的供电服务工作。

网格管理员是供电网格服务工作的第一责任人，负责所辖网格内发现、受理、解决或传递客户各种用电诉求，解答客户咨询，宣传用电政策、安全用电及节约用电知识，推广节能新技术和电能替代，引导客户合理用电，协调处理客户故障抢修和用电矛盾，并跟踪、协调、反馈客户诉求办理情况。

网格协管员负责超出网格管理员职责和业务范围的内部协调工作，其主要任务是横向协调，一般由相应层级的管理人员担任，根据网格管理员传递的客户诉求信息，实时启动内部流程，协调督办电网建设、生产运行、营销服务等相关专业业务协同进展，及时向管理员反馈办结情况。

供电服网格监督采取内外不同角度监督，外部监督员由区域人大代表、行业（协会）或社区负责人、社会监督机构人员等组成，主要监督供电服务作风建设情况；内部监督员由相关单位、部门负责人和监察部门人员组成，负责对网格管理员和网格协管员履职情况进行监督评价考核，对网格管理员、网格协管员违规行为以及网格内客户投诉举报事宜，启动与相关单位、部门的联动处理流程。

3. 统一网格服务规范

在供电服务网格内统一设置供电服务网格化管理公示牌，对网格管理员姓名、联系方式和工作职责、监督电话等信息进行公示；设置安全用电知识、节能新技术、电能替代等电力宣传栏；发放供电服务连心卡；设置用电诉求征集箱；制作供电服务网格管理人员工作手册，让每一个网格管理员明白自己的职责范围以及每一类业务的处理流程。如对于客户咨询，由网格管理员直接解答；对于营销类业务协办事项，由网格管理员收集客户相关资料，利用手持移动终端填写电子工单受理直接转相应业务按正常流程处理；对于超出网格管理员职责的，填写业务协同工作单，由网络协管员启动横向业务联动处理流程，业务处理完成后通过多种渠道（网络渠道、95598 服务热线以及网格管理员）对客户进行回访，客户满意后工单归档，流程结束。

4. 理顺运转保障机制

在电网公司内部建立和完善电网建设、生产运行、配电抢修与供电服务协同联动机制，确保客户用电诉求得到及时有效解决。深化生产、营销等技术支持平台的数据清理、信息共享与系统应用，对客户名称、客户编号、表号、用电地址、联系方式等信息保持实时同步更新，确保现场与系统、系统与系统间数据的一致性，及时准确响应客户需求。

5. 建立考评机制

制定供电服务网格化管理考核办法，明确管理员、协管员和监督员的工作职责和考核方式，运用网格化管理信息平台，记录业务处理时限、处理质量、客户满意度等关键数据，对网格管理员、协管员进行全程监督考核。定期评价考核网格管理工作，开展运作情况分析，审视并完善制度、流程，确保供电服务网格化建设落在实处。

制定供电服务网格化达标工作方案，以网格内客户关系融洽、网格化组织体系健全、网格化运转流畅高效三个方面作为省、地市、县三级网格化工作达标的必备条件。其中，网格内客户关系融洽包括客户与网格员之间的双向互动以及知晓程度；网格化组织体系健全包括各级供电单位有确保网格化日常运行的组织保障、经费保障和制度保障；网格化运转流畅高效包括运行过程中营销、运维、调控等专业间充分协同、互为支撑，网格末端业务融合，与政府网格有效对接。通过以上验收标准，对省、地市、县、供电所各个层级进行量化计分，最终实现地、县、所三级供电服务网格达标率100%的工作目标。

6. 融入社会综治平台

对接政府社会综治平台，共享政府数字社管软件平台已有的网络、服务器硬件、地理信息等资源，将供电服务体系嵌入社会行政系统，形成社区网格员与供电网格管理员"信息共享、问题互换、诉求共商、服务联动"的协作模式。

（三）网格化服务应用成效

通过实施网格化服务，建立了全面覆盖供电区域的综合性服务网格，辅以政府区域网、地理信息网的综合服务网格。解决了服务资源集约程度与利用率不高的问题；解决了当前服务流程太长，横向协同不畅的问题，缩短服务环节，优化了服务流程，提升跨专业的横向协同能力；与政府网格服务的对接，提升了电网公司与政府部门用电业务需求的响应速度，建立了良好的沟通协调机制，实现全生命周期无缝对接、全闭环管理。

以国网某省市供电公司供电服务网格化建设为例，根据行政区划规模和发展情况，将城区的五个区划分为4个区域网格；将城区191条中压配电线路供电的1308户高压客户以及64家直属大客户，按照变电站及供电线路划分为15个高压网格；将2249个台区按地理位置及客户数，划分为36个低压网格；采取公司领导兼职、部门协管协同、社会化聘请的方式，确定"一格三员"（管理员、协管员、监督员）；依托该市政府现有的社会管理综合信息平台，嵌入供电服务网格化管理的业务需求，联合政府系统开发商共同开发了"供电服务网格化管理信息系统"，延伸出一个内核和数据库共享、流程和登录界面完全独立的供电服务子系统。

截止到 2015 年 6 月份，该市公司话务量同比下降 25%，其中城区停电信息电话咨询量下降 35%，电量电费信息咨询量下降 40%，共有 44 笔表扬是送给网格员。停电信息发布精确率大幅提高，2015 年 1~6 月该城区共发布停电信息 43 期，涉及 10 千伏线路 79 条、专变 356 户、公变台区 635 个、低压客户 7 万余户，及时率、完整率、准确率均达到 100%，未发生一起涉及停电信息的客户投诉与批评。电费代收业务推广迅速，新增办理储蓄代缴业务 1 万余户，其中 70% 的业务由网格员现场办理或客户主动办理。

四、客户关系管理

客户关系管理是企业为提高核心竞争力，利用相应的信息技术以及互联网技术来协调企业与客户间在销售、营销和服务上的交互，从而提升其管理方式，向客户提供创新式的、个性化的客户交互和服务的过程，其最终目标是吸引新客户，保留老客户以及将已有客户转为忠实客户，增加市场份额。

长期以来，电力供应作为自然垄断的公用服务业，客户对电能销售与供应商不能进行自主选择，电力营销服务对客户关系管理重视不足。随着电力体制改革进程加快，售电市场放开，对电网公司而言，通过实施客户关系管理保留客户忠诚度，不断巩固和提高市场份额已迫在眉睫。

（一）客户关系管理简介

不同的电力客户，其用电需求也各有不同。客户关系管理，就是利用电力营销业务信息系统的大量业务数据积累，对电力客户进行分析、评价、识别；通过建立客户细分、客户标签、大客户管理、服务策略等电力营销管理机制，营造互惠、互信、互赢的供用电关系；通过培育客户忠诚度，提高电能在终端能源消费占比，为企业发展赢得更多的市场资源。

（二）客户关系管理工作实施措施

1. 开展客户分群管理

通过电网公司内部数据分析挖掘，结合电力市场深度调研数据，从电网公司以及电力客户两方面的角度，依据电力客户的需求与诉求、用电行为与消费习惯以及重要程度等方面的多元性和差异性，把电力客户划分为若干个消费群的市场分类过程。客户分群包含客户细分，客户标签，大客户管理。

（1）客户细分是建立基于客户价值、客户的供电可靠性要求和客户行为的三维客户细分模型，如图 4-3-9 所示。

（2）客户标签是以客户"标签库"的形式，构建多层次、多视角、立体化的客户全景画像，获取客户基本信息、用电偏好、信用风险、行为特性等精细特征，提高客户服务的精细化、差异化程度，以及营销方案设计的针对性和有效性，客户标签设计如图 4-3-10 所示。

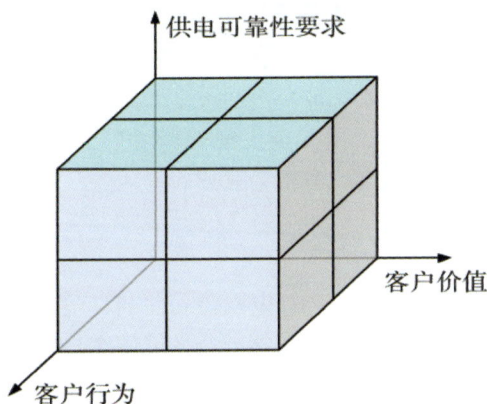

图 4-3-9 客户细分模型示意图

图 4-3-10 客户标签设计步骤示意图

从图中可以看出，客户标签设计的工作步骤，首先从客户数据层归纳、挖掘发现特征，再结合业务特征组合提炼出客户标签，最后分类组织目录，构成目录标签。

（3）大客户管理是根据大客户性质、当前市场行业水平、潜在电力用能水平等因素对大客户价值进行划分，为大客户提供针对性服务，挖掘潜在价值客户。

2. 实行服务策略的分析与应对

构建完善的客户服务营销策略。通过拓展互联网各种服务渠道，为客户提供在线服务窗口、便捷化服务模式，推动电网公司由电力供应商向电力供应及综合服务商转变；开展客户的统计分析，定期对所服务的客户结构进行调查，对客户进行动态管理和提示预警，以便从中获取更多的营销机会；建立企业内部完善的大客户工作机制，理顺大客户业务处理流程与工作职责，对客户需求能快速反应；实现业扩报装线上申请，线下客户经理快速响应；积极关注国家产业政策的变动，把握住新增及潜力大客户。

构建针对性的营销服务策略。为高电量高信用等级客户设置大客户经理，提供一对一服务，为客户进行全面细致的用电分析服务，提供用电分析报告；为中电量高增长客户设定办理业务优先权，满足其用电服务需求，挖掘其用电潜力；为普通客户注重自身服务能力与整体服务能力，保障服务质量；为低电量低信用客户采取风险防范措施。

3. 营造良好的客户服务体验

拓展全方位的线上渠道服务，推广移动互联网作业，围绕"以客户体验为中心"，提供线上便民服务，实现线上全天候受理，线下"一站式"服务；建立与客户双向互动机制，深化大客户经理制、简化办理手续，电子服务渠道实时线上沟通、服务响应与双向互动，并实现业扩报装全过程管控，对内提高客户响应工作效率，对外提升客户响应服务水平；提供电力精准营销服务，针对不同特征的客户，提供差异化服务；设立营业厅大客户服务专区，营造更便捷、专注性更强的服务感受；设立 95598 大客户专用通道，优先受理大客户的咨询、投诉、举报等业务。

（三）客户关系管理应用成效

基于目前"互联网＋"的发展趋势，电网公司将传统客户管理体系与"互联网＋"相融合，逐步构建出全新的、先进的、引领行业发展的客户管理体系。实现了从人员到业务、从流程到渠道、从规划到执行等各项工作的有机整合，落实了全流程客户满意度管理；运用客户关系管理并结合电网公司特点进行了电力客户端的分析、评价、应对，向更全更广的电力市场进行了深入探索；实现了各级工作人员对客户个体和群类特性的精准感知能力，通过洞察客户需求，提高了营销策划的针对性和有效性，有力辅助了营销方案的策划和执行。

2015 年，国网某省电力公司通过客户关系管理的分析决策，突出"精分市场、精确替代、精准促销、精益管理、精心服务"的精准营销理念，积极改造升级农村配电网，解决了 1.3 万个低电压供电台区，全省县域和广大农村地区的用电潜能得到释放。例如，某供电台区改造后，当年居民用电量同比增长了 98％，某工业园园区 10 千伏配网扩容后，其中一工业客户用电量增加 1 千万千瓦时，同比增长 66％，该省电力公司全年农网售电量达 745.6 亿千瓦时，同比增长 9.32％。客户关系管理对电量的增长起了关键性的作用。另外，某用电大客户在投产时，原计划安装天然气制热系统，供电公司营销人员主动上门进行能源比较，客户最终选用了电窑炉，实现了以电代气，年用电量增加 1100 万千瓦时。另一用电大客户以电代煤，将燃煤炉改造为电炉，当年新增使用电量 264 万千瓦时。2015 年，该省电力公司全年共实现电能替代 35.2 亿千瓦时，为电量保持正增长发挥了重要作用。

第五章
"互联网+"下的营销
服务模式创新

　　十二届全国人大三次会议上提出"互联网＋"行动计划后，推动"大数据、云计算、物联网、移动互联网"等新一代互联网技术与各行各业结合，促进电子商务、工业互联网和互联网金融等新兴产业发展成为经济领域的焦点话题。作为大型能源供应企业，电网公司肩负着为社会提供安全、高效、清洁、友好的电力供应和服务的使命，如何利用"互联网＋"技术，构建新型"互联网＋电力营销"服务，更好地推动经济社会发展和满足人民生产生活需要，也成为电网公司必须思考的内容。本章介绍了电力营销服务的发展历程以及存在的问题，提出了构建"互联网＋"下的新型电力营销服务思考，详细论述了电力营销O2O服务模式的特征以及如何构建电力营销O2O服务模式。该模式将从根本上解决传统电力营销服务模式存在的问题，实现"互联网＋"下的电力营销服务模式的创新。

第一节　电力营销服务概述

　　长期以来电网公司实行高度集中的计划经济体制和政企合一的管理模式，习惯用行政手段管理电力生产与销售，发展靠国家，效益靠政策，管理靠行政手段，缺乏市场竞争的紧迫感和危机感。随着我国电力体制改革和电力供需矛盾的变化，电力的发展模式从数量速度型向质量效益型转变，电力的供应以过去供给导向为主转向以需求导向为主，电力企业文化开始以优质服务为建设核心，电力营销服务在电力销售中的作用日趋重要。

一、电力营销服务的发展

　　1998年以前，我国电力市场的特点是国家统一所有，统一管理，自上而下垂直垄断经营，实行计划建设、计划发电、计划供电和计划用电的计划经济体制。改革开放以后，我国经济快速发展，电力长期处于供不应求状态，电力生产与供应主要以增加发电装机容量、提高安全生产水平、保障电力供应为主，呈现出"重发、轻供、不管用"的典型特征。2002年的第一次电力体制改革，改变了电力长期以来"发输供一体化"运行管理方式，将发电业务从供电企业中剥离，成立了两大电网公司（国家电网和南方电网），负责电网建设与运营，向广大电力用户提供电力供应，其利润来自于购售电价差，自此电力营销成为电网企业的核心业务，营销优质服务理念成为支撑营销业务运转的核心思想。

　　（一）电力营销传统业务简介

　　电力营销来自于计划经济模式下的用电管理，《电力供应与使用条例》、《供电营业规则》作为电力营销工作的准则，带有浓重的计划性、规则性、专业性色彩，如电价管理以政府定价为主，一个供电营业区内只能设立一个供电营业机构。受历史形成、政策环境影响，生产、产品观念长期主导的电力营销工作，其主要业务贯穿于从客户申请用电立户、电量电费计算、电费回收等全过程。按照专业划分，包括业扩报装、抄表核算收费、电能计量、用电检查与营销稽查、电力需求侧管理。

业扩报装：受理用电申请，依据客户用电需求结合供电网络的状况制定安全、经济、合理的供电方案，并经过设计审查、中间检查、竣工验收、签订供用电合同、装表接电等过程，是客户申请用电全过程中供电部门业务流程的总称，主要包括新装和增容用电。

抄表核算收费：电网公司按一定的周期，编制抄表日程，对不同的用电客户抄录计费电能表读数，按照国家核定的电价进行电费计算，并向客户收取电费的全过程。

电能计量：电能计量装置主要用来记录用户使用的电量，作为电能贸易结算的重要依据，属于国家强制检定的计量器具。电能计量就是电能计量装置从采购、安装、运行以及报废全过程的管理，具体内容包括设备选型、采购、出入库、检定、安装、周期轮换、故障处理、设备现场检验（检测）、运行抽检、拆除、回退、报废等。

用电检查与营销稽查：用电检查工作贯穿于客户用电申请到其终止供电的全过程，既有对客户安全用电的服务工作，也担负着维护供用电秩序、保障供电企业合法权益的任务。营销稽查是对供电企业内部办理用电业务的各个环节进行质量监督的活动。

电力需求侧管理：在政府政策法规的引导下，通过电网公司与电力客户的相互合作，采取各种有效的激励措施和适宜的运作方式，改变用电方式，提高终端用电设备效率，在完成同样用电供能的同时，减少电量消耗和电力需求、降低成本而进行的用电管理活动。电力需求侧管理是电网公司在剥离行政管理职能之后，原有行政指令性的计划用电的一种市场化体现形式。随着市场的发展，电力需求侧管理还包含了更加丰富的内容，凡是以节约电量和调整电力负荷为目的的任何改变用电状况的措施、手段和技术都属于电力需求侧管理范畴。

（二）电力营销服务发展历程

从传统电力营销业务的内容来看，侧重于满足企业自身经营统计分析、维护正常的供用电秩序的需要，服务观念薄弱、服务理念匮乏。2003 年，95598 客户服务热线正式开通，通过统一的"95598"供电服务电话，全天 24 小时受理电力客户业务咨询、信息查询、故障报修、投诉举报与建议及其他服务，形成服务调度指令发送至相关单位处理。随着时间的推移，在渠道上，从单一的热线电话拓展到 95598 客户服务网站、短信、传真、电子邮件等多种方式；在业务管理上，扩充到开展服务调查、信息分析与客户服务监督考核工作，为电力营销管理及服务工作提供建议和决策支持；在业务受理模式上，从地方集中到省级、电网公司集中受理，电子派单远程办理，实现客户服务业务高度集约化、闭环处理。随着以 95598 为标志的供电服务体系不断成熟和完善，标志着"以客户需求为导向"的服务理念落实在电力营销业务运转的各个环节。

二、电力营销装备及技术支持系统

营销装备和技术支持系统在新技术、新装备的实践中不断广泛应用、改良提升、更新换代，电力营销装备和技术支持系统从无到有，从有到优，满足了信息化管理手段的应用和供电服务水平提升的需要，为电力营销作业自动化、手段现代化提供了坚强有力的支撑。

（一）营销装备的更新

电力营销装备是营销作业过程中使用的设备。按使用专业可以分为基础服务、智能信息两类；按设备类型可以分为办公类用品、辅助设备设施、信息设备、仪器仪表四类。

1. 基础服务装备

基础服务装备是应用于营销日常工作与服务必需的公共装备，如计算机、自助缴费终端、便携式移动收费终端、电子书写台、叫号机、多媒体触控一体机、电子填单终端、身份证识别仪、扫描仪、高拍仪等服务设施。以往由于手工作业，基础装备缺乏，导致营业厅窗口服务落后、业务办理时限长、客户排队等状况，如历史缴费方式基本上依靠客户营业厅柜台、催费人员上门走收、银行代扣三类途径，电费资金回笼慢、缴费网点稀缺、排队缴费难的现象制约着客户缴费服务。当前自助缴费终端、便携式移动收费终端、电子书写台等基础装备水平升级换代，在营业窗口广泛应用，既提高了供电营业窗口业务办理效率，缩短了业务办理时间，也推进了服务渠道建设、工单电子化运转，实现了无纸化作业，最终为提高业务信息化处理水平、为电力客户提供更为便利的自助式互动供电服务方式提供了基础保障。

2. 智能信息装备

智能计量装备侧重于智能电能表与用电信息采集终端的应用。以往的机械式电能表功能相对单一，且灵敏度、稳定性、精度难以控制；传统人工抄表不及时、误差大、成本高、效率低，存在难以规范与不确定性等多方面因素。智能计量装备具备了双向电能计量、双向通信功能，根本上为供电服务打下良好基础。如智能电能表的双向信息交流，使客户可以通过安装在电能表表箱的终端实时接收、查询用电信息，有着"使用方便、缴费快捷、消费透明"的特点；用电信息采集终端汇集了智能电能表数据，通过采集器、集中器及通信信道传输到用电信息采集系统，从而实现用电数据管理、数据的双向传输及转发、控制功能。结合"智能电管家"品牌的推广，智能计量装备已深入人心。

（二）电力营销信息系统的建设与发展

从20世纪80年代电力营销在电费计算环节引入计算机取代人工计算进入电力营销信息的单客户使用阶段。90年代末开始组建局域网，逐步建设了电量电费计算、用电负荷控制等信息系统，进入了电力营销的信息局域网共享使用阶段。到21世纪初开始信息化程度不断提高，随着计算机网络及通讯技术的不断发展，由局域网环境拓展到广域网，实现在因特网范围内使用软件和共享信息，构建了庞大的电力专网，逐步实现硬件系统与信息管理软件系统的集成管理，达到自动化管理的程度。目前信息系统已经逐步向智能化和自动化的方向发展，以省为单位建成了SG186营销业务应用、用电信息采集、95598呼叫服务等基础系统，并在此基础上建成了营销分析与辅助决策、营销稽查监控、营销同业对标、业扩报装全过程管控、一体化缴费接入管理平台等应用系统，满足了营销日常工作和管理的需要。电力营销信息化发展历程如图5-1-1所示。

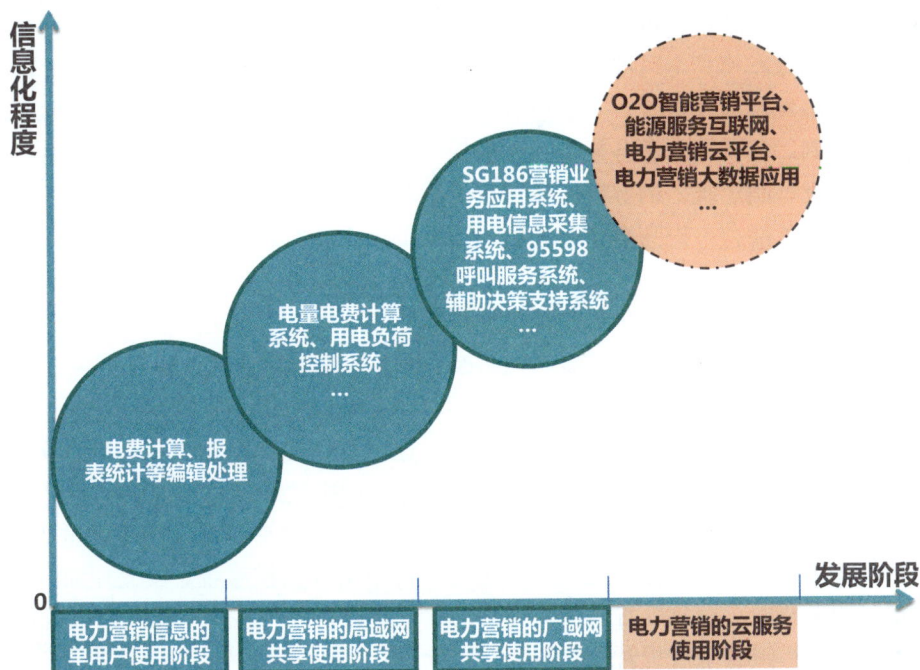

图 5-1-1 电力营销信息化发展历程

1. 基础系统

1）营销业务应用系统

营销业务应用系统涵盖了电力营销的整个过程，是一个业务复杂、响应及时、稳定可靠的大型信息系统。营销业务应用系统作为电力营销业务支撑系统，对用电数据信息统一管理，把电网公司下属各个分公司和营业网点的市场营销工作都纳入到集中统一的系统中，建立起了平面透明的监管和考核机制，对电网公司的营销业务的全过程进行了更为有效的控制与管理，实现了从上到下的规范、透明化管理，保障了服务及时有效性。实现电网公司数据集中、工作标准统一、业务规范统一的目标。

2）用电信息采集系统

用电信息采集系统是采集客户实时用电信息的平台，是对电力负荷进行监控、管理的综合系统。用电信息采集系统通过采集终端可实现用电监控、推行阶梯定价、负荷管理、线损分析，最终达到自动抄表、错峰用电、用电检查（防窃电）、负荷预测和节约用电成本等目的，提高了抄表准确度和抄表效率，实时获取电量、线损数据，快速发现偷漏电等用电故障，有效降低线损，提高经济效益，可以为阶梯电价等政策提供先进的技术支撑。同时，采集系统作为专业支持系统，对营销自动化抄表业务、营销大客户预购电业务、配网自动化业务、生产管理提供数据共享和业务支撑。

3）95598 呼叫服务系统

95598 呼叫服务系统是优质服务的有效载体，是电网公司对客户"零距离"服务的绿色通道，向客户提供多层次和多样性的规范服务的客户服务系统。95598 呼叫服务系统向客户提供故障报修、投诉、举报、查询等业务需求的反馈渠道，这些业务需求所反映出的各分公司供电质量、可靠性、服务行为规范性等信息更加真实准确，更为及时透明，完全打破了原有模式下可能存在的服务信息上传壁垒，有利于省公司及时掌握全省服务情况，准确发现服务短板，采取更有针对性的对策。95598 呼叫服务系统打破了管理区域化的限制，完善客户服务规范、服务标准，制定统一的供电服务中心各岗位工作标准和岗位职责，制定统一的客户服务流程及服务质量考核标准，从而对全省客户提供标准化的客户服务能力，提高客户满意度。

2. 应用系统

随着电网公司信息化建设进程加快，客户服务的响应要求越来越高，电网公司在营销业务应用系统、用电信息采集系统、95598 呼叫服务系统的基础上拓展了多个辅助应用系统，是对基础系统的补充和完善。

电网公司在营销工作中以客户服务为导向，逐渐提供更高的服务质量和服务效率，对外丰富渠道，对内加强管理。建设了营销分析与辅助决策系统，实现了对客户用电数据分析、预测以及客户服务质量的评估；建设了一体化缴费平台，全面支持电力公司、金融机构、非金融机构等多种渠道缴费；建设了营销稽查监控系统，实现了工作质量、供电质量、服务资源、应急处置等内部管理的质量监控；应用系统的建设还包括营销同业对标系统、业扩报装全过程管控等系统。

三、电力营销组织构架的发展

2002 年电网公司成立以前，电力供应与使用实行政企合一的管理方式，在国家电力公司发输电运营部下设用电处，对用电环节业务如用电营业、计划用电等进行管理。国家电网公司成立以后，电力营销成为电网公司的核心业务，用电处从发输电运营部独立出来，升级为市场营销部，承担市场化运作的电力营销管理职责，各省、地、县级用电管理部门也相应更改为市场营销部。

（一）"一部三中心"组织架构

随着市场化进程的推进，2007 年国家电网公司积极探索转变营销发展方式，着力研究营销集约化、专业化和标准化管理模式，以客户服务、电费管理、电能计量专业化管理为主线，形成了以营销部、电费管理中心、电能计量中心、客户服务中心的"一部三中心"的电力营销组织架构。

营销部的主要职责是监督、指导、检查、考核"三个中心"的各项业务，制定各类标准和规章制度，负责完成营销发展规划并滚动修订，开展市场发展趋势的分析、预测。

电费管理中心是公司集约化发展重要的标志和体现。实行抄核收业务分离，对电费核算、发行、账务处理、资金归集等实施集中管理，堵塞了漏洞，加快电费资金归集速度，降低电费管理成本，提高电费监控能力和风险防范能力，这是公司集约化发展的一个飞跃。

电能计量中心的职责就是贯彻国家《计量法》，按照各级技术监督局的要求，对电力行业的电力器具实行依法检定，提高计量技术管理水平，做到计量准确，为公平公正的贸易结算提供依据。

客户服务中心是"三个中心"中营销业务最多的部门，集业务受理、业扩报装、咨询查询、故障报修、市场开拓、需求侧管理、用电检查、客户信息资源形成等功能为一体，对内协调企业内的计划、生产、调度、基建、设计、计量等多个部门。从客户报装开始到完成送电的全过程，包括安全服务、节电服务、变更、咨询、跟踪服务，都由客户服务中心统一面对客户，是"客服中心围着客户转，各部门围着客服中心转"的中心环节。建设客户服务中心是为了从根本上提升营销能力和服务水平，统一服务品牌、服务标准、服务流程，整合服务资源、信息资源、服务渠道，降低服务成本，提高服务能力。

（二）"三集五大"体系下的"大营销"组织构架

2013年，国家电网公司党组从深入推进"两个转变"，加快建设"一强三优"现代公司全局出发，提出集中公司人力资源、财务、物资集约化管理，建设大规划、大建设、大运行、大检修、大营销的"三集五大"体系。

"大营销"体系建设主要围绕"四强化"、"四集中"、"三运作"，全面整合营销资源，创新体制机制。在组织架构上，建成公司总部"一部"、网省公司"一部二中心"、地市公司"一部一中心"、区（县）公司"一中心"的营销组织架构。在功能定位上，按照上下协同、指挥通畅、运作高效的原则，确立公司总部为管理决策主体，网省、直辖市公司（地市公司）为管理执行主体，地市、县（区）公司为业务执行单元。在业务执行单元，重点加强和规范"客户服务中心"建设，突出服务客户的营销组织架构。

"客户导向型、业务集约化、管理专业化、机构扁平化、管控实时化、服务协同化"的"一型五化"的"大营销"体系建设，对业务省级集中、新型业务发展、大客户差异服务、智能用电服务、用电信息采集系统应用、城乡一体化运作、协同服务机制建设等方面所涉及的流程进行全面梳理和优化，重点优化了客户关注度高、与"三集"及其他"四大"交互多的核心业务流程，进一步彰显了服务电力客户的重要地位和作用。

四、电力营销服务存在问题

随着智能用电技术、新能源技术、大云物移等信息通信技术迅猛发展，太阳能、风能等分布式能源发电技术普及应用，客户智慧用能需求提升，当前电力营销服务在市场机制、服务意识、服务效率、装备水平、信息支撑、组织协同等方面存在一些薄弱环节和突出问题，影响供电客户服务体验。

（一）政策法规不健全

立法修法工作相对滞后，制约电力市场发展。现有的一些电力法律法规已不能适应市场发展，相关配套政策迟迟不能出台。《电力法》、《电力供应与使用条例》、《供电营业规则》等法律法规作为约束供用电双方关系及权利的政策依据已经沿用20年，未能体现电能商品及电力服务的市场价值。电价价格关系没有理顺，市场化定价机制尚未完全形成，现行电价管理仍以政府定价为主，电价调整往往滞后于成本变化，难以及时并合理反映用电成本、市场供求状况、资源稀缺程度和环境保护支出。国家在推动供给侧改革、加大能源绿色供给方面缺少相关的法律法规作支撑，如没有以立法形式确定清洁能源全社会供应比例，对于清洁能源、可再生能源发电保障性收购制度没有完全落实，新能源和可再生能源发电无歧视、无障碍上网问题未得到有效解决。

（二）服务意识不强

电网企业由于天然的行业垄断性仍承担电力普遍服务社会责任，在电力销售市场中始终处于强势地位，供电服务仅局限在客户价值的物质层面，而在实现客户价值的精神层面，例如让客户获得更愉悦的服务体验上工作力度不足，主要体现在服务理念不先进，服务意识不强。新技术应用、新业务开展仍停留在电力基础服务方面，在服务于社会经济发展层面存在薄弱环节。如电网企业在促进全社会清洁能源供应、节能减排方面提供的服务项目有限，普及推广世界级绿色低碳节能环保高效技术和产品工作措施不足，提供电动汽车充换电服务、分布式能源接入服务、智能家居等增值服务方面属于刚刚起步，尤其在开展上述增值服务的软硬件平台接入标准、工作标准、市场定价等方面还没有制订统一的行业标准。

（三）服务效率不高

电网企业长期依靠电能购销差价获利的营运方式弱化了以服务增创效益的电力营销理念，故而在电力营销服务方式、渠道、策略、装备等方面的创新投入不足，具体表现在软硬件平台建设投入不足，服务策略、产品价格策略没有市场化运作，服务效率不高。以国家电网公司为例，现有服务渠道以自营供电营业厅为主，95598互动服务网站及服务热线、手机客户端、微信公众号等电子服务渠道应用覆盖面不大，并且各类供电服务渠道之间在标准、功能、友好性、便捷性、互替代关系等方面存在较大差异，不能实现各服务渠道业务办理无缝转换对接。针对上述薄弱环节，电网企业缺少将电能作为商品开展市场促销的工作策略，如在开展电能消费积分兑换、电子渠道支付奖励、客户信用支付等有效促进服务效率提升的营销方式上仍手段有限。

（四）电力基础设施配置滞后服务需求

随着智能电网发展日新月异，输供电线路、供配电设施智能化程度越来越高，智能用电水平日益提升，但对售电侧营销工作来说，营销管理模式和手段还较为传统，与智能电网发展不相适应，在转化智能电网科技成果，引导客户智能用电方面还做得不够。随着客户自主选择、主动参与供电服务过程意愿的不断增强，供电可靠性、电能质量以及业务办理的速度都成为客户重点关注的内容，但目前电网企业服务能力增长滞后于客户群体及其服务需求增长。主要表现为电网基础设施配置升级换代缓慢，在智能电网建设、智能电力装备、营销服务装备及设施配备上投入不够，客户侧智能用电终端装置推广应用不足。

（五）技术支持系统集成应用不足

互联网时代，数据即资产，电网企业在数据资产价值挖掘工作上较为缺失。目前电网企业技术支持系统集成应用功能有限，导致信息互联共享开放不足，数据资产价值得不到充分挖掘。首先，企业内部各部门数据交互困难，导致关联数据纵向或横向功能共享不足。以国家电网公司为例，其生产管理系统、调度自动化控制系统、营销业务信息系统还没有做到实时互联互通，关联数据更新、补充工作不能同步进行，影响营销服务工作效率。其次，信息数据为客户增值服务支撑不足，如营销运营数据应用局限于专业统计分析管理和业务指标考核统计工作，缺少统一信息标准化管理，不能实现对外开放共享。

信息化技术在供电客户服务领域应用不足是制约电网企业服务效率提升的重要因素，主要表现为供电服务过程中，对于新装、高压客户业扩变更，分布式电源接入等服务需求，需要客户多次往返供电营业厅与现场之间，服务方式以面对面、电话为主，短信、传真、电子邮件等服务方式应用较少，客户自助服务仅集中在电费缴纳、电量查询等简单业务，不能满足客户在线互动式服务体验需求。

（六）内部协同运转不畅

电网企业营销组织架构历经多轮调整，组织机构扁平化、业务专业化、集约化程度不断提升，但电网营销与其他专业相比，营销内部各环节之间的界限越来越多。在开展电力销售及服务工作时，需要电网规划、调度、运维检修、故障抢修等各职能部门跨专业横向协同，确保供电及时可靠，以往较为松散的内部协同机制难以适应越来越细化的专业分工，导致不少工作需要增加大量人工协调才能推进，降低了工作效率。

电网企业在供电能力提升方面除了内部协同机制问题，还涉及与政府部门及其他行业之间的共享协作。就电网基础设施建设而言，虽然企业内部能通过电源类数据、电网设备类数据、电力需求类数据、负荷特性类数据等开展规划研究，但对用电潜力分析不够精准，缺少结合地方经济运行数据、针对电力客户特性的综合分析研究。存在部分区域供电能力与客户需求不匹配的电力供需矛盾。如工业园区电源建设滞后于新装客户容量需求，农村配电网建设滞后于农村用电需求，某些新装客户受配电网建设限制无法快速接入。

（七）客户体验开放度不足

目前电力客户体验式服务仅限定在自助缴费终端和查询终端，能够让客户体验服务过程的方式极少。虽然每年会推出方便客户办理业务的新型服务模式，但宣传和体验方式还是传统的宣传单、海报、刊登报纸，与客户互动方式仅限于营业厅柜面交互，与运用互联网思维、提高信息化传递速度不相适应。

五、电改后的售电市场和服务

2015年3月16日印发的《中共中央、国务院关于进一步深化电力体制改革的若干意见》（中发〔2015〕9号，以下简称"9号文"），拉开了电力体制改革的序幕。"9号文"在规划电改的重点和路径时提出，要"在进一步完善政企分开、厂网分开、主辅分开的基础上，按照管住中间、放开两头的体制架构，有序放开输配以外的竞争性环节电价，有序向社会资本开放配售电业务，有序放开公益性和调节性以外的发用电计划"。"9号文"指出了电网企业新的盈利模式，不再以上网及销售电价差作为收入来源，而是按照政府核定的输配电价收取过网费，放开配电侧和售电侧的增量部分，允许民间资本进入。

（一）电改后的售电市场特征

售电市场在电改后表现出如下特征。一是售电市场具有选择性。用电客户在电力供应环节中可以自由选择电力供应商，因而选择性是电力市场营销的重要特点之一。二是电力市场参与者的地位变被动为主动，其议价能力、协商能力明显增强，直购客户数和电量比重逐步上升。三是电价由市场供求决定。政府定价范围主要限定在重要公用事业、公益性服务、网络型自然垄断环节，同时公益性以外的发、售电价格将由市场形成。四是交易机构相对独立运行。将原来由电网企业承担的交易业务与其他业务分开，实现交易机构相对独立运行，为电力供需两侧市场的有序开放以及"多买多卖"市场格局的形成创造条件。五是能源服务市场前景广泛。随着电力需求响应的逐步推广和政策的完善，诸多能源服务公司将会拥有更加广阔的市场空间。今后能源服务的业务范围，不仅限于降低客户的能源消耗，还将进一步扩展到提高客户的利用效率，通过平滑负荷曲线，为系统电网作出贡献，然后用批发的市场价格便宜购买。这种模式让能源服务商达到赢利目标，同时实现节能减排。

（二）电改后的售电市场面临的局面

电改后的售电市场，将迎来新局面。电力客户可与发电企业、售电公司直接交易，售电侧放开，通过统一交易平台进行交易，竞争机制形成。售电市场将面临越来越多的竞争，如发电企业、替代能源、售电公司之间的竞争，卖方市场长期占主导地位的经营方式将不再存在。同时售电侧放开将赋予客户自由购电选择权，售电侧引入了多元化的售电主体，打破电网企业单一购售电局面，不仅让客户有更多选择，也将进一步促进售电服务质量和客户用能水平提升。

（三）售电侧放开后需要服务模式不断创新

售电侧放开后，客户既可以按市场价格选择售电公司购电，也可以继续按政府定价从电网企业购电。符合条件的大客户还可直接向发电企业购电，客户拥有更多购电选择，用电更加便利，可以根据自己的个性化需求进行差异性选择，获得更加优质的服务。例如，有些客户选择价格更经济的售电公司，有些注重环保的客户可能选择购买绿色电力，有些客户可能选择售电公司提供专属解决方案。大客户参与批发市场竞争，增强了市场中的议价能力，可与发电企业签订长期购电合同，有助于优化用能成本。

售电侧放开后，尽管参与售电市场的公司可以通过吃差价获得一定的盈利，但对客户而言，售电公司之间的产品差别并不会相差很大。售电公司为吸引各类客户，除了在价格上进行竞争，还要不断进行电力销售产品和服务创新，可采取各种方式优化服务，例如缩短收款期、降低不合理网损等，还可以通过业务增值来实现，这些业务包括需求侧管理与检测、合同能源管理、综合节能以及用能咨询等增值服务。售电侧放开后，将进一步激发新增市场主体的创新能力，充分发挥各类市场主体的优势和积极性，不断创新服务模式。

服务创新将成为决定企业盈利能力的重要因素。服务将成为一项综合性工作内容，不仅需要向客户提供优质服务和安全可靠的电力商品，还要保证企业获取一定经济效益，只有制定完善的服务体系，并根据营销服务现存问题建立健全营销措施，才能进一步提高服务质量，促进营销服务适应市场规律，在电改后的市场竞争环境中生存。

随着电力改革序幕的开启和"互联网＋"时代的来临，互联、开放、互通已成为社会发展的趋势，传统的电力营销服务已无法适应企业发展，更无法在市场竞争中占据优势，电网公司需要构建新型电力营销服务模式，适应信息时代发展的要求。新型电力营销服务，是通过互联网与电力营销服务的融合，创建智能、互动的电力营销服务体系，实现以客户体验为核心，提供精准化服务目标。O2O 服务模式，正是"互联网＋"下的营销服务模式创新的产物。

第二节 "互联网＋"下的新型电力营销服务

一、"互联网＋电力营销"服务是企业发展的趋势

"互联网＋电力营销"服务是在互联网时代下的电力营销服务，是融合互联网思维、方法、技术，以客户为中心，以市场为导向，以大数据应用为驱动，以提升客户满意度为目标，围绕服务全业务流程，创新服务模式，推动电子渠道之间、前端后台之间、相关专业之间的无缝衔接，实现电网公司从被动粗放向主动创新型营销服务模式的转型，如图 5-2-1 所示。

图 5-2-1 "互联网＋电力营销"必要性

（一）电力体制改革推动"互联网＋电力营销"服务

随着电力体制改革的不断深化、电力市场主体的多元化，电网公司必须积极开展服务模式的创新研究，提供有竞争性的服务，满足多变的市场需求，更好地服务各类市场主体和广大客户，才能在市场竞争中占据优势。

（二）全球能源互联需要"互联网＋电力营销"服务

能源互联网的发展带动分布式能源的广泛接入，需求侧响应、能效服务等新型的电能衍生产品将会陆续出现。电网公司要充分利用现有的业务经验优势和业务数据积累，提前研究并布局拓展服务形态，抢占市场的先机。

（三）技术发展促进"互联网＋电力营销"服务

目前我国互联网覆盖客户已接近7亿户，为发展"互联网＋电力营销"服务提供了广阔空间。大数据、云计算、物联网等互联网技术和理念，为电网公司提升营销策划、丰富客户画像、实施精准营销服务提供了解决方案。

（四）客户需求引领"互联网＋电力营销"服务

随着经济社会发展，各行业在服务体验的不断创新，客户维权意识的日益高涨，用电群体对电力服务也提出了新的要求。电网公司需要建立面向市场竞争环境和互联网模式的新型营销服务体系，始终以市场和客户为导向，为电力客户提供便捷、流畅、愉悦又兼具个性化的服务，赢得客户信任，实现企业与客户双赢。

二、"互联网＋电力营销"服务特征

"互联网＋电力营销"服务，要遵循客户需求导向的服务战略，以客户体验为核心，应用"互联网＋"技术提高内部作业效率、加快服务响应速度，通过精准营销策略，实现为客户提供精细服务的目标，新型电力营销服务需要满足以下特征，如图 5-2-2 所示。

图 5-2-2　"互联网＋电力营销"服务特征

（一）以客户体验为核心

客户体验是电力客户在感知相关业务和服务后所产生的心理感知和感受。随着"互联网＋"开放时代的来临，市场竞争机制的形成，客户选择售电商的标准将更偏向服务以及服务带来的客户体验。谁能更好地向客户传递完美的体验，谁就能获得更多客户的认可，由此形成更加有利的竞争优势。因此，电力营销服务必须以客户体验为核心，通过不断改善和提高客户体验水平，提供更优质的服务，落实以客户为中心的价值理念，才能留住客户，占有市场。

（二）营销服务精细

需要通过系统化、科学化的电能营销经营服务方式，使营销服务业务流程向管理精细化和合理化逐步转型，从而有效提高电力客户服务水平，提供精细化的服务。精细营销服务主要体现在营销服务各环节的精确、细致、高效、规范上。

（三）用电信息数据精准

全方位、高效率的用电营销服务必须有完善的技术支持系统作保证。电网公司现有的营销业务系统必须实现信息采集、处理、储存、传递和分析，客户用电变化能及时掌握，及时了解客户生产经营情况与外部市场形势，并结合技术支持系统，利用互联网技术，实时收集客户的用电信息，为营销服务决策提供科学、可靠的依据，为营销服务提供精准化数据。

（四）营销服务多元化

针对客户的需求，新型电力营销服务必须能提供有针对性、个性化的多类别服务。注重客户需求，提供多种服务套餐，提供个性化贴身服务，实现服务的多样化和可操作性。通过对客户用电偏好、缴费习惯等专业的深入分析，对客户进行分类，制定服务策略，并且向不同的客户提供相应的不同类别服务。

（五）营销服务响应快速

新型电力营销服务必须能够提供高效的专业服务，实现快速的服务响应。对于客户诉求能快速答复并处理，通过标准化服务管理，提升服务质量和服务效率，通过内部流程梳理，提升业务效率，进行客户细分，提供针对性服务策略，确保服务响应快速。

（六）营销服务互动化

电网公司与客户沟通交流的过程，实际上是服务互动的体现。新型电力营销服务必须能为客户提供友好、便捷的双向互动服务，客户可通过多种灵活、方便、透明的渠道和交互方式，获得更优质的服务。互动化服务能够方便客户及时、准确、全面掌握用电信息，并能实时反馈客户信息，可以进一步拉近和客户的距离，实现电力客户和电网公司之间电力流、信息流、业务流互动的新型供用电关系。

三、电力营销 O2O 服务模式

电力营销 O2O 服务模式，是作为"互联网＋"下的营销服务模式创新的产物，其特征是以客户体验为核心，以精准营销服务为目标。O2O 服务模式的构建，将完成传统营销服务向新型营销服务的转型，将推动电网企业从产品供应商到能源服务商的角色转变、从管理向运营的机制转变、从粗放式到精准化的模式转变，实现电网公司市场营销能力、客户关系管理能力、渠道运营能力、资源协同能力、技术应用能力的提升。

（一）O2O 模式简介

1. O2O 模式定义

"O2O"是"Online To Offline"的简写，即"线上到线下"。O2O 商业模式，是将线下业务整合到线上，再将线上的消费者带到现实的商店中去，即通过在线支付购买线上的商品和服务，再到线下去享受服务。在这个过程中，企业首先通过其"线上"部分，发布企业产品和品牌信息，通过建立网上支付系统，确保消费者快速完成付款过程，准确收集掌握消费者信息，实现了产品和服务"线上"的公开、透明、快捷、智能化。同时通过其"线下"部分，给消费者提供一个与实际产品或服务"零"距离的接触。

作为消费者，通过"线上"部分，借助固定和移动网络终端，特别是移动网络，可方便获取产品和品牌资讯，并快速完成交易。而在"线下"，消费者可以通过实体展示或体验店，近距离接触商品或服务，避免了在其他模式下消费者与商家之间信息不对称的弊端，消费者可以放心购物。

2. O2O 模式特点

O2O 商业模式可以将服务体验通过网络"快递"给消费者。生活中，许多商品和服务都必须到店消费，比如餐酒吧、KTV、餐馆、加油站、理发店、健身房、干洗店等，其他商业模式是通过网上订购＋物流，给消费者送去从网上购买的商品，却送不去服务的体验。O2O 模式特点主要表现在下面几个方面：

（1）O2O 将线下信息线上化。信息就是价值。对商家而言，商品及服务的信息线上化，是广而告之的价值，成本低、效果明显；而对消费者而言，其不用逛遍全城去查看所有饭馆的菜单就能找到可口便宜的菜肴。挖掘信息价值最典型的就是大众点评网、口碑网等，它们帮助消费者足不出户选择线下商品及服务提供商；

（2）O2O 提供预订的价值。以旅游网站为例，消费者想去哪儿，可以登录携程等网站，它们提供机票、酒店、门票等预订服务，对于消费者来说是提供了百分百的价值；

（3）O2O 比线下消费更优惠。线下商家通过线上做商品及服务的广告，薄利多销，消费者通过方便的渠道了解商品信息消费，落得实惠，这就是价值的体现；

（4）O2O 商业模式的优势还表现在以下具体方面。有利于商家宣传自己的商品和服务，有利于商品促销、新品信息的广泛传播，有利于顾客寻找自己需要的商品和服务，提高效率，比如能够解决逛街一整天却毫无收获的窘况。

3. O2O 模式实践案例

对于新兴的电子商务企业需要保证线下与线上的完美结合，可以对 O2O 商业模式进行实践型演变，即"Offline To Online"（"线下到线上"）和"Online To Offline"（"线上到线下"），如电商企业在推广与营销阶段可采取"线下到线上"，利用自身线下的优势，把线下客户群带到线上来发展，还要保证线下活动与线上推广的相互映射，从而达到推广与营销的最大化，优化客户群体。而在销售阶段，积极鼓励客户在线上支付，然后到线下体验，即"线上到线下"。

例如百度公司，从 2015 年下半年开始，便加大将核心流量资源导向 O2O 的力度，拿出 200 亿用来支持旗下百度糯米的发展，并从公司战略上全面开启 O2O 扶持计划。手机百度、百度地图等也已成为超级 APP。而对于入口，百度选择了场景。一是加强搜索的服务场景，优化客户体验。比如客户搜索一部电影之后，之前的搜索只是为其展示信息内容，而百度目前做的是通过糯米、支付、地图等满足客户在线购票选座，并乘坐交通工具前往影院的所有场景。二是提升主流 APP 的场景服务能力，百度地图被视为 O2O 的重要入口之一，并相继提供了地图＋出行、餐饮、酒店、门票、电影等各类生活服务，糯米和百度外卖也正从单一的餐饮扩展到更多的服务场景，目前已经在医疗、上门服务等领域有所动作。三是支付的引流和营销，百度钱包的定位已经从支付工具变成联合所有商户的超级钱包，借助"源泉商业平台"等起到导流、客户管理的综合平台作用。

(二) 电力营销 O2O 服务模式

鉴于 O2O 模式的特点，选择电力营销 O2O 服务模式作为传统电力营销服务的转型。电力营销 O2O 服务模式，是充分运用 O2O 模式核心思想，利用"互联网＋"思维，最终实现客户线上到线下的完美体验，是"互联网＋"下的营销服务模式创新的产物，如图 5-2-3 所示。

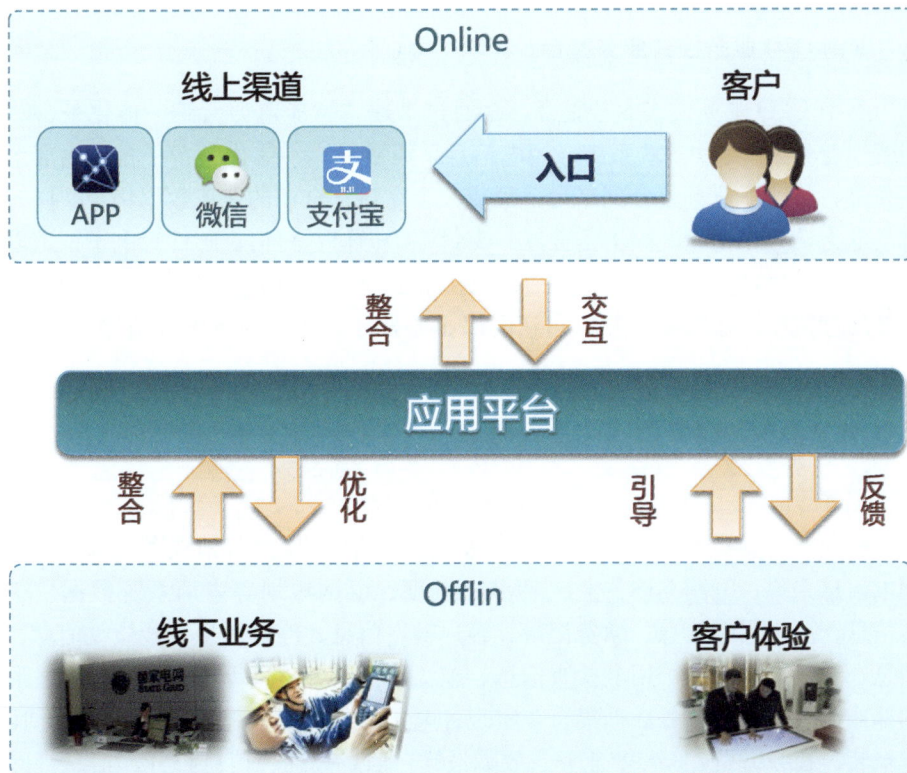

图 5-2-3 电力营销 O2O 服务模式

电力营销 O2O 服务模式，即通过整合和依托智能表、采集终端、App 客户端、能效管理终端、故障维护终端、现场检测终端及相关业务系统等线上资源，建成涵盖营销全业务的线上运行渠道，实现一站式操作，并以此带动客户线下消费和体验，实现线上线下的无缝融合，完成对营销全业务的自动化和智能化管控，为客户提供精准化营销服务。

结合"互联网＋"技术，电力营销 O2O 服务模式要实现三个目标。一是将线下的传统业务通过服务平台整合到线上，实现智能化应用。二是通过搭建线上运行渠道，实现线上服务与渠道整融合。三是由线上的服务带动线上的客户，引导线上客户到线下体验。也就是说，电力营销 O2O 服务模式，通过服务平台的搭建和线上渠道的一体化，将业务从线下整合到线上，然后带动线上客户到线下体验。

第三节　电力营销 O2O 服务模式的构建

电力营销 O2O 服务模式的构建，就是运用"互联网＋"理念，通过 O2O 服务模式业务整合、线上服务整合、O2O 服务模式体验三个方面实现。通过线上渠道的逐步完善和线上线下的资源整合，将传统营销服务的前端和后台分离，实现业务管理全流程管控，跨部门无缝衔接，业务高效运转，为客户提供基于互联网的体验式服务。

一、电力营销 O2O 服务模式业务整合

电力营销 O2O 服务模式业务整合，是通过搭建"智能电力营销一体化平台"将电网公司营销业务系统、95598 系统、用电信息采集系统、一体化缴费平台等内部系统进行数据整合，将线下业务整合到平台，形成一个完整、全面的业务数据集合。同时，平台与掌上电力 APP、95598 网上营业厅、支付宝、微信、短信、邮件等电子渠道以及现场移动作业端对接，实现平台数据整合到线上。通过构建业务监督、渠道协同、客户管理等业务处理机制，在实际业务中起到内部业务处理与线上服务无缝衔接，如图 5-3-1 所示。

（一）数据整合

1. 内部数据整合

从现有业务系统数据中进行内部数据信息的整合。整合营销业务系统、95598 系统、用电信息采集、电网 GIS、生产 PMS、调度、电网规划等内部系统数据，获取客户基本信息、历史用电信息、缴费记录、客户触点信息、停电信息、抄核收信息、客户关系信息、业务办理信息、用电检查信息、施工单位服务信息等进行统一管理，形成集现有内部数据为一体的业务数据集合，实现各电子渠道接入更快速的数据调用，用于支撑业扩报装、在线缴费、95598 业务、故障报修、信息查询、信息公开、信息订阅等服务线上办理。

图 5-3-1 O2O 服务模式业务整合示意图

2. 第三方数据整合

对微信、支付宝等第三方平台数据进行整合，融合第三方征信、统一支付等客户关键信息共享，推动营销业务客户信息及结算的广泛共享。同时向银行提供客户欠费记录，对于恶意欠费客户将纳入银行征信考虑因素，提高客户违约成本，降低电费回收风险。通过与公安 110、火警 119、医疗 120 等公共事业单位数据资源整合，实现自动身份识别、紧急事件处置信息共享、用电违法行为快速报警、协同出警快速响应。结合现有的大数据平台横向整合上下游设备厂家、承装修试单位、监理公司等信息，形成全面的产业链数据集合；纵向贯通客户设备预试、检修、维护、报修服务，提供高性价比的套餐服务。

（二）业务整合

业务整合就是通过电子渠道、"智能电力营销一体化平台"、移动作业终端三个层面之间的整合，构建营销业务全流程的协同机制。

1. 业扩报装整合

整合各电子渠道申请的业扩报装信息，客户业扩报装申请材料线上提交，客户经理在线审核，通过"智能电力营销一体化平台"将工单派发到对应业务部门，同时对相关业务人员进行消息推送。业扩报装服务人员现场勘察，利用移动作业终端受理业扩报装工单，通过现场信息登记、拍照、录像等方式向客户、相关业务部门反馈业扩报装进度。

2. 故障报修整合

整合客户从各电子渠道申请的故障报修信息，将各电子渠道客户申请的故障报修信息读取并审核自动生成工单，"智能电力营销一体化平台"将工单派发到对应抢修部门，同时对相关抢修人员进行消息推送。利用移动作业终端接收故障报修工单，抢修人员在移动作业终端可快速受理并查询工单详情、客户住址等信息查询，GIS 地图应用导航，实现快速响应，通过现场信息登记、拍照、录像等方式向客户、业务部门反馈抢修进度。

3. 客户诉求整合

整合客户从各电子渠道反馈的咨询、建议、投诉、举报等业务信息，在线客服受理客户诉求并分析业务类型，"智能电力营销一体化平台"将工单派发到对应业务部门，同时对相关服务人员进行消息推送。若需要现场服务，利用移动作业终端在现场进行信息登记、拍照、录像等，向客户、业务部门反馈处理进度。

4. 预约服务整合

整合客户从各电子渠道申请的预约信息，通过在线客服受理客户预约并分析业务类型，利用"智能电力营销一体化平台"将工单派发到对应业务部门，同时对相关服务人员进行消息推送。利用移动作业终端对预约服务进行监督管控，以消息推送方式提醒客户、服务人员，实现预约服务的执行跟踪及服务满意度评价。

5. 欠费复电整合

整合各电子渠道的客户缴费信息并分析和汇总，利用"智能电力营销一体化平台"将缴费信息传递到营销系统处理，缴费结果信息同步到对应渠道，向客户推送缴费通知。同时可以利用移动作业终端，通知相关复电工作人员，凭缴费信息立即进行复电操作，实现快速复电。

（三）业务监督

1. 通知联动

明确各部门职责，通过"智能电力营销一体化平台"生成电子任务工单对接营销业务系统、协同办公、生产 PMS、移动作业平台等系统，同时以短信方式、消息推送告知，从而实现工单无缝流转。根据业务的协同快速通知相关部门，第一时间或提前开展业务处理，实现整个业务的快速响应。

2. 流程监督

流程监督为协同机制提供保障功能，跟踪督办全业务全过程，督办相关部门及时处理事务，保障业务快速完成，同时通过"智能电力营销一体化平台"统计电子任务工单的完成时间和系统评价。

（四）渠道协同机制

1. 渠道数据同步

对各电子渠道的接入提供数据支撑，业务信息在各渠道之间保持数据同步更新，实现各渠道的业务查询、业务办理等信息保持一致。统一发布机制，"智能电力营销一体化平台"对接入的各电子渠道提供统一发布应用，将信息公告、信息通知等公开信息统一管理，实现一键发布，各渠道统一推送。

2. 渠道数据合并

"智能电力营销一体化平台"对接入的各电子渠道业务数据进行分析识别，识别出业务重复、冗余的数据并进行合并，如平台按客户编号、业务类型、日期等维度进行工单合并，可以将客户在同一时间、不同渠道申请的同一业务合并成一个工单信息，避免客户多渠道重复业务申请导致内部资源浪费的现象。

（五）客户管理机制

1. 客户细分

客户细分就是整合客户资源，通过市场调研，从消费者的角度，依据消费者的需要、用电行为与消费习惯以及重要程度等方面的多元性和差异性，把电力消费者划分为若干个消费群的市场分类过程。客户细分的标准基于客户价值、客户的供电可靠性要求和客户行为三个维度进行建立，使电网公司拥有的高价值的客户资源显性化，并能够就相应的电力客户对电网公司服务的需求进行量化分析，为企业决策提供依据。

2. 客户标签

客户标签是整合客户需求、加深对客户的认识、提供营销工作能力和客户服务水平的有效手段。将营销数据、客户服务数据、行为特征、服务偏好、客户价值、信用级别等多角度多层次的数据进行有机整合，开展大数据分析挖掘，以"标签"的形式，构建多层次、多视角、立体化的客户全景画像，实现对电力客户特征的全面刻画，从而使业务人员能够快速获取客户基本信息、用电偏好、信用风险、行为特性等精细特征，提高客户服务的精细化、差异化程度，提高营销方案设计的针对性和有效性。

3. 大客户管理

电力大客户不仅对电网公司经济效益有直接影响，还会造成间接的社会影响。通过整合共享大客户信息管理系统，包括技术数据库、大客户档案、大客户业务处理、客户关系管理等信息资源，制定精准大客户营销策略，对现有大客户关系优化提升，从中端客户中挖掘潜在大客户，面对潜在大客户进行大客户产品服务推荐、体验，引导潜在大客户向大客户的身份转变，做到对客户需求快速反应。

4. 服务策略

通过整合客户服务信息管理、客户关系管理和客户价值管理等业务研究应用，针对电力客户的不同需求，在业务开展与服务应对上，重视对目标客户的研究和需求的细分，提供多种业务支持与服务支撑，制定不同的服务策略，满足不同目标客户群的个性化需求。对客户的不同需求而提供的个性化服务与差异化服务选择，是当前电力市场细分的精准营销策略。差异化服务的关键在于对细分市场需求的正确把握。

二、电力营销O2O服务模式线上服务整合

基于互联网应用的高度推广，可以通过搭建电子渠道，统一接入智能电力营销一体化平台，将原来需客户线下办理的业务拓展到线上办理，为客户提供全天候、无地域限

制的服务。各渠道支撑线上服务整合情况如表 5-3-1 所示。

表 5-3-1　线上服务整合情况

线上服务 / 渠道	线上缴费	业扩报装	95598 业务（咨询、建议、投诉、举报）	故障报修	线上预约	信息订阅	信息公开
掌上电力	√	√	√	√	√	√	√
微信公众号	√	√	√	√	√	√	√
支付宝服务窗	√		√			√	√
网上营业厅	√	√	√			√	√
短信平台						√	
邮件平台						√	

（一）线上缴费

将缴费业务进行线上整合，搭建掌上电力 APP、网上营业厅、支付宝服务窗、微信公众号、自助缴费终端等电子渠道，使客户便捷缴费。为客户提供用电量、电费等信息线上自助查询，同时主动对客户推送电子账单、电量电费数据统计账单，支持通过微信、支付宝、银联等方式线上缴费，支持办理银行卡代扣业务，开展线上预付费方式等。

（二）业扩报装线上申请

将业扩报装线下申请业务通过各电子渠道进行线上整合，搭建掌上电力 APP、网上营业厅、支付宝服务窗、微信公众号等电子渠道，实现业扩报装在线申请。同时，整合移动作业终端，将现场服务的业务信息与内部系统以及各电子渠道实现数据共享，实时传递业务办理进度，实现线上申请与现场工作的无缝衔接。

（三）95598 业务服务

将咨询、投诉、建议、举报等 95598 业务进行线上整合，搭建掌上电力 APP、网上营业厅、支付宝服务窗、微信公众号等电子渠道，方便客户线上办理。在各电子渠道建立在线客服、智能机器人，客户通过渠道在线客服语音、文本交谈，也可与智能机器人进行互动咨询，支持客户线上查询服务请求、建议、投诉、举报等业务进度。

（四）故障报修线上申请

提供线上智能故障报修服务，基于手机微信、支付宝等电子渠道的地理位置共享和拍照上传实现客户报修地点自动定位、智能判断故障点落位，通过移动作业终端实时记录抢修进度，实现故障报修和抢修进度定向推送。

（五）线上预约服务

提供线上预约服务，客户运用掌上电力 APP、网上营业厅、支付宝服务窗、微信公众号等电子渠道填报业务预约时间、姓名、业务类型、地址等信息，在线客服对预约信息进行确认，并推送预约提醒。

（六）信息订阅

提供信息订阅，线上为客户推送业务信息，通过电子缴费渠道、短信平台、邮件平台等实现客户业务信息及时通知。为客户提供电费的余额不足提醒、欠费提醒、费用通知、停用通知、业务办理进度通知等信息订阅服务。

（七）信息公开

开展线上信息公开服务，建立信息公开专栏，提供客户自助式线上查询电力相关信息，包括电价信息、咨询要闻、用电常识、用电指南、法律法规、业务推广、服务网点、意见反馈等。

三、电力营销 O2O 服务模式体验

智能电力营销 O2O 服务模式体验，是从客户角度出发，通过客户体验区建设、客户在线互动体验、电动汽车配套服务体验、客户标签服务体验、客户积分体验、信用积分代偿服务、需求侧主动响应服务、个性化增值服务体验等形式，满足客户多样性的体验需求。以提高客户体验为目标，满足客户需求，适应社会环境发展趋势。电力营销 O2O 服务模式体验，将搭建起基于"互联网＋"的全新体验模式，如图 5-3-2 所示。

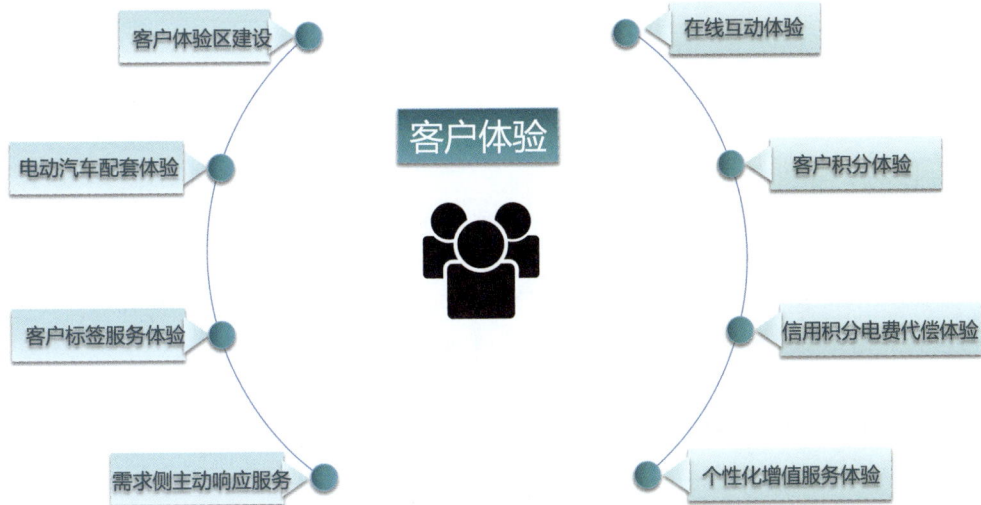

图 5-3-2 客户体验示意图

（一）客户体验区建设

1. 大客户体验区

在各供电营业厅可以开辟大客户服务专区，大客户服务专区仅为接待大客户的专用

场所，专区内的大客户接待经理负责日常业务接待，在需要的情况下由专职大客户经理进行一对一的服务。大客户可在专区内办理所有用电手续和费用结算，可方便查阅到所有用电流程、收费标准和用电相关的政策文件。

2. 在线缴费体验区

在营业厅设立在线缴费体验区，演示在线缴费使用方法，引导客户使用线上方式进行缴费，减少客户往返营业厅次数。

3. 智能家居体验区

在营业厅设立智能家居体验区，展示智能家居产品，客服人员模拟智能家居的各类使用场景为客户演示使用方法，通过身体语言控制游戏的虚拟现实娱乐设备、根据室内环境检测进行智能调节净化的电器设备、与110互联远程防盗的报警设备、室内活动电能自动控制的电器设备等。客服人员也可以向客户展示智能家居案例，讲解智能家居设计理念，让客户对智能家居更进一步了解，体现公司在智能家居领域的成熟、专业，引导客户从未知到兴趣再到产生购买意向。

（二）在线服务体验

客户使用掌上电力APP、微信等电子渠道即可在线办理缴费、故障报修、业扩报装、咨询、建议等业务，在线客服或智能机器人对客户提出的疑问即时做出解答，在线与客户互动交流。客户可实时自主查询，系统消息推送业务办理进度并预估业务处理完成时间供客户参考，提升客户服务感知度，提高客户服务体验。

（三）电动汽车配套服务体验

客户通过掌上电力APP、微信等电子渠道可查询本地的充电桩分布情况，基于地图应用可定位进行导航。同时，提供每个充电桩的充电使用情况，可查看充电桩是否空闲，为电动汽车客户提供充电桩选择依据。

（四）基于客户标签的推介服务

根据客户标签的客户细分，对停电敏感型客户进行统一管理，主动推荐客户关注电力微信或短信订阅停电通知，当发生计划停电或故障停电等停电情况时，通过短信、微信、邮件等方式提前告诉客户停电计划或故障停电信息，并及时主动通知复电计划或抢修进度；对电费敏感型客户进行统一管理，主动推荐客户关注电力微信或短信订阅停电通知，在电费结算时，通过短信、微信、邮件、纸质等方式主动通知客户电费账单信息；对诉求偏好型客户进行统一管理，客户在报修或投诉时，应主动回复客户业务处理进度、安慰客户情绪；在节假日或客户生日时，提供主动关怀服务、祝福服务等；基于客户画像，根据客户标签的特性，为客户提供个性化电子账单，并通过微信、短信、邮件、纸质等方式进行提供。个性化账单包括老龄客户型账单、数据表格型账单、图文并茂型账单、动画效果型账单等。

（五）客户积分体验

建立积分奖励规则，通过客户缴费渠道、缴费数额、缴费及时性、是否欠费、互动活跃情况、办理历史业务等数据进行分析，根据规则计算客户积分，得到当天发生缴费业务的客户所奖励的积分数值，累计到该客户的积分账户上。客户电力积分可以在营业厅兑换礼品，或者在电力商城进行优惠券兑换，兑换后系统扣减相应的积分数。电网公司也可以推出满意度调查、客户基础信息完善等积分奖励活动，提高客户互动活跃度。客户积分可以提高客户缴费积极性且能维系与客户良好的关系。

（六）信用积分的电费代偿服务

与支付宝合作，获取客户的支付宝芝麻信用等级，为信用等级达到要求且"蚂蚁花呗"额度足够的客户推荐电费自动代扣服务，有利客户现金分配。

（七）需求侧主动响应服务

建立与外部单位（生产厂家、电商、实体卖场、快递公司等）的合作渠道，获取其销售的大功率电器及客户地理数据，构建基于电器销售数据的小区负荷预测模型。在用电高峰期，可以自动定位超负荷配变供电范围内的客户，提示客户调减主要电器负荷，对于实时响应的客户进行相应的激励和补偿，实现小区客户需求侧主动响应。

（八）个性化增值服务体验

通过第三方数据整合以及客户画像分析为客户提供套餐服务推荐、兴趣内容推送、服务提醒等丰富的个性化增值服务，通过主动推荐的方式提升客户体验。利用全面的产业链数据平台，研发贯通客户设备预试、检修、维护、报修等服务的高性价比的打包套餐服务，实现个性化增值服务，降低客户用电维护成本，从客户的利益角度提升客户体验。

第六章
电力营销新技术
与新业务

分布式电源、微电网、储能、电动汽车、需求响应、"互联网＋"等新技术在发电、输配电、需求侧等环节的深入应用，推动了电力生产及能源消费的升级转型。为配合电力营销新技术的推广和使用，除调整传统电力营销业务的内容外，还新增了储能、电动汽车充换电、节能、需求响应、表后代维、"四表合一"等新型业务。对电力营销新技术及新业务的认知度，将直接影响电力营销服务质量和用电客户的满意程度。

第一节　电力营销新技术

随着电力市场的不断变化发展，客户对电力企业的要求越来越高。因此，需要采用先进的技术整合服务资源，优化业务流程，以信息技术推动营销管理和服务的创新。

一、电源新技术

面对能源需求和环境保护的双重压力，世界各国采取了提高能源使用效率、发展可再生能源等应对措施。我国是能源消耗大国，更应重视能源的循环使用和可再生能源的开发利用。分布式电源具备节能、减排、安全、灵活等优点，且其能源利用效率高，环境影响小，能源供应可靠性和经济效益好。能缓解我国严重缺电的局面。

（一）分布式电源

分布式电源是不直接与集中输电系统相连的 35kV 及以下电压等级的电源，主要包括发电设备和储能装置。这些电源由电力企业、电力客户或第三方所有，用以满足电力系统和客户特定的要求。

1. 分布式电源分类

分布式电源按照装置类型和能源类型可划分为两大类。如图 6-1-1 所示，按照发电装置使用技术的不同，分布式电源又可分为热电冷联产发电、内燃机组发电、燃气轮机发电、小型水力发电、风力发电、太阳能光伏发电、燃料电池等；按照发电使用的能源类型不同，分布式电源还可分为化石能源（如煤炭、石油、天然气等）发电与可再生能源（如风力、太阳能、潮汐、生物质、小水电等）发电两种形式。

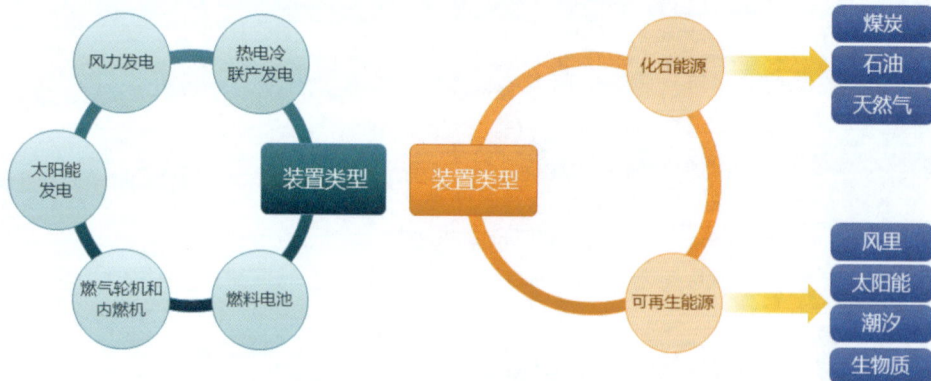

图 6-1-1　分布式电源的分类

2. 分布式发电技术特点

分布式发电是重大的技术改革。它可为客户提供一种"自立"的选择，使其更适应变化的电力市场。此外，由于分布式发电设施的安装周期短，不需要现存的基础设施，且与大型的中央电站及发电设施相比总投资较少，因此，在竞争性电力市场建成后，分布式发电的作用将日益明显。它可与现有的电力系统结合，形成一个高效、灵活的柔性电力系统，提高整个社会的能源利用效率和整个供电系统的稳定性、可靠性和电能质量。分布式发电技术的特点见表 6-1-1。

表 6-1-1 分布式发电技术特点

序号	特点	特点描述
1	投资少	单机容量和发电规模不大。不需建设大电厂和变电站、配电站，土建和安装成本低，工期短
2	损耗小	靠近电力客户，可直接就近向负荷供电，不需长距离的高压输电线，输配电损耗小
3	污染小	利用可再生清洁能源
4	效率高	结合冷热电联产，将发电的废热回收，用于供热和制冷，实现能源的梯级利用
5	安全灵活	小机组的启动和停运快速，灵活，可作为备用电源
6	可联网	与电网联合运行，互为补充，可满足季节供热或制冷需要，并节省电力，从而减轻主电网供电压力

目前，我国的光伏分布式发电项目发展迅猛。光伏发电系统主要部件有光伏组件、光伏汇流箱和逆变器。其运行模式是：在有太阳辐射的条件下，光伏发电系统的太阳能电池组件阵列将太阳能转换成电能输出，经过汇流箱集中送入直流配电柜，由并网逆变器逆变成交流电，供给客户建筑自身负载，多余或不足的电力通过连接公共电网来调节。其结构如图 6-1-2 所示。

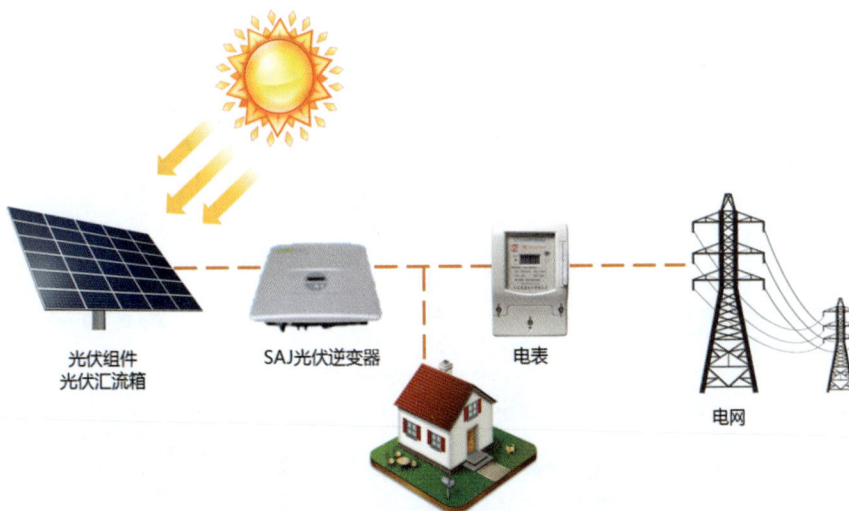

图 6-1-2 分布式太阳能光伏发电结构图

3. 分布式发电的储能

可再生能源用于发电时，其功率输出具有明显的间歇性和波动性，其变化甚至是随机的，容易对电网产生冲击，严重时会引发电网事故。储能技术可以解决分布式发电系统不稳定的问题，它将多余的电能快速的储存，缓解能量冲击，保护电网安全，为客户提供更高质量的电能。储能装置的作用如图 6-1-3 所示。

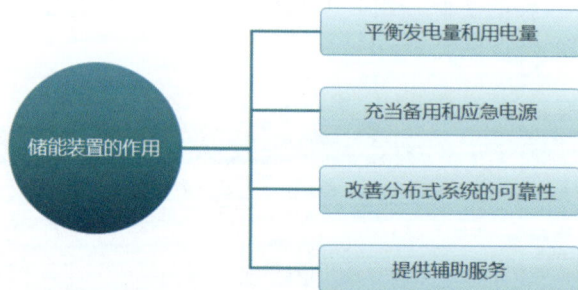

图 6-1-3　储能装置的作用

（二）微电网技术

智能微电网（micro smart grid）是将可再生能源发电技术、能源管理系统和输配电基础设施高度集成的新型电网，它可提高能源使用效率，提升供电的安全性和可靠性，减少电网的电能损耗及对环境的影响。开发建设微电网，有利于扩大分布式电源与可再生能源的大规模接入，为负荷地区提供可靠的供给，实现主动配电网方式。

1. 微电网与大电网的关系

微电网的电压等级一般为 380V～35KV，容量从几千瓦至几兆瓦不等，在电网结构中，电压等级最接近客户需求。微电网既可以与外部电网并网运行，也可以孤立运行，它可以实现分布式电源的灵活、高效应用，解决数量庞大、形式多样的分布式电源并网问题。微电网与大电网的关系如图 6-1-4 所示。

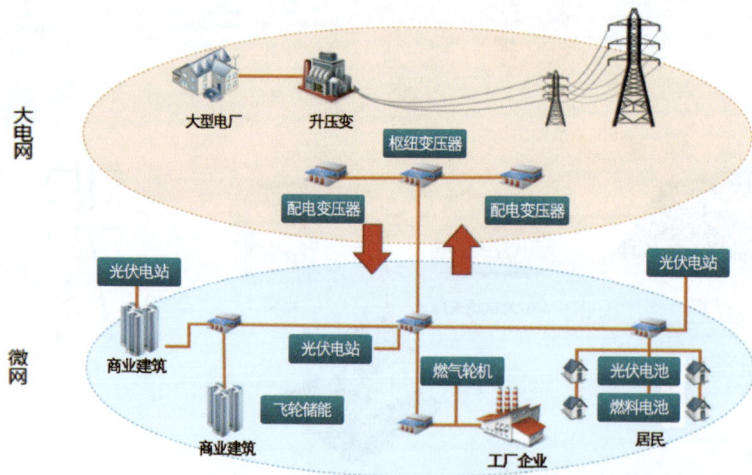

图 6-1-4　微电网与大电网间能量流示意图

微电网对于主电网和用电客户来说，它扮演了双重角色。于主电网，微电网可看作是主电网的可控"细胞"，是规模较小的分散的独立系统，能够实现自我控制、保护和管理自治。由分布式电源、储能装置、能量装换装置、相关负荷和监控、保护装置汇集而成的小型发配电系统，是可被控制的一个可调度负荷，并通过静态开关关联至常规电网，可完成区域间事故支持和备用任务。于用电客户来说，微电网是一个可定制的电源，可以就地满足客户多样化的用电需求。同时，它还可增强局部供电的可靠性，降低馈电损耗，稳定终端电压，提高一次能源的利用效率，校正电压质量，或作为不间断的备用电源。

2.微电网的结构

微电网一般由分布式发电单元、储能子系统、能源管理子系统、监控保护子系统和附近的用电负荷构成。微电网的基本结构如图 6-1-5 所示。

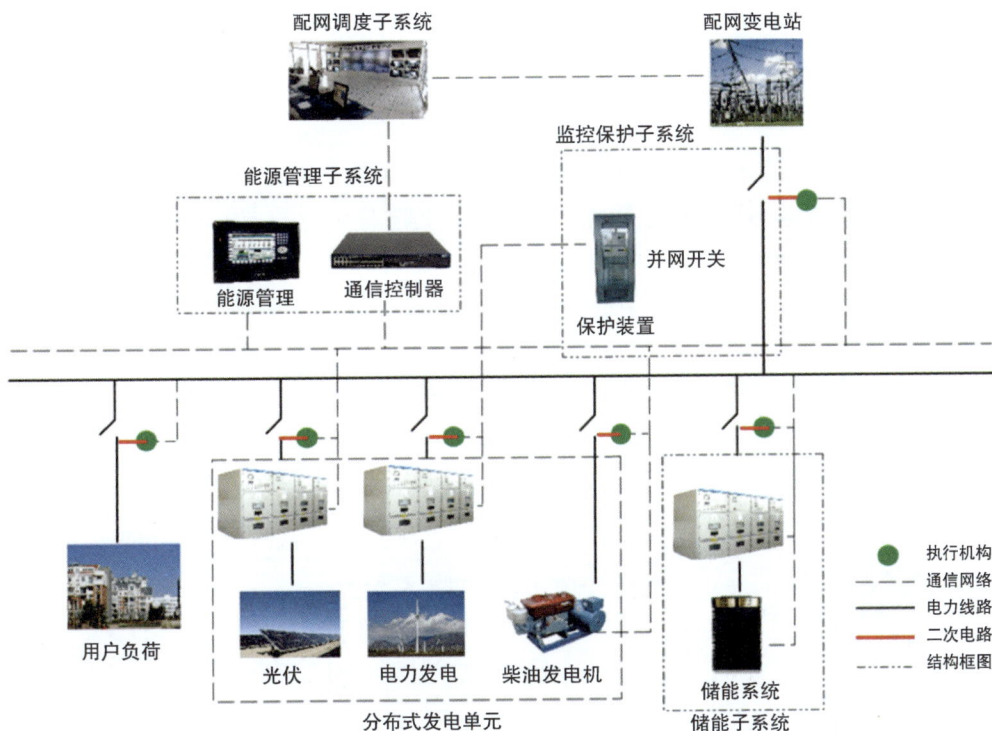

图 6-1-5　微电网的结构示意图

3.微电网发展的重要性

（1）微电网可以提高电力系统安全性和供电可靠性。目前，我国电力网架结构日益复杂，已进入大电网、高电压、长距离、大容量阶段，六大区域电网已实现互联。但是，大范围交流同步电网存在大区间的低频振荡和不稳定性，其动态稳定事故难以控制，造成大面积停电的可能性大。另一方面，厂网分开后，市场利益主体多元化，厂网矛盾增多，厂网协调难度加大，特别是对电网设备的安全管理不到位，对电力系统安全稳定运行构成了威胁。

与常规的集中供电电站相比，微电网可以和现有电力系统结合形成一个高效灵活的新系统，具有以下优势：无需建设配电站，可避免或延缓增加输配电成本；没有或很低的输配电损耗，可降低终端客户的费用；规模小型化，对建设场所要求不高，不占用输电走廊；施工周期短，高效灵活，能够迅速应付短期激增的电力需求；供电可靠性高，有利于提升电力系统的抗灾能力；同时还可以降低对环境的污染等。

（2）微电网促进可再生能源、分布式发电的并网。处于电力系统管理边缘的大量分布式电源并网，有可能造成电力系统不可控、不安全和不稳定，从而影响电网运行和电力市场交易。所以，分布式发电面临许多技术障碍和质疑。

微电网通过将地域相近的分布式发电产生的微电源、储能装置与负荷结合起来进行协调控制，对配电网表现为"电网友好型"的单个可控集合，可以与大电网进行能量交换，在大电网发生故障时可以独立运行。因此，微电网用一种全新的、系统的解决方法，消除分布式发电对电网的冲击和负面影响，

（3）微电网可以提高供电可靠性。提升电能质量，有利于提高电网企业的服务水平。微电网可以结合终端客户的需求提供差异化的电能，针对微电网客户对电力供给的不同需求将负荷分类，形成金字塔形的负荷结构。

（4）微电网的发展有利于建设节约型社会。传统的供电方式是由集中式大型发电厂发出的电能，经过电力系统的远距离、多级变送为客户供电的方式，即"就地消费"。因此，能够有效地减少对集中式大型发电厂电力生产的依赖，以及远距离电能传输、多级变送的损耗，从而延缓电网投资，降低网损。

4. 微电网的运行模式及控制

微电网有两种运行模式：一种是并网模式，即在正常情况下与常规配电网并网运行；另一种是孤岛模式，当检测到电网故障或者电网质量不满足要求的时候，微电网将及时与电网断开独立运行。不同的运行模式采用不同的控制策略，控制策略也是围绕这两种状态和切换过程进行，微电网控制体系如图 6-1-6 所示。

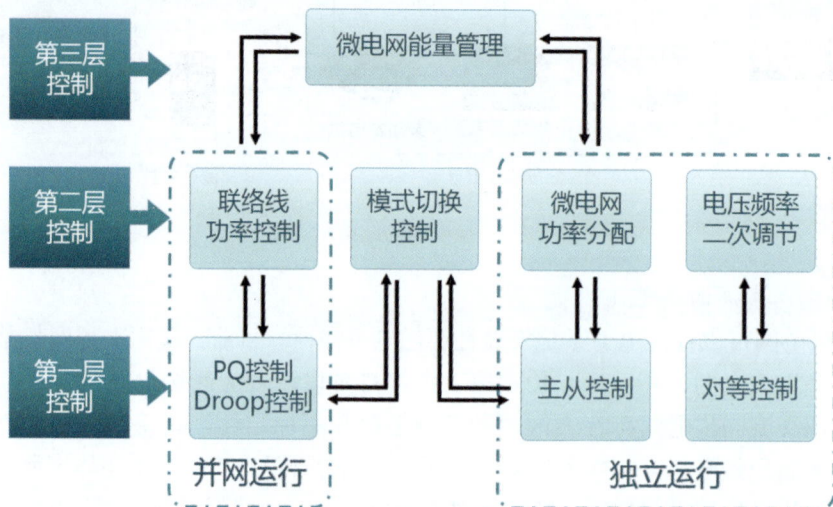

图 6-1-6 微电网控制体系

控制策略是微电网的核心关键部分,微电网的控制体系分为三层。

1)第一层控制

第一层控制主要是逆变型电源的逆变器控制,实现有功和无功的控制来获取稳定的频率和电压。微电网独立运行时,需由微电网内主电源建立频率和电压参考,该层控制可分为"主从控制"模式和"对等控制"模式。

在主从控制模式中,微电网内的一个分布式电源(或储能设备)采取 V/f 控制,为微电网提供电压和频率参考,而其他分布式电源则采用 PQ 控制。

在对等控制模式中,是根据分布式电源接入点就地信息进行控制。微电网里参与电压频率调节和控制的多个可控型分布式电源(或储能设备)在控制上都具有同等的地位。通常选择"PQ 控制"(P-f:有功-频率控制)和"Droop 控制"(Q-V:无功-电压),也叫下垂控制方法。

PQ 控制核心是根据实际运行情况,对分布式电源有功和无功实行指定控制。PQ控制对外用于并网,被处理为一个恒定的功率输出。而下垂控制核心是负荷功率变化时,不同分布式电源自动通信和共享,并自动参与输出功率的分配,易于实现分布式电源的即插即用。因此,下垂控制用于孤岛,没有公网的电压频率支撑,能自治地负责系统的电压频率的调节满足要求。可见,"PQ 控制"职责重点是"主外","Droop 控制"职责重点是"主内"。

2)第二层控制

第二层控制的主要目标为降低微电网内可再生能源与负荷的波动对主网的影响,使微电网作为一个友好、可控的负荷接入主网。

通过微电网中心控制器(MGCC)对各分布式电源下发合理的功率指令,通过"联络线功率控制"可实现这一点。微电网孤立运行时,采用主从控制模式能维持微电网电压和频率恒定,负荷的变化主要由主电源跟随,需要通过 MGCC 实现各分布式电源间的功率合理分配。采用对等控制模式时,能同时解决电压频率稳定控制和输出功率合理分配,但这是一种有差控制,负载变化前后系统的稳态电压和频率会有所变化。此时,该层控制的目标主要是恢复微电网电压和频率。

微电网运行模式无缝切换控制由第二层控制完成,第二层控制应具备电网故障检测、微电网与电网同步等功能,并对微电网并网静态开关和主电源控制模式切换进行协调控制。

3)第三层控制

第三层控制是能量控制,该层是微电网能量管理系统层。通过能量优化算法,确定微电网并网运行时与大电网之间联络线输出功率参考值(作为微电网第二层控制目标参考值);在微电网孤立运行时,调整各分布式电源输出功率参考值或下垂曲线稳态参考点和分配比例系数设定等信息,实现微电网经济运行等功能。

在实际运行中,微电网的控制模式和储能模块相结合后,其运行控制机理还是非常复杂的,特别是离网控制涉及稳态、动态和暂态的三态控制。并网控制稍微简单些,只需考虑稳态控制即可。

二、输配电新技术

电气化被称为"未来通向可持续发展的桥梁"。在保证相同能源服务水平的前提下，电力的使用最清洁方便、易控制、效率高。如果能将大量分散燃用的化石燃料都集中，高效、洁净地转换为电力使用，我们赖以生存的环境、生活质量将会大大改善。因此，高效洁净地生产、传输、储存、分配和使用电能的技术将成为下世纪电力技术的发展方向。

（一）储能技术

储能技术主要分为物理储能、化学储能和电磁储能三大类。储能技术不同，用途也不一样，比如，飞轮储能、超导电磁储能和超级电容器储能，适合用于需要提供短时较大脉冲功率的场合，应对电压暂降和瞬时停电，提高用电质量，抑制电力系统低频振荡、提高系统稳定性等；而抽水储能、压缩空气储能和电化学电池储能，适合用于系统调峰、大型应急电源、可再生能源并入等大规模、大容量的场合。

1. 储能技术的作用及发展方向

储能装置是能源互联网系统中重要的组成部分，是电能"采—发—输—配—储—用"环节的重要组成部分。储能作用主要表现在三个方面：一是可以有效地实现需求侧管理，消除昼夜峰谷差，平滑负荷曲线，提高供电设备的利用率，降低供电成本；二是促进可再生能源的广泛应用；三是作为提高系统运行稳定性、调整频率、补偿负荷波动的一种手段。按照用途不同，储能技术发挥的作用和发展方向见表 6-1-2。

表 6-1-2　储能技术的作用及发展方向

储能运用场所	作用	发展方向
独立分布式电源	改善电能质量，维持微电网系统稳定	1. 开发全钒液流和锂离子电池储能系统 2. 加快建设 GW 级抽水蓄能混合式电站 3. 开发大容量超级电容储能系统
微电网中，集中储能装置	在分布式发电装置不能正常工作时，向客户提供电力	
电动汽车	提高分布式发电单元拥有者的经济效益	

2. 储能技术在智能电网中的应用

（1）储能技术在发电侧的应用。辅助动态运行。借助储能技术快速响应速度，在辅助动态运行时提高火电机组的效率，减少碳排放。

在系统升级延迟时，取代或延缓新建机组。对于已接近峰值容量的电厂，储能可降低或延缓对新建发电机组容量的需求；避免动态运行对机组寿命的损害，减少设备维护和设备更换的费用，延缓设备报废时间。

（2）储能系统在输配电侧的应用。

① 无功支撑。储能系统通过与自动发电控制（AGC）协调运行，可实现储能设备无功功率的动态补偿。

② 缓解线路阻塞。储能系统安装在阻塞线路的下游，在无阻塞时段充电，在高负荷时段放电，从而减少系统对输电容量的需求。

③ 延缓输配电扩容升级。在负荷接近设备容量的输配电系统内，将储能安装在原本需要升级的输配电设备的下游，可延缓或避免扩容；延缓高成本设备的报废时间（老旧变压器和直埋电缆）。

④ 变电站直流电源。可用于开关元件、通讯基站、控制设备的备用电源，直接为直流负荷供电。

（3）储能系统在客户侧的应用。

① 电能质量与可靠性。满足客户就地负荷用能需求，提高电能质量；提高供电可靠性。

② 客户分时电价管理。在电价较低时储能充电，在高电价时放电，供给客户用电或向电网售电。

③ 容量费用管理。客户通过储能系统以减少用电高峰时段用电需求，达到降低容量或最大需量费用（基本电费）的目的。

（4）储能系统对智能电网的辅助服务。

① 电压支撑。利用具有快速响应能力的储能装置，根据系统负荷需求释放或吸收无功功率，调整系统电压。

② 调峰。在用电低谷时为抽水蓄能电站蓄水，在用电高峰时释放电能，实现削峰填谷。

③ 调频。对于负荷和发电的瞬间不平衡问题，通过对电网中的储能设备进行充放电并控制充放电的速率，实现频率调节。

④ 旋转、非旋转或补充备用。旋转备用属于在线运行，可在发电或输电设备失电十分钟内提供功率支持，十秒内提供频率支持；非旋转备用属于非在线运行，十分钟内为可中断负荷提供支持；补充备用可以为旋转备用和非旋转备用提供补充，一小时内提供支持。

⑤ 可再生能源负荷功率跟踪。用于平滑光伏系统/风力发电机的功率输出；平滑负荷的快速随机波动；减少常规机组担当时的燃料耗费和运行费用，减少碳排放。

⑥ 黑启动支持。在网络发生灾难性故障后，为发电设备提供补充功率维持其在线运行；为大型发电设备提供启动功率。

（二）电动汽车技术

电动汽车（BEV）是指以车载电源为动力，用电机驱动车轮行驶，符合道路交通、安全法规各项要求的车辆。电动汽车是具有移动属性的特殊智能用电终端。在环境与碳排放环境当中，属于显性环保产品。虽然现在传统汽车保有量还十分巨大，但是，作为未来汽车产业的发展方向，电动汽车必将逐步取代传统汽车，充换电服务需求将急剧上升，产业模式将发生巨大变化。

电动汽车的发展给充电基础设施、供电、电池系统及能源供给模式的研究和开发提出了严峻的难题。世界各国都置身于电动汽车充电技术这一新领域中，技术研究和制定充电技术标准迫在眉睫。

1. 充电方式

根据电动汽车动力电池组的技术和使用特性，电动汽车的充电方式存在一定的差别，常用的有交流充电、直流充电和换电三种，其区别见表 6-1-3。

表 6-1-3 充电方式的区别

充电方式	充电时间	电能提供方式	特点
交流充电	6～10h	充电电流为交流，通过车载充电机进行整流后，以直流电形式为蓄电池充电	建设成本、使用成本都比较低，充电时间长
直流充电	20min～1h	交流电经外置非车载充电机整流后，以直流电形式为蓄电池充电	建设成本高，充电电流大，对设备的安全性要求高，充电时间短
换电	5～10min	交流电经外置非车载充电机整流后，以直流电形式为备用蓄电池充电，当车辆需电能补给时，更换车载蓄电池	建设成本高，电池为集中充电，更换时间短，车载蓄电池箱需标准化，需专业人员完成更换工作

2. 接口标准

充电接口和通信协议是确保电动汽车和电动汽车充电桩等基础设施之间互联互通的基础性标准。由于标准制定之初的应用经验和数据积累不足，充电接口、通讯协议标准的部分条款和技术细节规定不够细致，应用过程中出现了不同车辆和充电设施之间不能完全兼容的问题。2015 年 12 月 28 日，国家标准委召开电动汽车充电接口及通信协议国家标准发布会，正式发布了《电动汽车传导充电系统第一部分：通用要求》等五项国家标准，新标准于 2016 年 1 月 1 日正式实施。其中充电接口标准 GB/T20234 由汽车行业归口，包括通用要求、交流充电接口、直流充电接口三部分。传导充电系统 GB/T18487 和通信协议 GB/T27930 由电力行业归口。充电新国标标准的发布，确定了充电接口标准，为我国电动汽车充电制定了规范，调整了信号针和机械锁的部分尺寸，优化了连接时序，明确了电子锁的有关要求，提高了充电安全性。

3. 对电网的影响

随着电动汽车的推广普及，充电设施规模将不断扩大，对电网将产生四个方面的影响。

（1）对电网负荷的冲击。电动汽车单车临时性快速充电功率可达数百千瓦以上，未来规模化应用后，电池总容量必将大幅增加，充电时，势必对当地配电网产生极大的功率冲击。

（2）对电能质量的影响。由于电动汽车充电为变流操作，会产生谐波，进而引起电网频率及电压的波动，因此，需要对电动汽车充电设备的谐波等技术指标进行严格控制。

（3）对电网规划的影响。智能充电操作在配电网侧，能显著平抑电网负荷、频率波动，降低电网峰谷差，提高电网负荷率，降低电网备用发电容量需求，显著改变电网运行方式。因此，需要在电网规划中，提前考虑相关影响。

（4）对电网交易模式的影响。随着分时电价的实施，电动汽车充电将采取不同的控制方式，在不同时段从电网获取电能补给。同时，电动汽车作为智能电网的移动存储单元，也能根据价格、时间策略向电网反送电。因此，电动汽车充电交易模式将由简单变复杂，需要更先进的智能电力营销模式来支撑。

业务的不断发展势必引发新一轮负荷增长，大量充电设施建设对电网升级改造提出更多的要求，需要新增装机容量，增加电网投资。同时，电动汽车可能成为未来电网中数量最多的一类负荷，规模化电动汽车充电将进一步加大电网峰谷差率，电网峰谷差率不断加大，造成发电成本高，电网运行效率低。如果协调不好，将会出现"峰上加峰"的现象，增大电网调峰难度，加大输配电建设压力，降低发电机组和电网的运行效率。

4. 电动汽车与智能电网的融合

智能电网是借助先进的传感和测量技术、设备技术、控制方法以及决策支持系统技术，建立在集成的、高速双向通信网络基础上的，可实现可靠、安全、经济、高效、环境友好目标的电网。其主要特征包括自愈、激励和包容客户、抵御攻击、提供满足21世纪客户需求的电能质量、容许各种不同发电形式的接入、启动电力市场以及资产的优化高效运行。

电动汽车与智能电网间互动的技术被称为V2G，是Vehicle-to-grid的简称，它描述了这样的一个系统：当混合电动汽车或纯电动汽车不处在运行状态时，将能量反向输给电网；而当电动汽车的电池需要充电时，可从电网中获取电能。

电动汽车与智能电网之间交互的内容，包括能量流和信息流。他们之间的控制方式分为时间控制、智能控制和电价控制三种。不同控制方式的措施和目标差异见表6-1-4。

表 6-1-4　三种控制方式下的措施和目标差异

控制方式	控制措施	控制目标
时间控制	在规定时段充电：峰段停止充电，平段或谷段充电	削减电网高峰负荷
电价控制	利用分时电价政策，改变客户充电和反送电的时间	减小电网峰谷差
智能控制	通过合同约定，利用更低的价格政策，由智能电网综合分析电网需求，决定并控制客户充电或者反送电时机	改善电网负荷曲线

在时间控制方式下，电动汽车在给定时刻开始充电，对负荷曲线有所改善，但是控制方式单一、方法简单，仍然存在负荷尖峰；在电价引导方式下，通过电价信号引导电动汽车充电或者向电网反馈，智能装置根据电价信号制定最经济的补电方案；在智能控制方式下，电动汽车与电网进行实时通信，在电网允许时进行充电，还可以根据电网需求为电网提供辅助服务。电动汽车与电网双向互动如图6-1-7所示。

电动汽车与智能电网的结合与互动，可为电动汽车客户提供智能化、个性化的服务，提高客户使用电动汽车的经济性和便利性，减少充电对电网的影响，保障电动汽车的可靠能源供给，改善电网可靠性，优化电力设备水平，提高电网运行效率，同时能促进风能、太阳能等间歇性可再生能源的开发利用，实现电动汽车和电网的双赢。

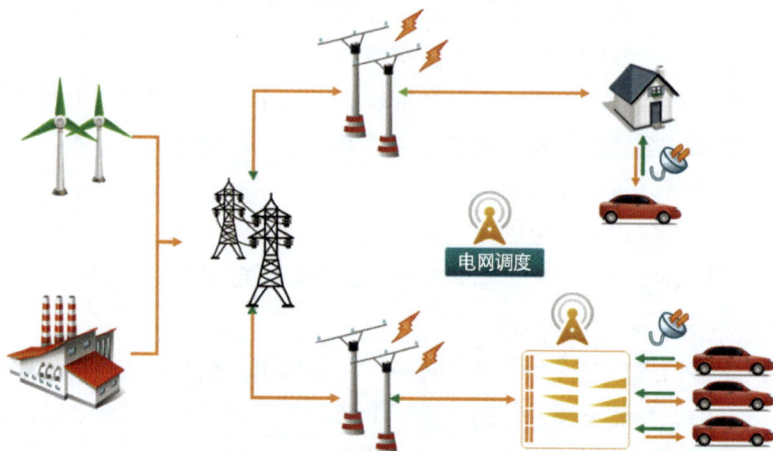

图 6-1-7　电动汽车与电网间能量及信息双向互动示意图

三、需求侧新技术

电力需求侧新技术的发展，可以引导客户在高峰时少用电，在低谷时多用电，以提高供电效率。这样，可在满足同样用电功能的情况下，降低供电成本和用电成本，减少电量消耗和电力需求，从而缓解缺电压力，使供电和用电双方都得到实惠，达到节约能源和保护环境的长远目的。

（一）需求响应

1. 定义

需求响应 DR（demand response），电力需求响应的简称，是指电力市场中，客户针对价格或者激励机制的变化做出响应，从而改变其电力消费的市场参与行为，如图 6-1-8 所示。

图 6-1-8　需求响应示意图

通过放松零售端价格管制和政策激励机制，使客户改变传统电力消费行为，从而减少高峰电力负荷，提高系统的可靠性，降低系统整体成本，是唤醒并开拓多种需求方响应的过程。

2. 需求响应技术条件

需求侧是智能电网的重要方面。推行需求响应，亟需智能电网平台框架下信息、通信手段作支撑。智能电网平台信息技术的发展为需求响应创造了前提条件。发展需求响应的技术条件如图 6-1-9 所示。

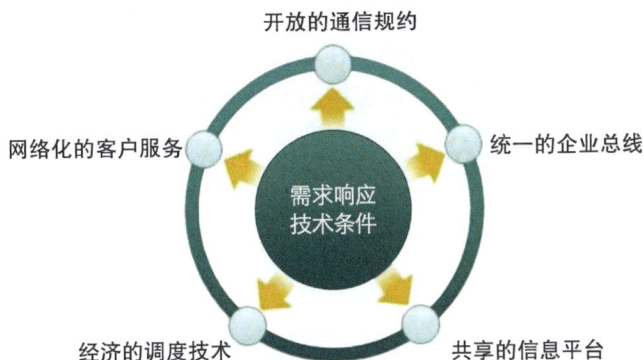

图 6-1-9　需求响应技术条件

（1）开放的通信规约。全自动需求响应为需求响应的理想模式。通过智能电网，采用市场化的价格和利益手段，依据客户用电习惯和负荷特性需求，制定个性化的需求响应（DR）控制策略，实时响应电力供应需求，减少高峰电力负荷，达到削峰填谷、平稳电网压力、维持电网供需平衡的目的，实现电力客户和电网企业之间的双向互动过程自动化。

自动需求响应技术的发展是建立在现代信息通信技术、智能控制技术、计量技术基础上的。开放式自动需求响应通信规约作为实现自动需求响应系统的主要标准，提出了一套完整的通信数据模型理论和协议规范，以促进电网企业、电力客户及第三方服务提供商等利益主体，通过需求响应价格和可靠性信号交换公共信息，达到优化电力资源、平衡电能供需的目的。

（2）统一的企业总线。电网控制系统是分布式环境。需求响应是一个多客户并发、数据交互量巨大的电网应用，对实时性与协同性要求很高。其本身的复杂度要求平台具有强大的计算能力与协同能力，集群与网格计算技术为应用提供了强大的分布式协同计算能力，而数据引擎的实现，依赖于数据总线、消息总线、服务总线技术。因此，统一开放的分布式企业总线十分关键。目前，针对分布式系统开发的企业总线技术包括 SOAP、CORBA、COM/DCOM、中间件、组件技术等。结合 SOAP 互操作性和 CORBA 的强大执行能力，可以在需求响应中发挥极大作用。

（3）共享的信息平台。现有电力自动化系统的电网建模与数据接入灵活度不够。随着未来"源—网—荷"互动体系逐步建立，调度对可调负荷、新能源和智能变电站的决策支撑越来越重要。很多决策趋向于整体决策，需要自动化系统提供高效的信息支撑能力。需求响应推广之后，海量信息既是电网可观测、可控、在控的需求，也是同质化管理的要求。因此，信息共享模式有待突破。统一的信息共享平台是建设基础。

（4）经济的调度技术。要真正发挥电能优化配置的作用，实施需求响应，还要依赖电网节能经济调度技术。采用节能经济调度技术可以从整体上协调电能需求与供给的平衡，更加合理地进行不同时间与不同节点的价格设定，从而给需求响应价格模型提供很好的参考。近年来，电网节能经济调度取得了长足发展，为需求响应的推广实施起到了很好的辅助支撑作用。

（5）网络化的客户服务。需求响应需要客户更多地来参与电网运行，从而提升电网与客户的互动，这样就需要提供网络化公开的客户服务接口，让客户可以方便地根据需求变化来调整自身用电模式响应，并通过网络实时发布信息。此外，除了提供网络化的软件服务支撑之外，还需要给客户提供相应的辅助培训途径，提升客户对电网需求响应的理解与掌握。

（二）需求侧节能技术

1. 定义

需求侧节能技术是指在满足客户需求的前提下，根据客户的用电量、分时电价、天气预报以及建筑物里的供暖特性等进行综合分析，确定最优运行和负荷控制计划，对集中负荷及部分工厂用电负荷进行监视、管理和控制，并通过推广先进、成熟的用电技术、合理的电价结构，引导客户转移负荷，平坦负荷曲线，以达到提高供电可靠性、减少能源消耗及供需双方费用支出的目的。

2. 通用的节能技术

（1）无功补偿技术。无功补偿技术是借助于无功补偿设备提供额外的无功功率来提高客户的功率因数，从而降低电网损耗、改善电网电压质量。

常用的无功功率补偿设备包括同步调相机和固定电容器。随着电力电子技术的发展，静止无功补偿装置（SVC）、静止无功发生器（SVG）得到快速发展。

（2）变频节能。变频器节能主要表现在风机、水泵的应用上。为保证生产的可靠性，各种生产机械在设计配用动力驱动时，都留有一定的富余量。当电机不能在满负荷下运行时，除达到动力驱动要求外，多余的力矩增加了有功功率的消耗，造成电能的浪费。风机、泵类等设备传统的调速方法是通过调节入口或出口的挡板、阀门开度来调节给风量和给水量，其输入功率大，且大量的能源消耗在挡板、阀门的截流过程中。当使用变频调速时，如果流量要求减小，通过降低泵或风机的转速即可满足要求。一般风机、水泵类负载消耗能量和转速的立方成正比，具体可以通过 VarSuv 节能计算器得出。一般经验数值节能比例可以达到 30%～50% 左右。

卸载运行，没有电力的浪费，能源节约效果明显。在空压机的整个寿命周期中，与常规非变频空压机相比，变频空压机平均可以节约 35% 左右的电费，相当于空压机总使用成本的 22%。

（3）绿色照明。是指通过提高照明电器和控制系统的效率，节约能源，营造体现文明的光文化。该观点很快获得联合国的重视和支持，并采纳相应的政策和技术措施，推进绿色照明工程的实施。在此历程中，发光二极管（LED）作为革命性的技术被引入照明应用范畴。

LED 发光二极管是一种固态的半导体器件，它可直接把电转化为光。LED 的核心是一个半导体的晶片，晶片的一端附在一个支架上，一端是负极，另一端连接电源的正极，使整个晶片被环氧树脂封装起来。半导体晶片由两部分组成：一部分是 P 型半导体，其中空穴占主导地位；另一端是 N 型半导体，其中主要是电子。这两种半导体连接起来的时候，它们之间就形成一个 P-N 结。当电流通过导线作用于这个晶片时，电子就会被推向 P 区，在 P 区内电子跟空穴复合，然后就会以光子的形式发出能量，这就是 LED 发光的原理。而光的波长也就是光的颜色，是由形成 PN 结的材料决定的。LED 技术原理如图 6-1-10 所示。

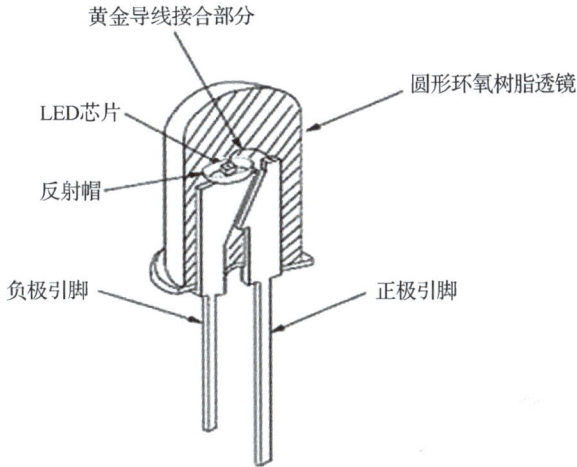

图 6-1-10　LED 技术原理

（4）电能质量治理技术。随着我国工农业生产的发展，非线性负荷在现代工业中的应用大量增加，如冶金、化工、矿山等部门大量使用晶闸管整流电源，工业生产中大量使用变频调速装置，电气铁道中采用单相整流供电的机车，高压直流输电中的换流站以及小型钢厂使用的电弧炉等，这些典型的非线性负荷将从电网吸收或注入谐波电流，从而引起电网电压畸变，通常称这些非线性负荷为谐波源。电能质量治理技术包括常规谐波抑制技术（无源滤波器）、有源滤波器、有源线路调节器、动态电压恢复器四类。谐波治理原理见图 6-1-11 所示。

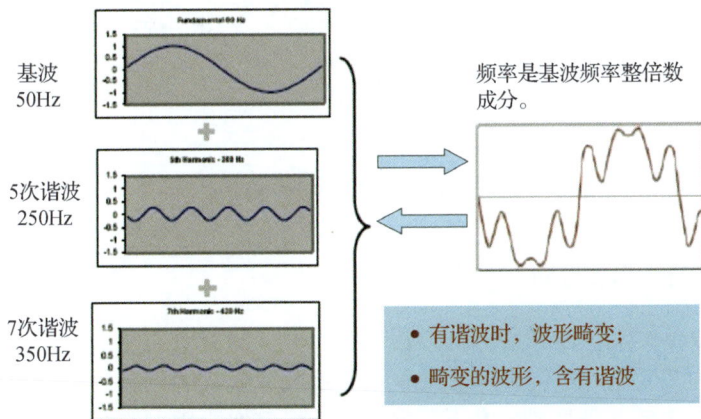

图 6-1-11　谐波治理原理

四、信息技术

信息技术能够解决电力系统实际运行中出现的问题，拓展电力营销业务范围，科技和电力相互融合成为电力系统的发展趋势。未来电网中，信息技术的作用将会越来越大。

（一）"大云物移"

"大云物移"即大数据、云计算、物联网、移动互联网。这些技术能让每个人更自由的获取和创造信息，使每个机构、每个企业寻找到更广泛的资源与合作。社会中人和人之间，企业和企业之间，公民和政府之间形成一种新的治理结构关系，给这个社会创造了新的信息资源和财富。

数据是资源也是资产，大数据有四个维度：量大，种类多，发展速度快，价值复杂；云计算实现了从芯片操作系统、应用软件到服务产业链的垂直整合，颠覆了个人计算，开创了崭新的技术领域，其商业模式可提供定制化的服务，根据服务付费；物联网突破了机器到机器的连接，是感知、传输、处理等技术高速发展的产物；移动互联网，将移动通信和互联网二者结合起来，成为一体。云计算是物联网和移动互联网发展的必经阶段。他们四者之间的关系如图 6-1-12 所示。

图 6-1-12 "大云物移"的关系

（二）"互联网＋电力营销"

电力体制改革倒逼"互联网＋电力营销"服务。随着电力体制改革的深入推进、电力市场化主体的多元化，电网企业必须积极开展服务模式的创新研究。构建智能化、互动化的用电服务体系，既是适应客户需求变化、提升客户用电服务体验的外在要求，也是电网企业建设坚强智能电网，实现电源、电网和客户资源友好交互和相互协调的内生动力。

能源互联需要"互联网＋电力营销"服务。能源互联网的发展带动分布式能源的广泛接入，需求侧响应、能效服务、能源保险等新型的电能衍生产品将会陆续出现。电网企业要充分利用现有的业务经验优势和业务数据积累，提前研究并布局拓展服务形态，抢占电力市场的先机。

技术发展推动"互联网＋电力营销"服务。目前，我国互联网覆盖客户已接近6.5亿户，为发展"互联网＋电力营销"提供了广阔空间。大数据、云计算、物联网等互联网技术和理念为电网企业提升营销策划、丰富客户画像、实施精准营销提供了解决方案。

客户需求促进"互联网＋电力营销"服务。随着经济社会发展，各行业在服务体验方面的创新经验及用电群体都对电力服务提出了新的要求。电网企业需要建立面向市场竞争环境和互联网模式的新型营销服务体系，为电力客户提供快捷、流畅、愉悦又兼具个性化的服务，赢得客户信任，实现企业与客户双赢。

（三）"大云物移"在电力营销中的应用

随着市场经济环境的竞争日渐激烈，电网企业在电力营销方面的优势正在变得微弱，传统的电力营销并未重视营销的重要性，导致客户数量、产品无法满足客户合理需求，给自身的发展带来了一定的阻碍。尽管当前的供电企业在市场中仍然占据着有利地位，但长期缺乏以客户需求为基础的市场服务意识，必然会导致供电企业的电力营销管理工作难以为继，从而影响到客户的产品体验，也不利于企业未来的长远发展。为此，亟需将"大云物移"应用于电力营销中，其应用方向见表6-1-5。

表 6-1-5 "大云物移"在电力营销中的应用方向

大数据	云计算	物联网	移动互联
通过消费者视角，分析潜在需求行为	基础资源整合	智能采集	线上全天候受理，线下"一站式"办电
精准定位消费群体，开展个性化营销	统一信息系统平台	车联网	基于客户信用的差异化服务
拓展营销新市场，制定产品新战略	智能移动桌	智能家居	基于客户画像的电力精准营销服务
依靠互联网技术，合作开展大数据营销	大规模计算	智能计量	自助式故障报修服务

信息技术的发展和互联网时代的到来，使人们越来越熟悉如电子商务和网络营销等字眼与服务，而随着人们在互联网上花费时间的增多，"大云物移"对于电力营销战略的制定将会具有极其重要的促进意义。

第二节 新技术带来的电力营销新业务

在售电侧放开的大背景下，新技术的应用对电力营销业务产生了深远的影响。从能源供给侧来看，分布式和储能技术的发展，打破了单一主体、单向交易的模式，引入了多个竞争主体和双边交易；从用电需求侧来看，电动汽车的诞生，开创了能源生态及消费的新纪元；环保和节能意识地提升，增强了社会和公众对终端能效地关注。电力的商品特性凸显，加剧了电力经营企业对用电需求反馈的关注，为积极迎合不断涌现的新技术，更应开发新的业务内容，推出新的服务模式，以谋求新的利润增长点。

一、分布式电源接入服务

为了实现低污染排放和高效率用能，分布式电源以其灵活方便的优势广受欢迎。作为一种新型的能源形态，它在促进节能减排、可再生能源发展和能源消费升级转型等方面具有重要意义。

（一）分布式电源的特征

按照分布式电源与电网的关系、用能特点以及输入类型的不同，分布式电源的特征主要表现在以下三个方面。

1. 灵活的并网或离网运行模式

分布式电源与大电网连接关系如图 6-2-1 所示。分布式电源运行方式十分灵活。当客户端没有电网时，分布式电源可直接对客户供电。当客户端有电网时，分布式电源可直接并网运行，间接为客户供电。还可以与配电网组成微网，为客户提供电力供应，而将大电网作为备用电源。

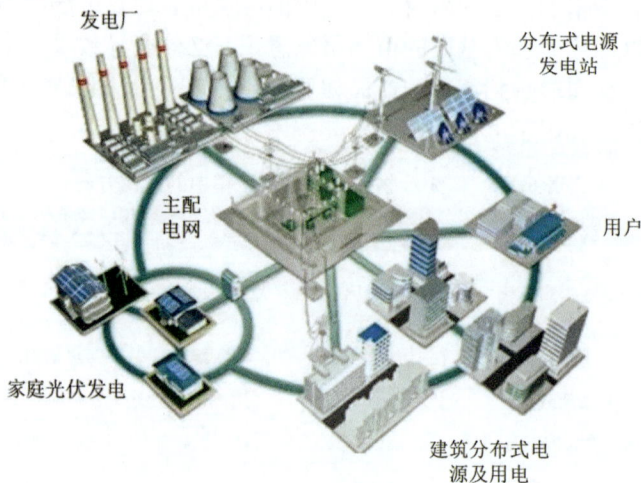

图 6-2-1　分布式电源连接示意图

2. 从生产到应用的持续平衡

分布式电源由于受到一次输入能源的特性局限，供电会产生间歇。比如单独依靠太阳能光伏发电的系统，很难完成 24h 的连续供电，而且电能品质也不佳。所以，分布式电源必须依赖具有连续稳定供电能力的能源系统才能满足生产和应用的持续平衡条件。

3. 多种能源的混合输入形式

分布式电源源端具有多种形式，比如欧洲地区和美国境内遍布天然气干网和分支管网，客户可主要依靠天然气，辅助柴油发电。而工业园区和商业集中区除了采用屋顶形式的太阳能光伏发电外，还可以采用现场附近其他工业废气、废热以及多余压差等综合利用发电。如图 6-2-2 所示，多类型的一次能源通过燃料转换产生二次能源，为客户提供电能、蒸汽、燃料提质等综合能源输出，电能成为整个能源领域中的一部分。

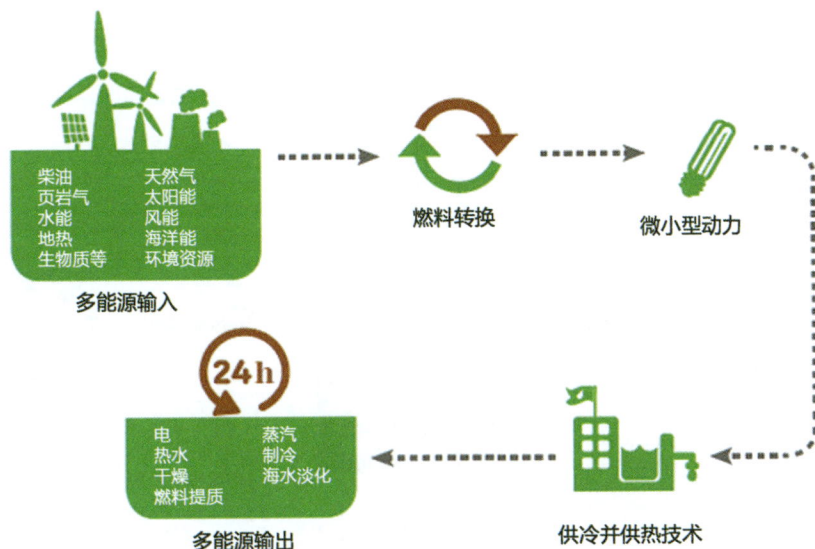

图 6-2-2　分布式多能源输入及转换示意图

（二）分布式电源发展现状

2012 年 12 月 21 日，国内首个居民客户光伏电源在山东青岛并入国家电网。同时，广东佛山市三水区正式启动全省首个国家新能源示范城市建设。发展至今，分布式电源并网的数量、容量大幅增加，类型多样。以光伏发电为例，截至 2015 年底，我国光伏发电累计装机容量 4318 万 kW，成为全球光伏发电装机容量最大的国家，其中，光伏电站 3712 万 kW、分布式 606 万 kW、年发电量 392 亿 kW·h。

据最新消息，拟提交国务院的"十三五战略新兴产业发展规划纲要"分门别类列出了行动计划，将新一代信息技术产业创新、生物产业倍增、空间信息智能感知、储能与分布式能源、高端材料、新能源汽车等都纳入其中，支持相关领域产业发展壮大。从国家统计局 2016 年一季度统计数据得知，工业中的战略型新兴产业，包括节能环保产业、新一代信息技术、生物产业、高端装备制造业、新能源产业、新材料产业、新能源汽车等，同比增长 10%，高于全部规模以上工业达 4.2%，发展态势良好。

（三）对营销业务的影响

分布式电源的出现，对电力营销业务产生了较大影响。为了适应发展，传统的能源侧交易业务需要发生适应性改变，市场化交易的成分将更加浓厚。主要体现在以下三个方面。

1. 业务链条向外延伸

电力营销业务链条向外延伸方向如图 6-2-3 所示。国家对新能源产业的大力扶持，拓展了电网企业的业务内容，比如，分布式能源项目报装时，电网企业负责供配电设施建设的范围超出了过去规定的界线（红线），延伸了投资界面，有效降低了分布式能源入网客户的建设运维成本和用电成本。在落实政府财税补贴上，电网企业增加社会服务职能，代理个人光伏发电客户向当地能源主管部门办理项目备案，发电量统计、补贴申报和足额转付工作等，并无偿为分布式能源入网提供技术咨询和帮助。

从市场发展来看，电网企业的营销业务重心需向源、荷两侧延伸。其要关注电网对电源侧的阻塞管理和对用户侧的交易完成度。

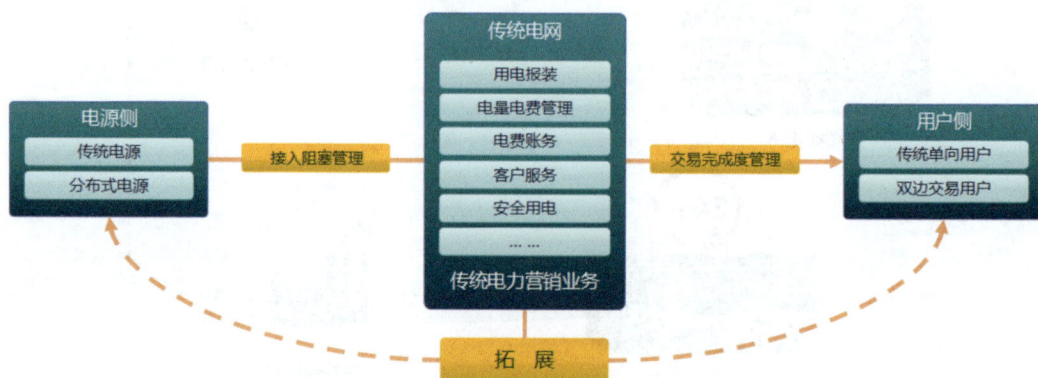

图 6-2-3　业务链条拓展示意图

阻塞管理原指由于发电竞争提出的输电服务要求超过了电网的实际输送能力而采取的市场缓解机制。将它引入分布式电源并网管理中，既可反应电网接纳分布式电源的能力，又可衡量电力市场双边交易的规模。它主要包含两层含义：一是当电力交易真正市场化时，从电网企业经济效益出发，通过电价调节机制来影响分布式电源客户的接入意愿；二是由于客观原因影响电网安全时，采用通道管理技术措施，自动控制分布式电源的接入与否及调节接入的容量。未来多主体、多交易的电力市场中，市场规模越大，交易活跃度越高，电网企业的吸附能力就越强，越能在交易市场中占据主要地位。

交易完成度是指发用双方直接交易的成功率和满意率。在能源开放竞争环境下，用来衡量交易市场的运营状况。它主要包含两个方面内容：一是电能交易平台能否为发用电双方提供自由交易的环境，并为交易达成提供正确、可靠的途径，比如，提供交易渠道、自助业务办理、公开电网资源信息、电能交易信息等；二是形成服务反馈和改善机制，收集交易便利、响应快速、公平诚信等评价信息，持续改善交易市场环境，提升客户满意度。建立健康的市场交易平台，既可提升电网企业的市场公信力和感染力，吸引更多的市场主体参与，又可推广技术标准，引导消费行为，巩固市场主体地位，实现从传统的售电服务商向平台运营商和综合能源服务商转型。

从营销主体来看，在新能源生产和转换过程中，除了电能交易者外，还包括风能、天然气、海洋能、潮汐能等新型能源交易者，电网企业可将关联能源业务也纳入到营销范畴，以扩大市场份额。

2. 自动化交易呼之欲出

传统营销管理中，发、供、用三方相对固定，以合同条款的形式约定经济责任，交易方向是单向的，交易期限是永久的，对象是固定的。与之相适应，电网企业建立了一套相对固化且成熟的营销模式，比如，按月实行电量电费结算，客户可选择预付或赊销的结费方式；出现电费退补时，按照财务管理"收支两条线"的原则，当月发现，下月才能退补，且必须经过内部逐级审批；客户办理用电报装和电费变更业务，需要经过电网企业内部多个部门审批；新能源政策补贴需要经过人工层层申报和费用拨付等，运转效率低下，市场反应迟钝。

有别于传统电力市场，在新技术和新政策的催化下，电网交易圈新增了大量分布式电源、储能设备、微电网发电等电力市场参与主体，增加了用电负荷的主动性。这种"多买方、多卖方"的特点将刺激市场的逐利心理，推动发、用双方随机组合，使得双边交易的数量和频次大幅增加，交易的周期也变得不固定了。

相对动态的市场需求，固化的营销模式显然无法适应，需要将固化交易改为信息化全自动交易。首先，要改造传统业务流程，实现快速响应。应大力发展网上自助服务，比如，自助报装、变更业务、选择用电套餐及服务，充分利用智能终端和信息系统，实现抄表、核算、收费及账务等基础业务的自动化等，缩短人工干预和环节流转时限。其次，要利用能源交易平台，实现自动撮合交易。能源交易双方按照价格优先、时间优先的原则，确定双方成交的价格后，生成电子供用电合同，再根据约定的电量和价格，实施发电并网或供电用能操作。再次，要增强市场公开操作和交易监管。应加强电网交易信息公开，使得能源分布情况随时可查，为公平交易提供公开透明的环境。政府应加强对公平交易行为的监管，强化规则意识。对国家能源优惠政策的落实，实行网上申请、在线公示、公开批复，补贴发放则通过电子支付渠道自动完成。通过分布式电源营销业务的运营，可以预测，现在与将来的电力营销业务流程将会产生很大的变化，具体见表6-2-1。

表 6-2-1　电力营销业务于现在和将来流程差异对比表

时间	交易对象	交易期限	业务流程运营模式	运营效率
现在	固定	永久	按合同约定周期结算，人工为主、信息系统为辅开展用电报装、抄核收等基础业务，实行电网公司内部逐级审批制度	串行业务流程长、工作效率较低、服务响应慢
将来	随机	不固定	撮合成交的结算周期不固定，以自助服务和信息化服务为主，用电报装、抄核收等基础业务自动化响应，市场信息公开，交易行为阳光下运行	并行业务流程短、工作效率高、服务响应快

3. 服务增效成发展主力

近年来，电力营销服务带来的增值效应日益凸显。依据服务内容的不同，追求增值效益的过程可分为以下三个阶段。

初期阶段。电网企业服务内容主要是按照协定的价格，在协定时间段内，向用电客户稳定提供符合质量标准的电能，及时有效地应对故障和提供咨询服务。这一阶段电网企业主要侧重于基本业务服务，即关注内部业务部门和流程的监督与考核，以及对外部客户的满意程度、投诉频率、服务期望等评价。

中级阶段。电网企业由单纯关注基本业务拓展，向开发、设计、运营服务增值业务转变。相关商业模式大量衍生并逐渐成熟，使得客户对"服务"的要求变得更加多元和广泛，比如，制定用电生产策略、用电信息实时反馈与互动、需求侧响应策略、居民或小区客户设备代维、综合能源服务等。较之初期，服务增效业务进一步扩大，与精准营销相结合，针对标准化服务和个性化服务进行客户需求的产品设计和挖掘将成为电网企业拓展售电业务新的利润增长点。目前，电网企业正在经历从初级阶段向中级阶段的转型。

发展阶段。新能源的发展和渗透率将大幅提高，能源"互联网＋"的运营模式广泛实现，电力市场将逐渐建立起"横向多源互补；纵向源—网—荷—储协调"的电力系统架构，不同能源之间形成合作与竞争共存的市场机制。在这种情况下，基于大数据和云服务技术，从经济效益、环境效益和社会效益等方面出发，电网企业需要依托综合能源管理水平和增值服务能力去开拓市场，帮助客户选择用能策略，实现企业效益和社会效益的双赢共享。

二、储能服务

对新能源和可再生能源进行研究和开发，并寻求提高能源利用率的先进方法，已成为全球共同关注的问题。中国是一个能源生产和消费大国，既有节能减排的需求，也有能源增长以支撑经济发展的需要，储能产业需要大力发展。

（一）储能的意义

储能主要是指电能的储存。储能技术是新能源产业革命的核心，它在很大程度上解决了新能源发电的随机性、波动性问题。作为全球具有重要影响的新兴战略性产业，国民经济和社会发展《十二五纲要》首次将"储能"列入规划，并提出：发展特高压等大容量、高效率、远距离先进输电技术，依托信息、控制和储能等先进技术，推进智能电网建设，同时被列入"十三五"百大重大工程及项目之一。

（二）储能产业发展现状

我国的储能产业处在刚刚起步阶段。在储能价值收益无法体现、买单机制尚未形成的前提下，储能产业的商业化模式尚未成形。从国际上看，欧、美、日等国一直以来都十分重视储能技术的发展与应用。据不完全统计，美国联邦和州层面针对储能的法案和政策就达到了二十一项，欧盟和日本也均有针对储能的扶持政策。根据美国能源局（DOE）全球储能数据库的数据统计，截至 2015 年底，全球电池储能累计装机 0.61GW，美国装机量为 0.3GW，几乎占到了全球电池储能装机的一半。随着商业和工业储能系统越来越多样化，越来越具竞争力，现代建筑节能管理企业和机构更加重视储能技术的应用。根据法维翰（Navigant Research）咨询公司发布的报告透露，2016 年，世界商业和工业储能产业收入预计约为 9.684 亿美元，到 2025 年，世界商业和工业储能产业收入将增至 108 亿美元，产业发展前景巨大。

（三）业务应用及案例

随着储能技术的日趋成熟，其应用领域也越来越广泛。目前，市场上已经出现了较为成功的商业运营案例。

1. 农网末端的储能服务

福建很多地区存在着季节性用电负荷变化较大的问题。"中国茶乡"安溪每年制茶高峰期都存在制茶用电的"尖峰时刻"。春、暑、秋三季制茶时期，电网负荷猛增，形成罕见的尖峰负荷，导致局部区域、局部时段出现低电压现象。而在非制茶季节，用电负载率低，供电设备利用率及效率低下。为了避免此类用电负荷对电网的冲击，电网公司开启了储能与农网末端电力改善相结合的应用新模式，如图 6-2-4 所示。

图 6-2-4　移动储能车

与北京索英电气公司合作，以移动式锂电池储能电站为平台，以动力车为运输工具的集装箱载体，将储能系统整合在动力车内，当局部区域、局部时段出现尖峰负荷时，迅速到达指定区域进行功率补偿，弥补了配电网因尖峰负荷而出现的供电能力不足和"低电压"现象，大幅度提高了配电网末端的供电能力。

2. 澳大利亚的储能商业化

澳大利亚有 120 万个家庭安装了光伏系统，使储能市场份额大为增加。一个家庭从电网购电的成本为 0.30 澳元/(kW·h)，向电网反馈光电的价格为 0.07 澳元/(kW·h)，因此，与向电网回馈电力相比，自我消纳电力更有成本优势，而这部分成本节约就是储能应用的商业机会。根据摩根斯坦利的分析，南澳大利亚和昆士兰州将成为澳大利亚最热的客户储能市场，由于这两个州的地理面积大，人口稀少，敷设电网基础设施成本高，即使在电池储能成本较高的现阶段，储能也非常具有竞争力。另外，在住宅市场中，除了商业驱动，家庭对于太阳能的强有力的信念，以及通过选择太阳能发电和储电而保持自主供电的独立性，使得客户在系统回收期为 10 年的情况下，仍然愿意安装。为了促进储能产业商业化，澳大利亚的电费制度正在改革，正逐步由按照电量 kW·h 收费转向按照高峰用电负荷 kW 收费，这将提高电池在客户侧进行电费管理的商业机会。预计 2017 年，第一批享受政府补贴上网电价的客户将转向市场时，储能能够在澳大利亚实现商业化。

3. 其他发达国家的储能运营情况

根据 GTM/ESA/IHS/NEDO 的报告，全球储能应用情况见表 6-2-2。

表 6-2-2　美德澳日储能产业现状及案例

国家	现状及未来	储能应用的原因	案例及市场
美国	2014 年美国客户侧储能只占全部储能项目的 10%，但其增长速度将比电网侧和发电侧储能都快，有望在 2019 年占总装机的 45%	电费管理（包括电量电费和容量电费）是储能在客户侧应用的重要因素	从 2012 年起，萨克拉门托市政事业公司实施了分时电价和尖峰电价，Sunverge 证实，在此体系下，光储系统具有巨大的价值，安装光储系统的客户每月电费可降低 15%
德国	近期德国的客户侧储能市场也变得十分活跃，据预测，光伏+储能系统将从 2014 年的 10000 套上升至 2015 年 13000 套，2017 年有望达到 60000 套	德国政府储能安装费补贴、免征营业税和银行低吸贷款等政策支持；通过"群能量"或者称为"虚拟电厂"概念参与到能源市场以获得额外收入	欧洲最大电力公司之一的意昂集团 E.ON 计划于德国发售住宅太阳能与能源存储产品，预计于 2016 年 4 月先测试推出，收集客户反应后微调产品，之后于 9 月正式上市。
澳大利亚	澳大利亚能源存储市场正在崛起，在 2015 年底系统安装数量不足 500 个，到 2016 年超过 5000 个，现有的 120 万光伏客户考虑安装储能系统以实现自发自用，而其他计划使用光伏及发电的客户则极有可能直接安装光储系统	光伏政府补贴不断上涨的电费	澳大利亚能源零售商 AGL 近日宣布其已收购美国存储厂商 Sunverge 的少数股权，目前是 Sunverge 储能系统在澳大利亚的独家渠道合作伙伴。此外，美国的特斯拉雄心勃勃，与知名太阳能零售商和公共部门签署了几项合作协议。Sunverge、LG 化学和其他供应商也在争夺澳洲光伏储能市场的领先地位
日本	2013 年，日本光伏太阳能并网量比 2012 年增长了 32%。2014 年，日本太阳能光伏装机容量达到了 20GW，预计 2030 年将会超过 60GW。在目前的能源比例中，光伏占到了 95% 日本客户安装储能系统，在正常情况下提供环境友好的电力供应，在灾害来临时保障当地居民、工商业客户的紧急用电需求	灾备意识和防灾设施计划	日本的光伏应用主要集中在九州、北海道等地，光伏并网需求也比较大。装机容量也主要集中在北海道等日本的东北地区

（四）电网企业储能业务经验借鉴

从国内外储能行业的现状和发展情况来看，电网企业开展储能业务，可从三个方面切入。

1. 直接涉足储能服务领域

经过多年的发展和积累，电网企业拥有社会各个行业、各个领域大量的客户群体，是宝贵的市场资源。同时，传统的用电报装和用电监察业务，使得电网企业有机会对客户的生产环节和流程进行深入地调查和研究，找出可以开发储能服务的环节。加上技术优势和品牌效应，客户对电网企业开展储能服务的信任感优于其他厂家。

开展储能服务的方式或有三种：一是成为独立的储能服务商，对储能设备的采购、储能方案设计、实施和运营实行全过程服务，获得项目收益；二是与储能设备厂家合作，电网企业负责储能方案设计、实施和运营，制造厂家提供储能设备，实行优势联合和收益共享；三是电网企业只对储能市场出售数据资产和咨询服务，由储能服务商开展储能服务。

2. 以电价策略引导储能业务发展

电价定价机制如果放开，电网企业可以根据市场调节，制定多种电价方案，比如，分时电价套餐、峰谷电价套餐、尖峰电价套餐、长期合约套餐、短期合约套餐等，并与分布式、新能源并网收购价格机制相结合，以价格诱导客户重视和进入储能领域，争取业务机会。

3. 构建虚拟电厂带动储能关联产业

虚拟电厂并不是真正的电厂，它是利用信息手段，将大量的小型能源资源整合到一起，构建一个虚拟的公用能源网络，再向客户输出并在能源市场待售。电网企业如果在虚拟电厂领域形成趋肤效应，将带动储能关联产业发展，电网企业本身可以多种角色分享这块"蛋糕"。

三、电动汽车充换电服务

作为新能源消费的重要领域，世界各国对电动汽车行业的发展投入越来越大。从绿色消费出发，我国将发展纯电动汽车作为战略方向，计划到 2020 年，累计产销新能源汽车 500 万辆，市场发展潜力巨大。与燃油汽车相比，电动汽车的能量存储和补充方式发生了根本改变，新型的电动汽车充换电业务也有别于传统的电力营销业务。

（一）业务模式与支撑平台

电动汽车与电网之间，以电能量交互的方式发生直接联系。其充换电业务是电网企业全新的营销工作内容。电动汽车充换电业务模式是涉及以何种充换电模式、在何种电池供给模式下、以何种计费模式向客户提供充换电服务和增值服务的一整套运营方案。充换电模式决定业务之间的差异。

1. 电动汽车业务模式

按照电动汽车电池与电网之间的交互形式，其业务构成可分为以下四种。

一是电网充电模式。电网充电模式又分为集中式充电和分布式充电两种。集中式充电是电动汽车在专用充电站充电，向充电服务商交纳相关费用；分布式充电是电动汽车在私人小区、公共区域内设置的小功率充电桩上充电，并交纳相关费用。

二是电池供给模式。电动汽车客户可以采用购买或者租赁的形式使用电池。购买电池的客户，后期自行负责充电工作；租赁电池的客户，电动汽车在行驶途中需不断与服务商更换电池，以维持运转。

三是服务计费模式。在政策允许的范围内，除电动汽车充电需缴纳电费外，还可依据行驶里程或服务类型收取服务费，并按客户需求进行个性化定制。

四是增值模式。电网企业根据社会需求，基于车联网平台，开展电动汽车有偿租赁业务，如借助车联网平台，对电动汽车进行会员管理、资产管理、车辆监控、专车租赁、分时租赁等。通过对车辆运行状态进行在线监控、故障报警、维修保养等有偿服务，确保租赁车辆可用、好用。同时，针对企事业单位公务车、通勤车、生产车、物流车等定制车辆，开展电动汽车专车租赁服务；也可针对政府公务车改革后的用车需求及居民日常出行，提供分时租赁服务。增值服务还包括电池回收、行驶路线规划、充换电站点的定位以及安全服务等衍生服务。

2. 电动汽车业务支撑平台

车联网平台是电动汽车充换电业务运转的支撑平台。它通过标准计费控制单元（TCU），将分布于各地、由不同投资主体建设的充电桩统一接入，一方面为电动汽车客户提供OTO的线上预约、线下充电服务，另一方面将电动汽车通过车载终端统一接入，为绿色出行提供OTO的线上预定、线下取车租赁服务。

为了支撑电动汽车的运营，车联网平台由"一个基础支撑平台"实现"五大功能"提供"五个门户"，具体结构如图6-2-5所示。

图 6-2-5　车联网平台的主要构成

（二）业务发展趋势

近年来，各国致力于电动汽车技术的研发和业务的推动，我国电动汽车充换电服务模式的发展，受到诸多因素的影响。按照服务模式的不同，电动汽车充换电业务的发展趋向两个方面：一是以充电服务模式为主；二是以换电服务模式为主。

1. 未来两种充换电业务服务模式

（1）换电服务模式为主。换电服务模式为主导的时期，是电动汽车充换电业务发展的初级阶段。这个时期的业务背景呈现出三个方面特点：一是国际上大型的车企逐渐支持换电模式，并成为市场主流，换电技术得到了突破和大规模应用；二是政府对充换电服务的电价机制仍然没有放开，充换电服务定价机制不灵活；三是电池价格和运行维护费用已经降到较低的水平，与其他模式相比，换电模式有很明显的成本优势。

这个阶段，电动汽车充换电业务模式呈现以下形态：一是电动汽车总保有量大幅增加，私人购买的电动汽车成为主流，大部分采用换电＋电池租赁的模式；二是公共交通车辆中都是采用换电＋电池租赁模式；三是充换电服务计费机制与之前没有变化，车网融合 V2G 的模式得不到发展。

按照发展推演，如图 6-2-6 所示，在国家政策引导和车企支持下，受限于充电技术发展较慢，换电模式具有明显优势。

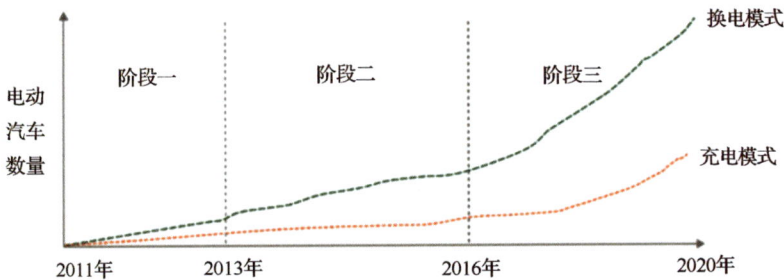

图 6-2-6　换电服务模式主导下的发展推演

（2）充电服务模式为主。电动汽车形成充电为主的服务模式，需要具备三个方面的前提条件：一是快速无损充电技术取得突破，充电速度达到加油的水平；二是大部分电动汽车制造企业生产支持充电的电动汽车，而且越来越多的住宅、商业楼宇和停车场配备了分布式充电桩；三是政府开放了电动汽车的充换电电价，充换电服务的定价机制变得灵活；电池价格和运行维护费用已经降到较低的水平。

发展到这个阶段，电动汽车充换电业务模式呈现为以下形态：一是电动汽车总保有量大幅增加，私人购买的电动汽车成为主流，大部分采用快速充电＋电池购买的模式，少数仍采用分布式充电＋电池购买的模式；二是公共交通车辆中，大部分之前采用换电＋电池租赁模式的仍将延续，但也有部分改为快充＋电池购买模式，新增的电动公共交通车辆都采快充＋电池购买模式；三是引入同时适用于充电和放电的分时电价、容量电价，客户可以选择适合的时间充电以降低成本，也使实现车网融合 V2G 增值服务成为可能。

按照发展推演，如图 6-2-7 所示，随着充电技术的快速发展，阶段一、阶段二时期换电模式占据的微弱优势，在发展到阶段三时，快速被充电模式所替代。

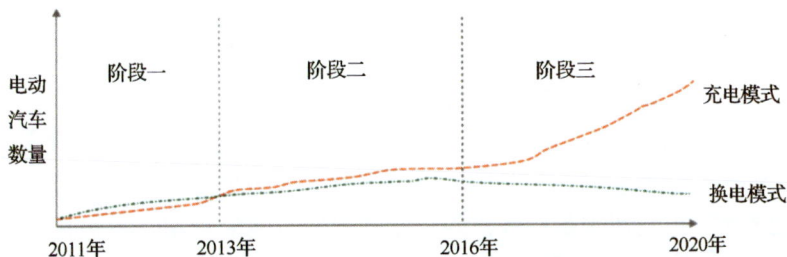

图 6-2-7　充电服务模式主导下的发展推演

2. 影响业务发展的因素

影响我国电动汽车充换电业务模式的有三个关键因素：充换电技术发展、充换电基础设施建设方式、成本。

（1）充换电技术发展。充换电技术发展包括两个部分：充电技术发展和换电技术发展。随着电动汽车的逐步推广和产业化，以及电动汽车技术的日益发展，未来充电技术势必会向着快速化、通用化、智能化、高效化和集成化的方向发展。充电技术的核心是无损快速充电技术，即如何在不损害电池使用寿命的前提下，尽可能缩短充电时间，现有的充电设备可以实现 20～30 分钟内完成充电 80%，理想状态是实现 5 分钟内充满 80% 的电，与加油速度相当。此外还包括无线充电等新型充电技术。

换电技术的核心是快速安全的车载电池自动更换技术。此外，电池组标准化、适用于电池更换的整车设计、电池安全防护等技术也很重要。除此以外，还需要车企的大力配合，现阶段，国内车企对于换电技术的研发力量和产品质量都不足以带来技术的变革。

充电技术对电动汽车充换电服务模式的影响非常大，一旦未来充电技术发展达到理想状态，就基本决定了我国电动汽车将以充电模式为主。换电模式只在换电技术达到理想状态而充电技术发展较差的情况下，才有可能成为主流。

（2）充换电基础设施建设方式。充换电基础设施建设有两种方式：一种是分布式，另一种是集中式。

目前，我国政府对电动汽车充换电基础设施的建设方式并没有给出明确的指导意见和相关政策。如果抛开政策因素，仅从经济的角度来分析，由于我国配电网建设基础较差、绝大部分客户没有固定车位，在电动汽车发展初期，大部分购买者都较为富裕并有充电条件的前提下，发展分布式充电桩是可行的，但未来电动汽车大规模发展后，仍应以建设集中式充换电站为主，否则，相应的配电网改造、增容费用将非常巨大。

在政府没有明确政策指引的前提下，我国未来电动汽车充换电基础设施的建设方式将主要由市场因素决定。由于客观条件的限制将以集中式为主，具体采用充电还是换电，由充换电技术的发展决定；但分布式充电桩也将长期存在，尤其是当客户具备条件、要求自行安装充电桩时，供电企业必须保证其可靠供电，而这将对配电网建设提出更高的要求。

（3）成本因素。对消费者来说，经济性是选择电动汽车的重要因素之一，也是其选择何种充换电服务的重要因素。在市场化条件下，建设及运营的费用将以某种方式体现在充换电服务费用中。

① 建设成本。建设成本是指建设充换电基础设施所需要花费的成本，不包括配电网建设成本。建设成本与业务模式密切相关，集中式充电模式下，相比降低每个充电站的建设成本，通过提高每个充电站的服务能力、减少充电站数量而降低成本更可行；而在分布式充电模式下，通过大批量采购，降低每个充电桩的成本更易实现。

② 电池成本。电池成本是指客户购买或者租赁电池的费用，不包括后期运行维护的费用。客户选择购买还是租赁电池，是与充换电业务模式紧密相关的：在换电服务模式下，由于客户使用的电池不停的更换，客户不愿购买电池，只会租赁电池使用；在充

电模式下，客户可以选择购买电池，也可以始终租赁电池使用。客户会综合考虑购买与租赁的成本差异来决定电池使用方式。

③ 电费成本。电费成本是客户使用电动汽车所耗费的电能成本。一般来说电费成本直接取决于电能价格，在灵活的定价机制下，可以推出更多的服务套餐组合。但无论是充电还是换电服务，电费成本都取决于政策的定价机制。

④ 运营成本。充换电运营成本包括充换电装置的运营成本和电池的运行维护成本。

综合考虑充换电装置的运营成本和电池的运行维护成本，分布式充电模式的运营成本较低，而集中式充电和换电模式的运营成本基本相同。对客户承担费用的分析，采用换电模式的客户需要承担的费用最高，其次是采用集中式充电的，采用分布式充电的最低。

通过对各个影响电动汽车充换电服务模式的关键因素的分析可以看出，充换电技术发展对电动汽车充换电业务模式的影响最大，对除服务计费模式之外的所有要素都有影响；其次是成本因素，对客户选择何种充换电模式和电池供给模式有影响；充换电基础设施建设方式和充换电服务定价机制对充换电业务模式的影响相对较小。但另一方面，上述三个关键影响因素之间又存在联系，例如，如果没有灵活的计费机制就无法利用价格手段引导客户减少换电频率，增加换电模式下的基础设施成本，从而影响成本。不同经营性质下相关业务内容对比情况见表 6-2-3。

表 6-2-3　不同经营性质下相关业务内容对比表

经营性质		报装类型	计量方式	收费标准	结算方式
经营性的	自营	专用变压器	高压计量	大工业电费（2020 年之前暂时免收基本电费）；充电服务费	由车联网平台统一收费，再根据客户消费地点进行清分结算
	第三方	专用变压器	高压计量	大工业电费（2020 年之前暂时免收基本电费）	接入车联网平台的由平台统一收费再根据客户消费的第三方公司清分结算，未接入车联网平台的直接在第三方公司结算
非经营性的		充电设备	低压计量	设备安装地电价标准	与设备安装地消耗电能一起结算

四、能效服务

能效是用能设备输出的有效能量与输入的总能量之比。从可持续发展角度看，能效服务就是在尊重生态文明的前提下，通过运用各种技术手段，以更少的能源投入获取更高的效益产出。加强能效服务，不但有利于电网企业拓展电力营销业务，扩大电力消费市场，更有利于高能效设备的推广使用，促进国家用能设备生产商供给侧改革。

（一）合同能源管理与节能服务

合同能源管理（energy performance contracting，EPC）是一种市场化的节能机制和商务模式，20 世纪 70 年代在西方发达国家开始兴起，通过采用先进的节能设备，制定终端能效提升方案，开展科学管理，达到降低电力需求和电量消耗的目的。在智能电网环境下，合同能源管理是电网企业可涉足的一项新兴业务。

1. 合同能源管理的意义

合同能源管理机制 EPC 是一种以节省的能源费用来支付节能项目全部成本的节能投资方式。如图 6-2-8 所示，这种节能投资方式允许客户使用未来的节能收益，为工厂和设备升级，降低目前的运行成本，提高能源的利用效率。

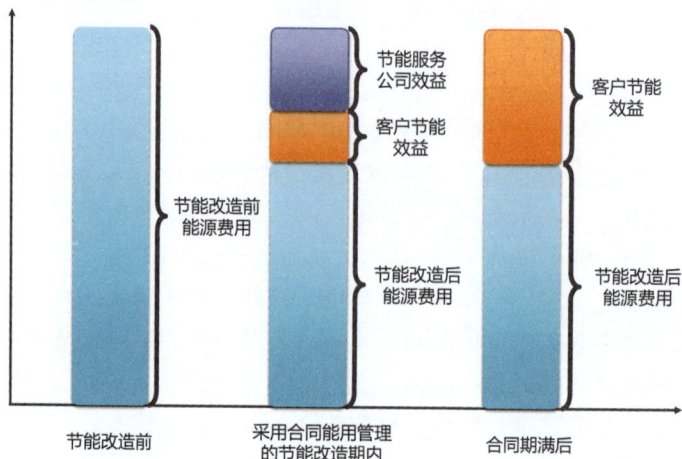

图 6-2-8　合同能源管理图解

从事该项服务的节能公司，通过与客户签订节能服务合同，帮助客户降低能耗成本。这类公司收到国家的支持和鼓励，并享受财政奖励、营业税免征、增值税免征和企业所得税免三减三的优惠政策。

2. 基本业务类型及流程

参与合同能源管理的主体关系如图 6-2-9 所示。按照投资主体和利益分配方式不同，合同能源管理与节能服务的类型主要包括以下四种。

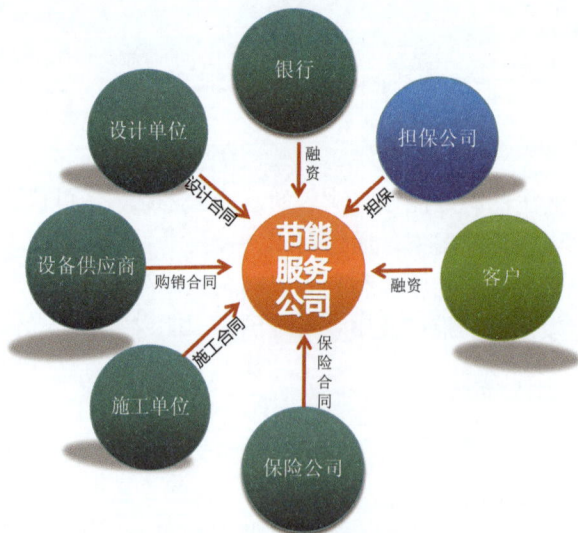

图 6-2-9　参与合同能源管理的主体关系图

（1）节能效益分享型。节能改造工程的全部投入和风险由节能公司单独承担。项目建设施工完成后，经双方共同确认节能量后，双方按合同约定比例分享节能效益。项目合同结束后，节能设备所有权无偿移交给客户，以后所产生的节能收益全归客户。这种类型是我国政府大力支持的一种服务模式，并可以申请国家合同能源管理财政奖励和税收优惠。

（2）能源费用托管型。客户委托节能服务公司出资进行能源系统的节能改造和运行管理，并按照双方约定，将该能源系统的能源费用交付节能服务公司管理，系统节约的能源费用归节能服务公司。如图 6-2-10 所示，项目合同结束后，节能公司改造的节能设备无偿移交给客户使用，以后所产生的节能收益全归客户。

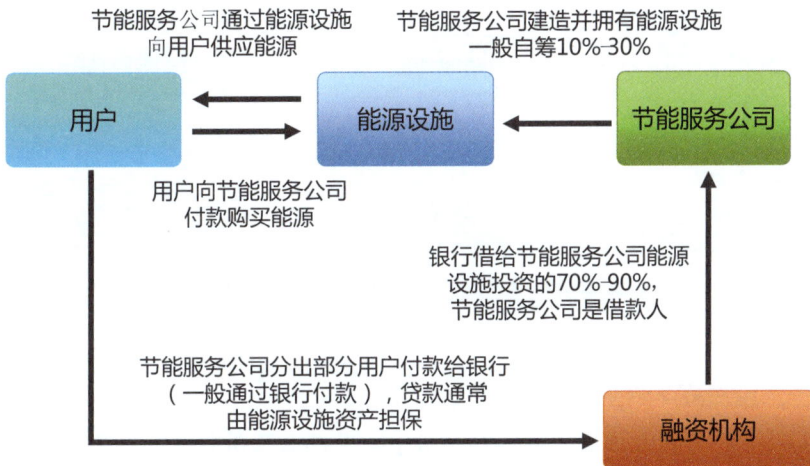

图 6-2-10　能源费用托管型商业模式

（3）节能量保证型。客户投资，节能服务公司向客户提供节能服务并承诺保证项目节能效益。如图 6-2-11 所示，项目实施完毕，经双方确认达到承诺的节能效益，客户一次性或分次向节能服务公司支付服务费，如达不到承诺的节能效益，差额部分由节能服务公司承担。

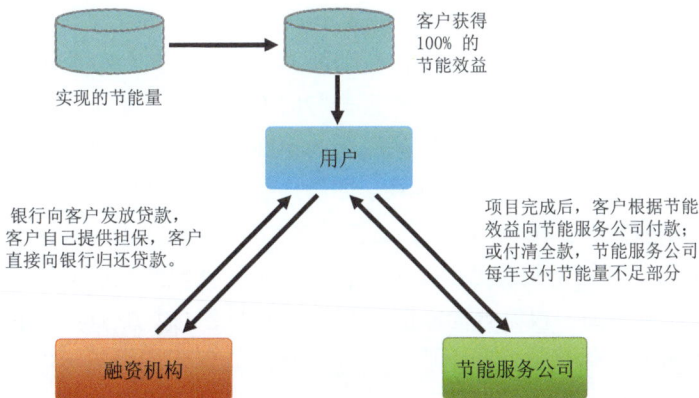

图 6-2-11　节能量保证型商业模式

（4）融资租赁型。融资公司投资购买节能服务公司的节能设备和服务，并租赁给客户使用，根据协议定期向客户收取租赁费用。节能服务公司负责对客户的能源系统进行改造，并在合同期内对节能量进行测量验证，担保节能效果。项目合同结束后，节能设备由融资公司无偿移交给客户使用，以后所产生的节能收益全归客户。

实际工作中，也可将以上四种基本类型进行任意组合，形成混合类型。

（5）业务流程。如图 6-2-12 所示，合同能源管理的主要业务流程如下：

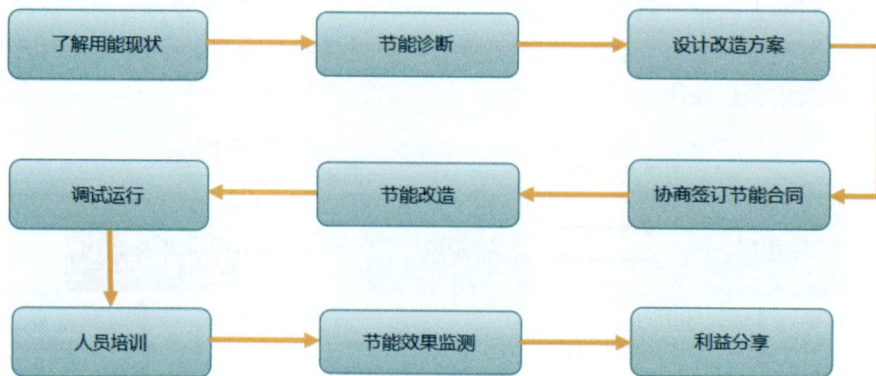

图 6-2-12　合同能源管理业务流程图

节能公司首先与用能单位进行初步接触，了解用能单位的经营现状和用能系统运行情况。然后，针对客户的具体情况开展节能诊断，设计改造方案，包括项目实施方案和改造后节能效益的分析及预测，使客户充分了解节能改造的效果。双方意向明确的情况下，开展节能服务合同的谈判与签署工作，一般合同期为三至十年左右。在节能改造实施过程中，节能公司负责项目的设计、融资，原材料、设备采购、施工安装等工作。在调试成功并投入使用后，节能公司同时负责日常运维保养，培训客户相关人员，以确保他们能够正确操作及保养、维护改造中所提供的先进设备和系统。通过长期开展能耗基准、节能量的监测，确认节能量，实现节能服务双方的效益分享。

3. 电网企业节能服务的角色

提升能源效率是实现能源领域和社会生态可持续发展的重要途径。2016 年 2 月份，在节能服务产业年度峰会上，中国节能协会节能服务产业委员会（EMCA）主任吴道洪作了题为"'十二五'节能服务产业发展报告"的专题报告。他认为，伴随着政策导向的日益明晰、节能理念的持续传播和优惠政策的不断发酵，节能服务的覆盖面将进一步扩大。从传统的工业领域到社会公共领域，如供热供汽、天然气冷热电三联供、光伏发电等，能源服务的发展范围进一步增大。面对终端节能引起的售电份额下降，以及售电利润的不断被挤压，电网企业或可积极拓展合同能源管理与节能业务，弥补利润缺口。

（1）成为节能服务商。根据合同能源管理与节能服务的类型不同，电网企业利用自身的技术优势和客户群体优势，成立服务主体，直接从事节能服务工作，在市场竞争中谋求一方利益。

（2）成为节能开发投资商。长期以来，困扰节能产业发展的症结在于"融资难、融资贵"。电网企业可以发挥资金优势，通过组建节能服务产业基金、发行绿色债券、开展能效信贷、实行融资租赁、股权投资、设立合同能源管理保险等，开展节能金融投资服务，获得附加收益，同时，推动节能产业的商业化运营，获取社会效益。

（二）电能替代业务

频发的严重雾霾引起了全社会对环境保护的高度关注，进而引发了对我国用能种类及方式的深刻反思。"以电代煤、以电代油、电从远方来、来的是清洁发电"等新思维、新举措，无疑是治理大气污染和维护社会可持续发展的一剂良药。电能替代是用"电能"替代"散烧煤、燃油等"一次能源，改变的是终端能源消费方式，如电采暖、地能热泵、工业电锅炉（窑炉）、农业电排灌、电动汽车、靠港船舶使用岸电、机场桥载设备、电蓄能调峰等。

1. 开展电能替代的意义

尽管火力发电也会产生三废（废气、废水、废渣），但由于是集中、规范处理，且国家对发电厂的排放物有严格的标准及控制手段，因此，对环境的影响可降到最低；而燃煤锅炉、燃油（气）汽车等产生的三废排放特点是：分散、移动、无处理、直排式，直接污染了空气及水源。所以，电能具有清洁、安全、便捷等优势，实施电能替代对于落实国家能源战略，促进能源消费清洁化，具有十分重大的意义。主要体现在三个方面。

一是有利于改善环境。当前，环境污染问题已成为全球瞩目的焦点。有分析研究表明，我国所使用的散烧煤和汽车、飞机辅助动力装置、靠港船舶燃油等，是造成大气污染的重要源头。以散烧煤为例，目前国内在用的工业燃煤小锅炉超过70万台，一年散烧约18亿吨煤，其烟尘和二氧化硫分别占到全国总排放量的41.6%和22.2%。而散烧一吨煤排放的污染物，是电厂等大型锅炉处理后的十倍以上，也就是说，散烧18亿吨煤的排放量相当于180亿吨以上电厂用煤燃烧产生的污染，且散烧煤的污染物排放特点是量大面广，排放贴近地面，对环境质量影响很大。所以，在重视生态建设、倡导"绿色经济"成为共识的前提下，全面推行电能替代，鼓励使用清洁能源，可以从源头遏制环境污染，破解以牺牲环境换取社会经济快速发展的困局，建立人与社会和谐共存、产业链条良性循环的健康生态。

二是有利于构建新型的电力消费市场。家庭绿色消费比重的提升，可以让人们享受更加舒适、便捷、智能的电能服务，提高人民的生活质量；工业电气化地推进，有利于提升产品附加值，推动产业结构转型和升级，促进节能减排。为大力促进清洁能源消费，国家计划在2020年前，实现能源终端消费环节电能替代总量约1.3亿吨标煤的目标，带动电能占终端能源消费比重提高约1.5%，达到约27%，形成节能环保、便捷高效、技术可行、广泛应用的新型电力消费市场，提升我国电气化水平。

三是有利于清洁能源消纳和缓解电网调峰困难。随着环保意识的提高和相关技术的进步，我国对风能、太阳能、海洋能等能源的利用率在逐年提高。由于设备用能大多为用电方式，因此，对于大部分的清洁能源来说，转化为电能才能发挥其真正作用。所以，推进电能替代，不仅可扩大电力市场需求，还可促进供需两侧对清洁能源地消化。

同时，通过提升用电客户的终端能效，可缓解高峰时段供需紧张的局面。

2. 电能替代涉足领域

近日，国家发改委、国家能源局等八个部门，联合印发了《关于推进电能替代的指导意见》，提出了发展电能替代的重点领域，为电力市场开拓指明了方向。

（1）采暖领域。对采暖领域的市场开拓业务主要集中在四个方面。

一是存在采暖刚性需求的地区。重点对燃气（热力）管网覆盖范围以外的学校、商场、办公楼等热负荷不连续的公共建筑，用碳晶、石墨烯发热器件、发热电缆、电热膜等分散电采暖替代燃煤采暖。

二是燃气（热力）管网无法达到的老旧城区、城乡结合部或生态要求较高区域的居民住宅。重点推广用蓄热式电锅炉、热泵、分散电采暖等替代燃煤采暖。

三是农村地区，推广采用太阳能、生物质压块、地热资源等新型农村供暖供热模式替代散煤取暖。

四是新能源富集地区。利用低谷富余电力，实施蓄能供暖。

（2）生产制造领域。对生产制造领域的电能替代市场开拓业务主要集中在四个方面。

一是生产工艺需要热水（蒸汽）的各类行业，推广蓄热式与直热式工业电锅炉应用，比如，服装纺织、木材加工、水产养殖与加工等行业，推广蓄热式工业电锅炉。

二是金属加工、铸造、陶瓷、岩棉、微晶玻璃等行业，推广电窑炉。

三是采矿、食品加工等企业生产过程中的物料运输环节，推广电驱动皮带传输。

四是开发电制茶、电烤烟、电烤槟榔、农业节水灌溉、机井通电等特殊电能替代市场。

（3）交通运输领域。对交通运输领域的电能替代市场开拓业务主要集中在三个方面。

一是开展电动汽车充换电基础设施建设，推动电动汽车普及应用。

二是在沿海、沿江、沿河港口码头，推广靠港船舶使用岸电，及电驱动货物装卸。

三是推广空港陆电等新兴项目，应用桥载设备，推动机场运行车辆和装备"油改电"工程。

（4）电力供应与消费领域。对电力供应与消费领域的电能替代市场开拓业务主要集中在两个方面。

一是可再生能源装机比重较大的电网，推广应用储能装置，提高系统调峰、调频能力，更多地消纳可再生能源。

二是城市大型商场、办公楼、酒店、机场航站楼等建筑，推广应用热泵、电蓄冷空调、蓄热电锅炉等，促进电力负荷移峰填谷，提高社会用能效率。

（5）家居生活领域。对家居生活领域的电能替代市场开拓业务主要集中在两个方面。

一是倡导家庭电气化。广泛使用各种家用电器，实现厨房电器化、家居电气化和洁卫电气化，提高电能在家庭能源消费中的比重。

二是鼓励家庭分布式电源并网。在政策激励、能效提升等刺激下，引导家庭积极生产、传输和使用清洁能源，让家庭都成为电网中的一个绿色单元，提升整个社会的节能环保意识。

3. 电能替代的成功案例

(1) 浙江师范大学升级改造炊具。2015 年，浙江师范大学提出"创建节约型学校"。在实施节能减排改造中，该学校经过认真权衡比较，最终选择对饮食中心下属的七个食堂进行炊具提升改造：淘汰两台（4 吨×2）燃煤锅炉、三台（共 7 吨）燃油锅炉，同时新增米饭生产线一条、洗碗机五台、蒸饭锅十台、电蒸台五台、开水器十台等以电为能源的设备，并将食堂蒸汽设备全部改用新型环保、节能、高效的电锅炉（蒸汽发射器），共计二十五台。炊具提升改造工程总投资 550 余万元，初步测算，预计每年可以减少烟尘排放约 63 吨、二氧化硫约 17.9 吨、二氧化碳约 5.6 吨。相关管理人员、操作人员经费下降 50%。

(2) 宁波港高压岸电示范工程。宁波港每年要装卸 1870 万个标准集装箱，巨大的吞吐量背后，是轮船停泊时对海港的污染。据了解，远洋船主要使用燃料油提供动力。船用燃油的含硫量是车用柴油的 1000 至 3500 倍，一艘中型集装箱船靠港期间一天排放的 PM2.5 总量，最多相当于 50 万辆国四标准小汽车一天的排放量。相比船舶在行驶时产生的污染，船舶入港停泊时使用辅机发动，燃料油燃烧不完全，产生的污染更为严重。

近年来，宁波港一直积极开展船舶接岸电设施建设，已建成六十个低压常频接电点，在全国港口中，接电点最多、覆盖面最广、接电船舶艘次最多，电能替代最好。据统计，自 2010 年以来，累计接岸电船舶超过六千艘次，累计用电约 1100 万 kW·h，节约燃油成本 480 万元，减少二氧化碳、硫氧化物等污染物 1500 多吨。电能替代综合效果十分明显。

五、需求响应服务

电力需求侧管理发源于美国，它是人们应对能源危机而发明的管理方法。电力需求侧管理（demand side management，DSM）是指在政府法规和政策支持下，采取有效的激励和引导措施以及适宜的运作方式，通过电网企业、能源服务企业、电力客户等共同协力，实现科学用电、节约用电、有序用电所开展的相关管理活动。加强电力需求侧管理，可以在满足供需平衡的情况下，取得平滑负荷曲线、减少发电成本、节约电网建设投资、实现节能增效等综合效益。

随着可再生能源和分布式技术的广泛应用、节能减排目标不断提高，一些欧美发达国家的能源格局日益复杂且动态化，需求侧管理不但成为节约能源的重要途径，而且成为应对这些变化的可靠途径。

（一）需求响应的意义

电力需求响应属于需求侧管理的范畴，主要采用价格和激励机制引导客户，实现电能灵活配置，市场特性较为突出。在欧美发达国家，"电力需求响应整合商"是美国电力市场中低成本高获利的商业模式之一，但这个行业在中国的应用一直未成气候。

（二）需求响应业务的分类

按照客户不同的响应方式，电力市场下的需求响应可以分为两个类别：一种是基于价格的需求响应，另一种是基于激励的需求响应。

1. 基于价格的 DR（price based DR）

基于价格的 DR 是指客户根据收到的价格信号，相应地调整电力需求。主要包括分时电价响应、实时电价响应和尖峰电价响应。

分时电价 TOU（time of use pricing）响应如图 6-2-13 所示，是将固定电价转变为不同时段的差异价格机制，用电低谷价格下降，用电高峰价格上升，如峰谷电价、季节电价等，调节负荷运行曲线。

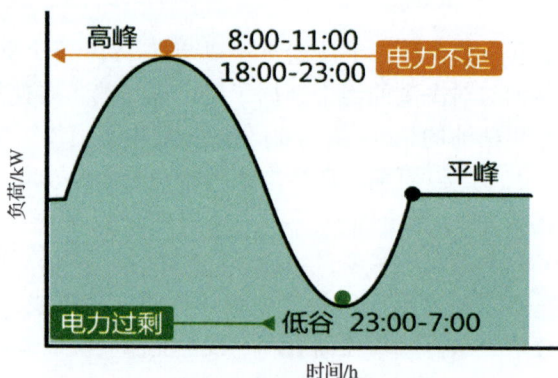

图 6-2-13　分时电价需求响应图

实时电价 RTP（real time pricing）响应如图 6-2-14 所示，以一小时或更短的电价更新周期，来调节峰谷用电需求，平滑负荷曲线。这种方式使其在应对短期容量短缺上，效果要优于分时电价业务。

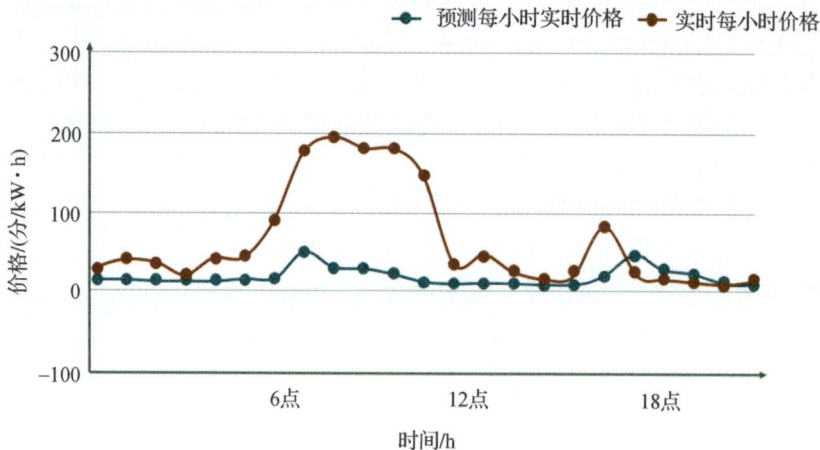

图 6-2-14　实时电价需求响应图

尖峰电价（critical peak pricing，CPP）响应如图 6-2-15 所示，预先对尖峰价格进行设定，提前一定时间通知客户，或与客户达成协议，再结合分时电价、实时电价和动态的尖峰电价开展业务，可以起到抵御突发用电高峰的效果。

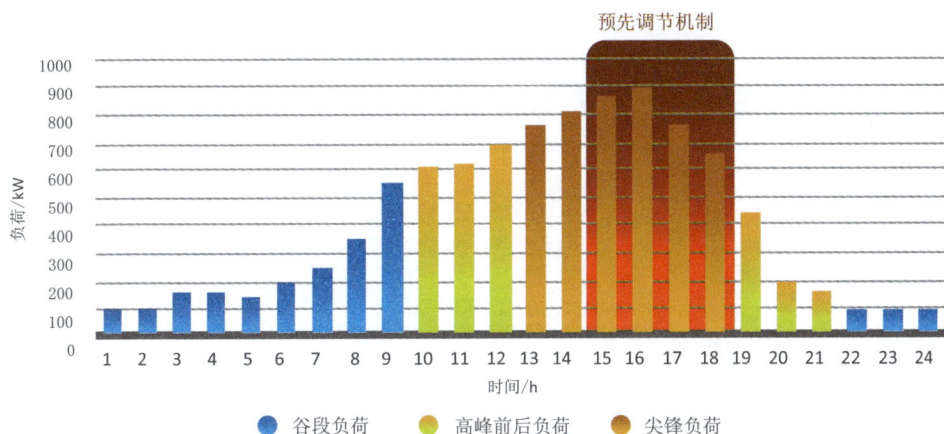

图 6-2-15　尖峰电价需求响应图

2. 基于激励的 DR（incentive based DR）

基于激励的 DR 是客户需要时主动减少电力需求，以获得补偿，主要包括直接负荷控制、可中断负荷、需求侧竞价、紧急电力需求响应。

所谓直接负荷控制（direct load control，DLC）是提前通知客户后，执行机构远程控制客户设备避开高峰。在传统的负荷管理中，特别是在迎峰度冬、迎峰度夏等电力供需紧张时期，或负荷超限威胁电网安全稳定时，电力调度部门往往采取直接负荷控制的手段紧急应对。

可中断负荷（interruptible load，IL）与直接负荷控制类似，不过需要得到客户同意方能控制设备开、关，比如限电、可中断负荷、对用电轮流安排停产（停机开机）等。

需求侧定价（demand side bidding，DSB）是以竞价形式主动参与市场竞争，以敏感价格引导负荷曲线变化。

紧急电力需求响应（emergency demand response，EDR）是当电力系统稳定性受到威胁时，供电方为客户减少负荷而提供补偿，客户则自愿选择参与或放弃。

(三) 欧美发达国家需求响应业务运营情况

1. 美国需求响应业务运营情况

美国电力市场环境开放，是目前世界上实施需求响应项目最多、种类最齐全的国家。它主要有三种典型的商业运作模式：政府直接管理模式、电网公司管理模式和独立第三方管理模式。

在项目应用方面，美国的分时电价和实时电价需求响应较为普及，尖峰电价响应只针对部分大型工商业客户和普通居民客户。直接负荷控制项目在美国已经采用了四十多年，最常用的 DLC 项目就是空调、热水器和水池水泵等用电设备的远方控制和调节。

全美各州可中断负荷项目的开展则各具特色,详见表 6-2-4。比如,加州的可中断负荷,主要以运营负荷参与计划和需求削减计划为主;纽约电力市场中的可中断负荷,参与日前现货市场或运行备用市场;PJM 的可中断负荷,分为紧急负荷响应计划和经济负荷响应计划等。

表 6-2-4 美国各州可中断负荷项目开展情况

公司	项目名称	最小规模	价格激励	惩罚
安大略独立市场运营商	紧急需求侧响应	—	实时价格	—
美国国有公用事业公司	可选择的负荷约束削减	15%的总负荷削减,每次 5%	参与者不被强制限电	超用电量支付 6000 \$/(MW·h)
PJM	紧急负荷响应	100kW	500 \$/(MW·h) 或区域价格的高值	—
加州独立系统运营商	需求缓解项目	1MW 负荷削减	500 \$/(MW·h)	与反应情况考核挂钩的容量费
圣地亚哥天然气电力	紧急负荷削减项目	从最大需求量削减 15%,每次最少 100kW	200 \$/(MW·h)	—
纽约 ISO	紧急需求侧响应项目	100kW 每区	500 \$/(MW·h) 和实时价中取最大值	—

在运营成果方面,如表 6-2-5 所示。如果美国采用全参与的负荷削峰方案,到 2019 年,可以削减的高峰负荷量,相当于消纳全美十年内的电力需求增长。

表 6-2-5 美国需求响应项目可实现的负荷消减　　　　(单位:MW)

类型	项目名称	工商客户	居民	批发市场	其他	合计
基于电价	尖峰电价	401	30	100	88	619
	结合 DLC 的尖峰电价	129	8	0	13	149
	实时电价	1117	4	0	0	1121
	分时电价	2132	100	35	19	2285
	其他	242	142	1000	56	1440
基于激励	需求侧竞价/回购计划	1251	0	2750	17	4018
	直接负荷控制	1687	5568	793	957	9005
	紧急需求响应	1375	163	11493	11	13042
	可中断负荷	9524	50	1033	371	10977
	容量备用	3503	1124	4110	53	8790
	调频服务	0	0	10	0	10
	其他	46	0	1560	0	1606
总计		21045	7189	22884	1584	53062

2. 欧洲需求响应业务运营情况

欧洲共有八大区域性电力市场，各自有不同的市场规则及技术标准，没有一个整体性的需求响应实施计划。因此，欧洲各国所开展的需求响应项目如表 6-2-6 所示，主要依据于各自制定的方案和规则。据统计，欧洲各国需求响应项目平均可削减峰值负荷的 2.9%。

表 6-2-6　欧洲国家 DR 实施模式

地区	项目类型	实施模式
英国	分时电价可中断负荷	提供多种分时电价费率 可中断负荷合同形式包括：短期运行备用、快速备用、稳定电网频率响应
挪威	可中断负荷需求侧竞价	依据提前通知时间和终端持续时间可分为以下几类：1. 提前 15min 通知，中断时间没限制，削减负荷的 5%；2. 提前 2h 通知，中断持续时间没有限制，削减负荷的 25%；3. 提前 15min 通知，中断时间持续 2h，削减负荷的 75%。目前针对模式 1、2、3 的中断电价分别是 2.75 欧元/kW·h、10.83 欧元/kW·h 和 32.63 欧元/kW·h。
芬兰	可中断负荷	芬兰电网通过与工业客户签订年度双边协议来获取电力需求侧资源，且用作调频备用和快速备用。
西班牙	分时电价可中断负荷	分时电价包含 6 种不同时段：电力高峰季节时的峰、平电价，中等季节的峰、平电价以及低谷季节的平、谷电价。 根据提前通知时间（0~2h）和可终端持续时间（1~12h），可以将合同划分成 5 种不同的类型。一年内，中断发生的时间可以达到 240h，一天最多中断一次，一星期最多中断 5 次。
法国	分时电价	分时电价项目针对于用电负荷大于 9kW 的客户。电价由标记颜色（红色价格最高，白色次之，蓝色最低）和峰谷平时段共同决定，其中红色峰时段电价最高为 0.517 欧元/kW·h，蓝色谷电价最低为 0.057 欧元/kW·h。参与者每日下午 5:00 提前被告知下一天的价格安排，客户可以调整他们的负荷曲线以减少峰时段电力消费。

（四）我国需求响应业务的运营及发展

20 世纪 90 年代末，原国家经贸委将电力需求侧管理引入我国。进入 2000 年之后，国家发改委、国务院办公厅先后下发了一系列相关文件来推动这项工作。2015 年 7 月 28 日，国际环保组织自然资源保护协会与英国牛津大学在京联合发布了《上海需求响应市场潜力及效益评估》，认为 2014 年起在上海进行的电力"需求响应"试点项目取得显著效果，有助于节能减排。但这个典型案例，并不能说明我国的需求响应业务已经广泛进入到市场化运作的范畴。

1. 我国需求响应业务现状

我国需求响应还不是严格意义的市场行为，带有浓厚的行政管理色彩，客户参与度很低。最典型的就是在电力供需紧张时期提出的"有序用电"。

为了加快市场发展，近年来，国家相继出台了一些支持政策，还在一些经济较为发达地区开展了试点工作，比如，在延续分时电价、高峰电价基础上，2012 年在全国范围内全面推行居民阶梯电价，建立分级用电价格机制；2004 年开始，选取江苏、河北、福建、上海、浙江等省市，开展可中断负荷的实践工作等。总体而言，我国的需求响应业务运营还处于起步阶段，相比发达国家，不论是在环境、政策，还是项目、技术等方面，都存在较大差距。具体如表 6-2-7 所示。

表 6-2-7　中国与欧美发达国家需求响应运营情况对比

条件	欧洲	美国	中国
环境	一些地区电力市场的设计妨碍了需求响应的发展	利用电力市场条件的优越性，推出了基于市场的需求响应产品	电网公司统一管理模式，利于需求响应新技术和防范的推广
政策	政府给予大力支持	政策相对完备	处于建章立制、积极完善阶段
项目	集中为可中断负荷和分时电价	需求响应项目多、种类广	需求响应项目形式较少
客户	起步早，客户对 DR 接受度较高	起步最早，客户具有参与积极性	起步较晚，客户对 DR 理解有限
技术	智能电能表普及率高，负荷控制技术和通信技术应用广泛且建立了行业技术标准	1. 大量先进技术得到推广和使用 2. 拥有专门的技术研发机构和众多的技术供应商	1. 正在积极开展分时表计和负荷控制装置的全覆盖工作 2. 国家电网公司广泛应用电力负荷管理系统
潜力	欧洲各国未来可挖掘的 DR 潜力依然较大	需求响应措施未来最高可削减峰荷的 20%，可消化全美十年内的电力需求增长	各行业在不同程度上具有削峰潜力，尤其是建材和机械制造行业潜力很大

2. 电网企业需求响应业务发展经验借鉴

电改"9 号文"将"积极开展电力需求侧管理和能效管理，完善有序用电和节约用电制度"列入五项基本原则重要内容，明确要"通过运用现代信息技术、培育电能服务、实施需求响应等，促进供需平衡和节能减排"。从政策层面来看，需求响应业务属于国家鼓励和发展的新兴业务，前景广阔。从发展对比来看，国内的需求响应业务还存在很多待开发的领域，拥有巨大的发展潜力和开拓空间。从技术发展角度来看，测量、自动控制等技术进步，将给电网企业拓展业务领域带来新的思路。

（1）升级家庭自动需求响应。传统的家庭需求响应业务多采用人工配合操作的方式进行，存在反馈延时、调整粗放等弊端。2014 年底，日本针对节能开展了一项自动需求响应实证试验。如图 6-2-16 所示，使用 ADR 国际标准规格 OpenADR2.0（OpenADR 是一个通信数据模型，定义了电力服务提供者和消费者之间信息交换的标准和规范），在电力供应紧张时，自动向客户发出节电要求信号（以下简称 DR 信号），家庭、企业等用电方自动接收 DR 信号，用能源管理系统（EMS）控制用电量，对 DR 结果自动进行报告，实现了供需自动匹配，调节更加精准、响应更加快速。动态调控带来的累加效应，可大幅降低电网企业的运营成本。

（2）电动汽车业务需求响应。如图 6-2-17 所示，可以通过 V2G（Vehicle-to-grid）技术对无线传感器网络进行设计部署，将测量和控制节点预先设置在家用电器、电动汽车、家用蓄电设备等关键用电设备上或插座中，实时检测用电量及用电功率，并通过控

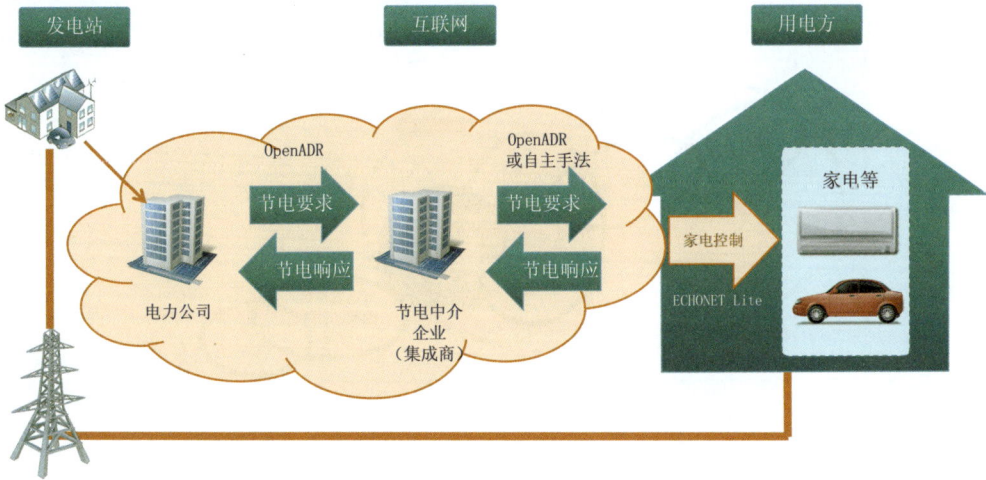

图 6-2-16　利用 OpenADR 的需求响应整体概念图

制器控制电力的通断，实施自动充电和富余发电。将需求响应业务与电动汽车业务相结合，可以让电动汽车这个"移动电源"在电网供需平衡中，起到灵活调节和补充的作用。

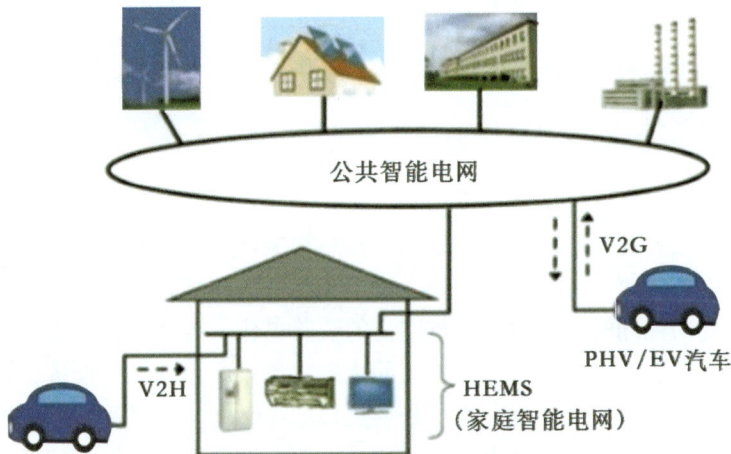

图 6-2-17　电动汽车自动需求响应构想图

（3）新能源应用需求响应。已经出现的欧盟智能生态电网（Ecogrid EU）项目被誉为未来欧洲智能电网发展的典范，如图 6-2-18 所示。项目的最大特点在于，允许小容量的分布式电源和终端客户参与。

与现有的电力报价相反，Ecogrid EU 市场是一个无报价的实时市场，实时市场运营商设定五分钟间隔的实时电价，而小容量分布式电源、终端客户将会根据接收到的实时电价，做出提供平衡资源的响应。

随着分布式能源、可再生能源等新能源的广泛接入，这种需求自动响应相当于建设了一个大型的"虚拟电厂"，分布式能源之间、电源与客户之间、大电网和微电网之间，

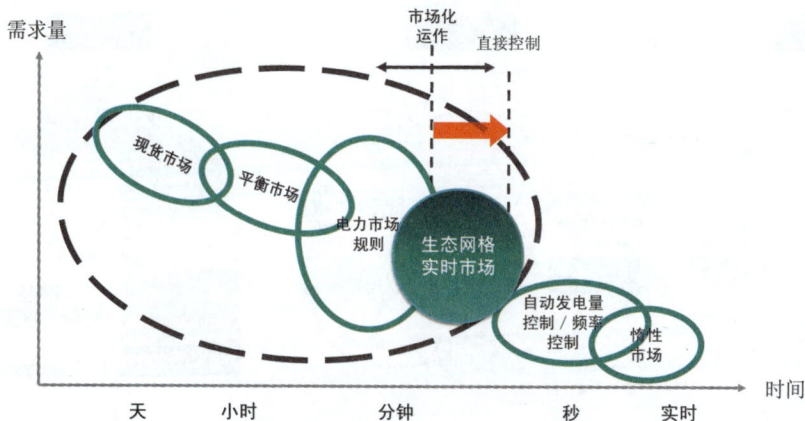

图 6-2-18 欧盟智能生态电网自动需求响应图

将建立一种自我管理机制，构建从平台到局部的动态平衡。

第三节 业务延伸与跨界

由于"互联网＋"等新技术的广泛应用，电网企业的营销业务也呈现出纵向延伸和横向跨界的趋势。纵向看，延伸增值服务有表后代维、四表合一、智能用能等服务；横向看，新增了电力大数据和电力金融等业务。这将丰富产业价值链，并提升电网企业的竞争力和持续发展力。

一、延伸增值服务——表后代维服务

按照《电力法》和《电力供应与使用条例》相关规定，长期以来，电网企业一直将客户产权分界点作为服务的边界。随着人民生活水平的提高，日常家用电器的电气化水平不断提高。但与此同时，客户资产范围内的线路老化、日常维护缺乏、使用不当等问题给客户放心用电、安全用电带来了极大的忧患。当家中出现电气设备故障或需要专业人员对电气设备安装进行指导时，往往是客户自己不会做，却又不知道向谁求助。

面对广大电力客户的迫切需求，可以充分发挥电网企业专业技术精湛、经验丰富的优势，通过对客户资产范围内常见的电力线路故障、设备故障等实行"电保姆"式的有偿服务，延伸供电服务到"家"，消除客户用电的后顾之忧，构建和谐的用电环境。

（一）服务范围

所谓表后代维服务，是指电网企业为客户提供解决属于客户产权范围内问题的服务。一般通过资产产权分界点来划分代维服务范围（见图 6-3-1 中"资产分界点"右区域）。主要包括产权属用电客户的高低压线路、变压器、配电屏与客户电能表以下低压线路、各类开关、刀闸、漏电保护器、电灯以及供用电合同规定的产权属用电客户的其他电力设施维护和故障排查工作。

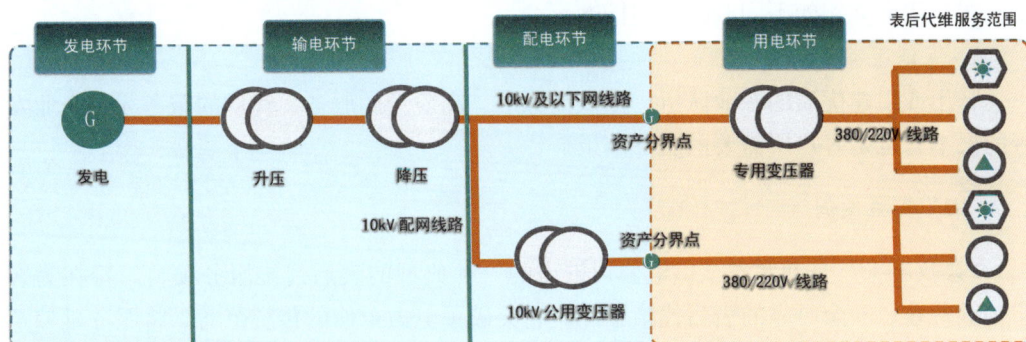

图 6-3-1　表后代维服务的业务范围

（二）延伸前提

表后代维服务是在提供优质服务的基础上，为客户提供额外的增值服务。电网企业能否成功实现此类业务的延伸，须具备的必要条件：一是做到不可替代。面对客户电力线路和设备故障的排查，电网企业与其他能源服务商相比，在服务时间沿革和服务场景上虽有自然的延展性，但在人力资源和技术储备上更要具有不可替代性；二是服务具有增值性。提供的延伸服务必须是有偿服务，才可以为电网企业带来经济效益。

电力营销优质服务是延伸服务的必要前提。只有在做好本职工作的基础上，才可能提供延伸服务，否则，就是舍本逐末。那种把优质服务与有偿服务视为对立做法，都是短视行为，因为，优质服务本身是我们立足市场的根本，也是电力产品价值的一种体现。社会上其他口碑较好的企业，其客户都有这样的体会：一旦成为这些企业的客户，你就会对他出类拔萃的服务产生很深刻的印象，并具有很高的忠诚度。

（三）发展前景

表后代维服务得到了政府和用电客户的充分认可，同时为电网企业带来了短期或长期的效益，实现了用电客户和电网企业的双赢局面，形成了一种新经济增长模式。表后代维服务将是电网企业开展智慧电务的新蓝海，前景远大。要提供优"质"的表后代维有偿服务，必须要求做到以下几点。

1. 宣传服务内容

营造良好的社会舆论氛围，实现服务和效益的统一，进行科学的宣传，改变电力客户"优质服务就是无偿服务"的错误观念，明确权利和责任界线，明确效益与服务内涵；根据不同客户，分类广泛宣传电网企业与客户产权分界点。

2. 制订收费标准

根据各地的经济状况，电网企业制订适合本地实际情况的有偿服务标准，并报物价部门批准。细化客户类别，考虑服务环境，兼顾社会的弱势群体，对电力客户端的延伸服务范围和收费标准进行明确公示。

3. 规范服务流程

制订运营管理办法，对材料、工艺、服务流程等做规范化要求，并可根据城乡差别、客户用电类别的不同制订不同标准。

4. 保证服务质量

聘用或组建优质的专业队伍，提供高标准、高质量的服务，优质的服务才是企业发展的根本，也是客户所需要的服务结果。

（四）实施案例

"家政电工"是湖北省某供电公司推出的一项典型的表后代维服务项目，旨在为客户提供专业、安全可靠的表后代维服务。它突破了电力抢修的传统范畴，将服务延伸至线路的"最后十米"，即客户室内的线路、开关、插座、灯头、空调、冰箱等，并受客户委托购买、更换、安装、调试和维护电气设备等。主要解决客户与电网企业产权分界点以后的客户内部电力设施故障维护、抢修问题。

"家政电工"的推出，在社会上引起了热烈的反响，得到客户的普遍欢迎，短时间内发展会员近二十万户，填补了表后服务的"盲点"，彰显了电网企业良好的社会形象。具体做法如下。

1. 明确服务定位

"家政电工"的服务对象为：居民家庭客户、商业及事业单位客户、工厂客户。服务范围为：一是居民、商业客户内部电气线路、开关、插座、照明灯等用电设备的故障排查；二是受居民、商业客户委托购买、更换、安装、修缮电气设备；三是居民、商业客户内部电路设计及其他电力服务需求项目；四是企、事业单位内部电气设备运行维护、检修试验、技改大修及其他电力服务需求项目；五是电力设备租赁。

2. 完善服务内容

一是建立健全"家政电工"客户用电信息，并及时和供电所联系，向客户提供电费交纳、计划停电检修及事故停电原因、计划送电时间等信息。二是向客户提供全天候二十四小时故障报修、业务咨询服务。三是指定具有资质的专业人员上门服务，并按相关流程和时限承诺，及时处理故障，得到客户确认后礼貌向客户道别。四是建立会员客户回访制度，听取客户对服务态度、工作质量、处理时限及处理结果等的意见和建议。五是向客户推广节约用电、安全用电、科学用电等知识。

3. 规范服务模式

为了确保"家政电工"可持续发展，为广大客户提供质优价廉的服务，"家政电工"采用会员制保本经营的服务模式，客户自愿申请成为会员。这种模式具有共济互助的性质，借鉴保险业"众人抬一"的思路，通过低偿收费，迅速扩大服务对象的规模，形成资金滚动效应。为单一会员提供性价比更高的服务，从而有效解决单一客户所需"家政电工"的服务总量不大、频次不高，但又期望"专业服务，质优价廉"的矛盾，在广大电力客户中构建起了一种供用双方互助共赢的用电服务保障体系。

4. 宣传服务品牌

为快速推广"家政电工"服务品牌，提升广大电力客户对服务的认知度，该公司加大对"家政电工"的宣传力度，举办了"电力家政服务"启动仪式，"电力95598真诚服务千万家"大型文艺晚会，拍摄了专题片，与广播电视部门联合开展"同家园共和谐——欢乐小区行"活动。同时，各营业厅设立"家政电工"宣传展板，发送宣传短信，95598服务热线配合组织编制"家政电工"标准解答，全方位开展服务宣传活动。公司还通过在地方主流报纸上设立专栏、在电视台黄金时段播出宣传片、在市内繁华地段投放广告、在营业柜台发放宣传彩页、定期在广场和高档小区等地进行现场推广等多途径、全方位宣传"家政电工"，使这项服务迅速引起社会各界关注，为服务推广营造了良好氛围。

5. 加强队伍建设

"家政电工"所有服务人员都是经过专业培训的。培训内容包括基本道德和技能、仪容仪表、行为举止、现场服务基本要求等，并经考试合格后持证上岗。同时，制定了《员工行为规范考核管理制度》，要求在服务中做到"一二三四五"，即一张证，上门出示一张上岗服务证；二公开，公开统一收费标准、公开维修安装记录单；三到位，清理现场到位、通电演示到位、讲解用电注意事项到位；四不准，不准喝客户一口水、不准吸客户一支烟、不准吃客户一顿饭、不准收客户一份礼；五个一，递一张服务名片、自带一张旧报纸、自带一双鞋套、自带一块毛巾、清除第一工作现场废物。通过严格的考核和管理，确保了"家政电工"服务的规范化和标准化。

二、延伸增值服务——四表合一数据集中采集

所谓四表合一数据集中采集（下文简称"四表合一"）建设，是指充分利用电网企业现已全面建成的用电信息采集系统资源，将智能电表、水表、燃气表、热力表计量数据实时上传到系统主站，完成电、水、气、热四类表计的计量数据远程集抄，实现跨行业用能信息资源共享。目的在于减少抄表工作量和硬件重复建设，建设节约型社会，打造新型用能服务模式、全面支撑智慧城市建设。

（一）实施背景

电、水、气、热是人们日常生活中不可或缺的公共服务能源产品。随着信息化社会的发展，人们对能源消费服务需求不再单纯满足于简单的缴费查询，而是希望获得更加便捷的在线智能互动服务，提高用能效率，以达到绿色节能的目的。计量器具智能化、数据采集实时化、跨行业信息资源共享是满足客户智能用能需求的根本途径。

2015年，国家发改委、国家能源局明确提出电、水、气、热集采集抄，建设跨行业能源运行动态数据集成平台，鼓励能源与信息基础设施共享复用。2016年，国家发布《关于推进"互联网＋"智慧能源发展的指导意见》，提出要丰富智能终端高级量测系统的实施功能，促进电、水、气、热的远程自动集采集抄，实现多表合一，推进能源与信息通信基础设施深度融合。

国家电网公司认真贯彻落实国家"互联网＋"行动方针，积极履行央企社会责任，在实现电能表信息采集全覆盖的基础上，提出电、水、气、热一体化集抄集约共建的设想。

（二）实施意义

"四表合一"可以实现电、水、气、热实时数据集中采集，并上传到系统主站，达

到电、水、气、热数据远程集抄的目的。"四表合一"系统可根据抄表册、客户名称、户号、地址、电能表号、集中器号等条件，招测实时数据和日（月）冻结数据；支持实时采集表计运行数据和通断状态，自动记录异常事件详细信息，实现快速有效地定位并处理故障。同时，为客户提供一揽子用能情况查询分析，阶梯预警及用能最优规划。

"四表合一"的建设可以降低电、水、气、热行业整体抄表系统的建设、通信和运维成本，还可把大量抄表人员解放出来，节约企业人力资源成本。对居民客户来说，可对自家用能情况进行实时了解和分析，实现用能智慧式管理和运行，今后还可享受到电、水、气、热查询缴费"一卡通"式的便利。

通过"四表合一"建设及相关业务的融合，构建基于"互联网＋"的公共事业统一服务平台，支持全方位的"一站式"服务，打通与其他能源客户的交互渠道。可实现漏水、漏气预警和用量提醒，为客户提供完整、及时、准确的用能信息和多样化的交费服务。将显著改善客户用能服务体验，促进客户能源消费理念转变，顺应"智慧城市"建设发展趋势，推动构建公开、透明、高效、便捷的"互联网＋能源"运营模式。

（三）实施方案

"四表合一"技术方案的设计和选择必须依托现有用电信息采集系统的典型技术方案，充分利用其采集终端和信道资源。

1. 通信技术分析

通信技术是实现"四表合一"的重要基础，它决定系统的工作原理，也影响着系统的运行效率和可靠性。目前，业界"四表合一"采用的通信技术主要为：本地通信方式有 M-BUS 总线、RS-485、微功率无线、电力线载波等；远程通信方式分为无线公网、光纤、电力线载波等。

（1）M-BUS 总线。M-BUS 是一种由主机控制的分级通信系统，它由主机、从机和两条连接电缆组成。从机之间不能直接交换信息，只能通过主机来转发。M-BUS 技术的传输介质为双绞线，数据传输速率可达 300～9600bps，最大传输距离为 1000 米左右。另外，M-BUS 总线可实现采集终端向计量设备远程供电，可解决四表合一中水、气、热表无法取能的问题。

（2）RS-485 总线。RS-485 是一种采用两条差分电压信号线进行信号传输的通信技术。它由主机、从机和连接电缆组成，传输介质为双绞线，数据传输速率在 1Mbps 以下，最大覆盖距离 1200 米。由于 RS-485 通信线不具备供电能力，因此，在四表合一应用时还需要配合两条电源线使用。

（3）微功率无线。微功率无线通信技术是指发射功率不超过 50mW，覆盖范围数百米，采用 470～510MHz 频段，具备自组网功能的无线通信技术。微功率无线通信技术组网简单，通信速率可达 10kbps。

（4）无线公网。无线公网是指基于移动蜂窝网的通用分组无线通信技术，其覆盖范围非常大，通信速率可达 100kbps 以上。

（5）电力线载波。电力线载波是指利用工频强电的电力线传输高频弱电信号的通信技术。电力线载波通信一般使用 3～500kHz 或 2～30MHz 的电力线频谱资源，数据传输速率可达 1kbps 以上，在用电信息采集系统的通信技术中占比达 70％以上。

2. 典型技术方案

由于用电信息采集系统的架构差异较大，因此，基于不同用电信息采集系统架构的四表合一改造方案也截然不同。为保证技术方案的科学合理性，以最低的成本和改造量实现四表合一数据采集改造，目前，依据本地通信方式的不同，主要有三种"四表合一"典型技术方案：升级无线模块、更换双模模块和增加通信接口转换器。

（1）升级无线模块。此方案适用于两种场景。场景一为微功率无线电能表＋微功率无线水气热表，此场景要求电能表与水气热表之间的距离较近；场景二为 RS-485 电能表＋无线水气热表＋Ⅰ型无线采集器的场景，此场景要求Ⅰ型采集器与水气热表之间的距离较近。

（2）更换双模模块。此方案适用于两种场景。场景一为载波电能表＋无线水气热表，此场景要求电能表与水气热表之间的距离较近；场景二为 RS-485 电能表＋无线水气热表＋Ⅰ型载波采集器的场景。此场景要求Ⅰ型采集器与水气热表之间的距离较近。

（3）增加通信接口转换器。此方案适用于电能表（RS-485）＋水气热表（M-BUS或微功率无线）场景。此场景中电能表与水气热表的相对位置距离较远。

目前，应用较为普遍的是增加通信接口转换器，例如，改造前用电信息系统架构如图 6-3-2 所示。第一种是Ⅰ型集中器通过载波或微功率无线与采集器通信，采集器通过 RS-485 与电能表通信；第二种是Ⅱ型集中器通过 RS-485 与电能表通信。

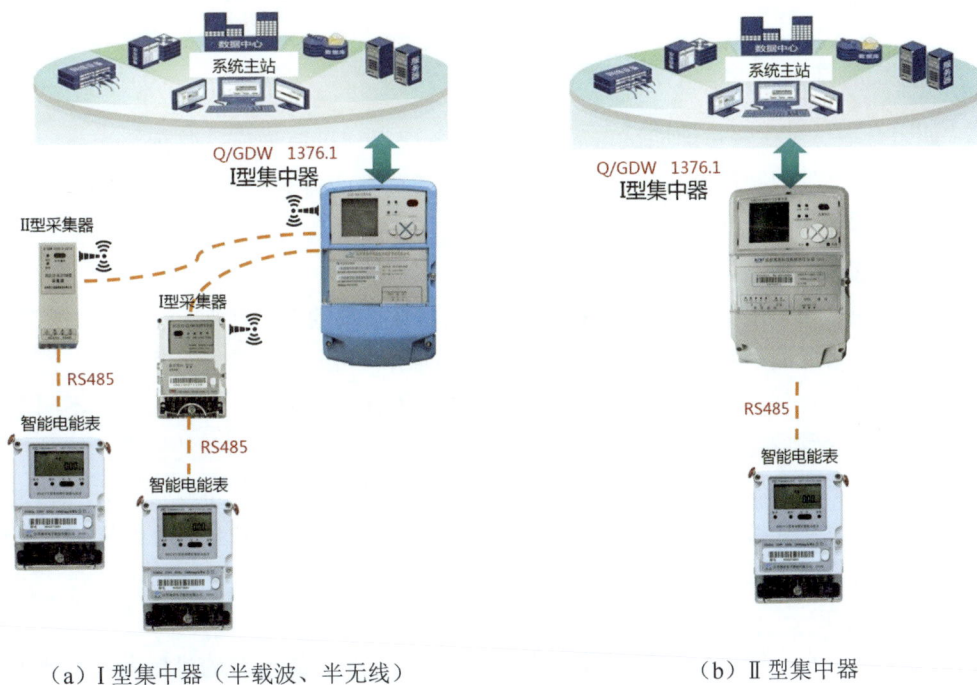

（a）Ⅰ型集中器（半载波、半无线）　　　　　（b）Ⅱ型集中器

图 6-3-2　改造前用电信息采集系统架构示意图

实施增加通信接口转换器的"四表合一"改造后，系统架构如图 6-3-3 所示，原有

用电信息采集系统架构不变，同时新装或换装通信接口转换器。通信接口转换器型式外观与Ⅰ型采集器相同，但弱电端子定义略有差异，具有上下行信道各一路 RS-485 及下行信道两路 M-BUS。通信接口转换器下行可通过微功率无线或 M-BUS 与水气热表通信，上行通过微功率无线、电力线载波或 RS-485 与采集器通信。

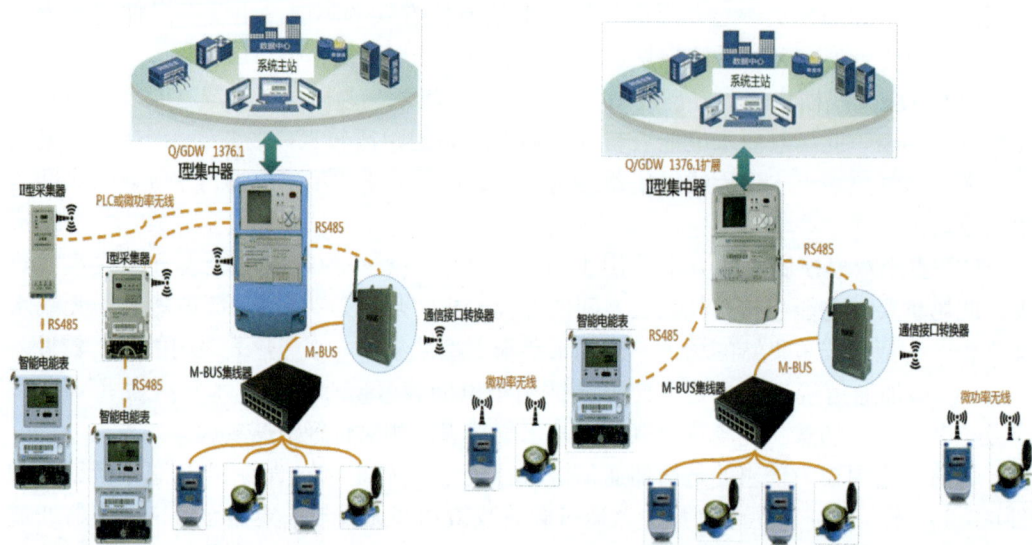

图 6-3-3　Ⅰ型及Ⅱ型集中器下"四表合一"系统架构示意图

（四）发展前景

"四表合一"工作经过前期试点后，在全国各地得到迅速推广，管理、运作、技术和应用四大方面的问题得到了有效解决。随着工程范围的持续扩大和深入应用，企业、社会和经济效益将逐渐凸显。

1. 企业效益

一是实现了采集系统由用电信息采集向用能信息采集的功能转变，扩大了采集市场份额，为抢占售能侧平台稀缺资源，后续主导智能用能和市政缴费业务奠定了良好的技术基础。二是通过与水、气、热企业合作，有助于了解不同城市、不同行业、不同企业的管理机制、经营效益和合作意愿差异，为后续商业化运营提供有益的探索。三是将国网公司成熟的采集典型技术方案、标准设计和通信规约推广至其他市政行业，有利于进一步巩固电网企业在公共事业领域的重要地位，为后续实现全行业信息互联互通、引领技术发展方向争取了主动权。

2. 社会效益

一是提升了水、气、热行业公司信息自动化采集水平，将原有的机械表、本地集抄表统一升级为远程集抄。大幅提升了抄表的及时率、准确率和客户满意率，有力支撑智慧城市的建设和智能用能的推广。二是助于有效整合用能服务，扩大智能用能范围，提升能源使用监控水平，减少转嫁至客户的投资成本，实现政府、行业、客户三方利益有机协同运营模式的可持续发展。三是通过各地前期试点工作，取得了明显的示范效益，水、气、热行业部分企业希望能进一步扩大采集规模。

3. 经济效益

一是在电网企业的用电信息采集系统基础上，叠加水、气、热采集任务，能够利用已有的技术基础及通信网络拓展服务范围，扩大电网企业收入来源，分摊通信成本和运维支出，提升企业经济效益。二是作为集抄和数据平台管理单位，电网企业可通过数据综合利用及衍生软件、APP 应用，拓展增值业务领域，拓宽企业服务范围，掌握市场竞争的核心资源。

三、延伸增值服务——智慧家庭互动服务

智慧家庭是智能家居发展的方向。智能是手段，家居是设备，智能家居是用智能化的手段控制家居设备；智慧是思想，家庭是亲情，智慧家庭则是以家庭为载体，利用"大云物移"等新一代信息技术，实现健康、低碳、智能、舒适、安全和充满关爱的家庭生活方式。让家中设备感知人的需求，不仅限于家庭娱乐和家居控制（比如开关、灯光、温湿度控制等），在不久的将来，能源、医疗、安防、教育等传统产业也都将与家庭应用密切结合，成为家庭成员的亲情和纽带！智慧家庭市场尚待开发，这将是信息消费极具潜力的新兴市场，被认为是下一个蓝海市场。

（一）智慧家庭建设意义

1. 是未来家庭发展趋势

一场家居智能化革命已经悄然兴起。安全、方便、高效、快捷、智能化等特点将成为现代家庭的新时尚。通过智能家庭服务平台将家居中各种各样的智能设备、信息家电通过智能控制总线连接在一起，构成了功能强大、高度智能的家居系统，为家庭智慧化提供技术支持。

2. 是用电需求响应保障

智能电网的建设构建了大规模的高级量测体系（AMI），为实现居民用电需求响应提供了数据基础。智慧家庭建设一方面可获取更细颗粒度的居民用电数据，为电网负荷预测提供依据；另一方面居民可及时了解电网运行状态、获取电网用电通知、电价政策等，调整用电行为，实现居民用电需求响应。

3. 是国家节能减排需求

在政府引导下，更多家庭开始关注节能减排。通过智慧家庭建设能实现实时查看家庭能效情况，了解家庭主要耗电设备，根据需要实时控制电灯、空调、热水器的通断，关闭待机电器，降低家庭用能，在提升家庭能效管理的同时，积极配合国家实现节能减排目标。

4. 是能源供需平衡需求

随着城市规模的扩大和用电结构的改变，居民用电量大幅上升。光伏发电等新能源的接入给智慧家庭用电提供了更多的选择，随着智慧家庭和智慧小区的建设，越来越多

的区域微电网及分布式能源必将对平衡能源供需关系发挥巨大作用。

（二）智慧家庭系统总体架构

智慧家庭系统架构总体分为四部分，分别是智慧家庭服务平台、智慧家庭能源中心、基础设备、服务客户端，如图 6-3-4 所示。

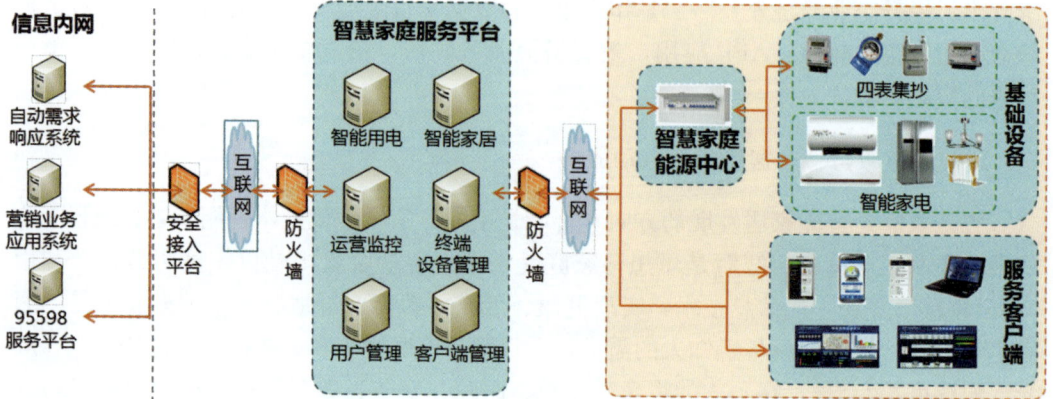

图 6-3-4　智慧家庭系统总体架构图

在智慧家庭系统架构图中，智慧家庭服务平台与左侧的自动需求响应系统、营销业务应用系统及 95598 服务平台进行数据对接，上报居民家庭用电数据、用电行为；负荷控制任务由自动需求响应系统下发至智慧家庭服务平台，平台将负荷可调资源反向上报至自动需求响应系统，完成居民用电需求响应。同时，智慧家庭服务平台通过与家庭能源中心、客户端建立连接通道，客户可通过互联网使用智能家居、用电互动、智能用电等服务。

图中右侧的智慧家庭能源中心，作为智慧家庭的核心设备，接收来自服务平台的查询或者控制指令，并对指令进行协议的解析和转换。同时通过微功率无线或者 Wi-Fi 等方式与基础设备相连，如空调、热水器、灯光、窗帘、传感器等，实现家电设备用电数据和环境参数采集、智能控制以及安全用电防护。

图中处于中间的智慧家庭客户端直接面向居民并提供智慧家庭服务。客户可用手机、手持终端设备等，借助互联网或者移动互联网，通过智慧家庭服务平台，实现智能用电互动服务。

（三）智慧家庭系统主要功能

智慧家庭系统主要有远程控制、位置服务、智能控制、能效分析、负荷控制和智能缴费等互动服务功能。

1. 远程智能控制

如图 6-3-5 所示，在智慧家庭系统中，智慧家庭能源中心向上连接智慧家庭服务平台，向下与诸如空调、热水器、灯光、窗帘、插座等智能设备交互。用户使用智能家居客户端软件发出设备控制指令，指令通过互联网传送到智慧家庭服务平台，根据客户信息找到对应的家庭能源中心，并下发控制指令；能源中心接收到指令后，将其翻译成智能家居通信协议，然后下发给智能电器；能源中心接收电器的返回信息，并上传至服务平台；平台通过数据分析出客户生活习惯，并利用模糊控制技术，对家用电器、门窗等设备进行智能控制，从而达到舒适和智能的目的。

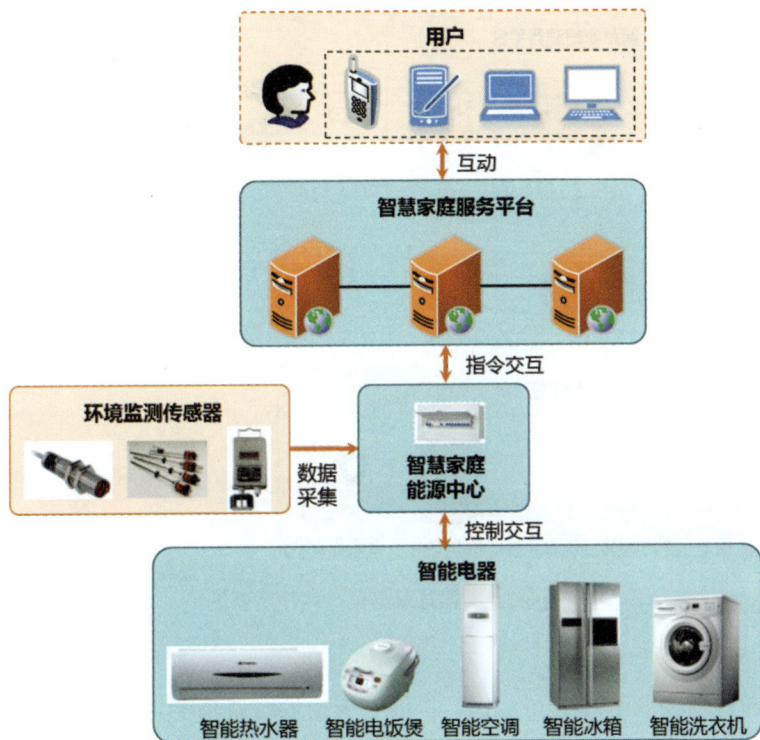

图 6-3-5 智慧家庭远程智能控制示意图

2. 位置服务

位置服务又称定位服务，是由移动通信网络和卫星定位系统结合在一起提供的一种增值业务。通过定位技术获得移动终端的位置信息（如经纬度坐标数据），提供给移动客户本人以及通信系统。客户端软件结合位置服务为客户提供定制化服务，当获取到客户处于某一特定位置时，为客户提供对应的服务策略，比如：当客户下班回家，离家还有十分钟路程位置时，自动打开家中的热水器；当客户离开家超过一小时路程位置时，自动关闭客户预先指定的电器。

3. 能效分析

智慧家庭服务平台通过分析客户用能数据，并将结果反馈给客户，使得客户对家庭中的用电设备用能效率了如指掌，并及时淘汰低效设备，购买高效设备，提高电能在终端能源消费中的比重。

4. 负荷调控

负荷调控如图 6-3-6 所示，结合客户个性化需求及家用电器的功耗，以及国家对电器能耗的相关规定，形成能源消耗的模型和消耗函数，并根据实验结果，决定各加权参数；通过能源消耗模型和消耗函数的局部最优解及耗能指标，得到家庭环境中所有电器的耗能指标，对家用电器耗能进行组合优化，达到节电和调控的目的。

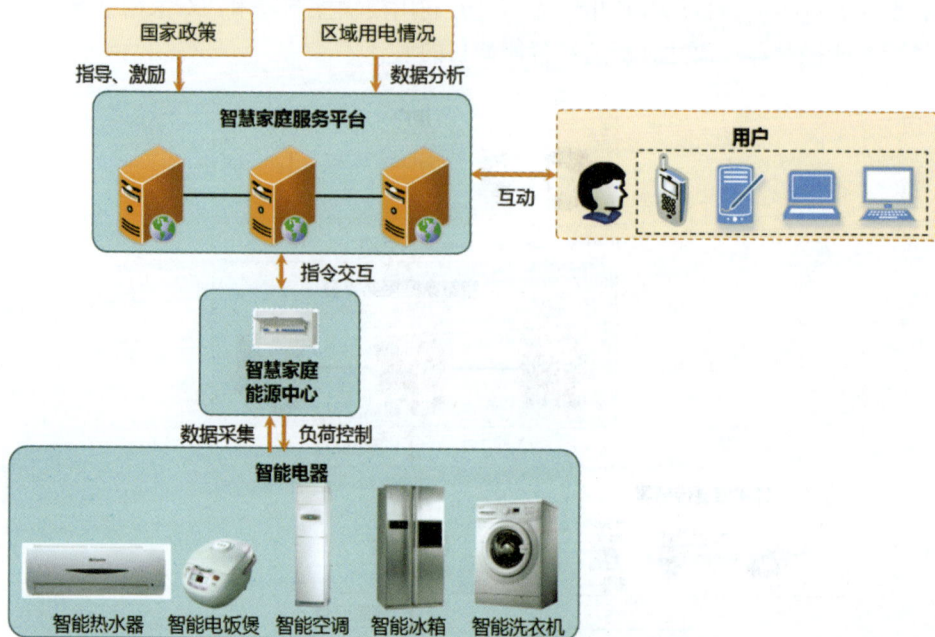

图 6-3-6 智慧家庭负荷调控示意图

5. 智能缴费

一是可通过与物业管理公司合作，扩展一卡通的缴费功能，小区客户通过物业一卡通充值，实现电、水、气、热四表缴费，使小区客户生活缴费更加便捷化。二是实现客户在手机、电脑等终端上进行用电查询、余额查询，以及使用银联、支付宝、充值卡等多种支付方式进行在线缴纳电费。

（四）业务运营模式

1. 免费业务运营

免费业务运营主要包含：智能家居运营、智能用电运营和四表抄收运营。居民客户可以享受免费的智能家居运营服务，为客户提供远程控制、智能控制、位置服务等基础智能家居服务；客户可以享受免费的智能用电服务，包括家庭用电构成、用电情况、用电异常提醒等家庭能效分析服务；客户通过手机客户端可以享受免费的四表抄收服务。

2. 增值业务运营

当智慧家庭客户达到一定规模时，通过为其提供视频类业务、精准广告和大数据分析等增值收费业务，在满足客户基本需求的同时产生增值收益，达到多方共赢的目的。

（1）视频类业务运营。与视频类服务提供商进行合作，向客户推广视频类服务，并收取运营服务费用，运营收益根据运营公司和视频服务商洽谈确认的比例进行分成。

（2）精准广告运营。与社会传媒公司合作，通过大数据服务平台分析，了解客户关注内容，为传媒公司提供精准广告业务，传媒公司寻求需要投放广告的企业，由此产生的收益由传媒公司、电网企业等进行分成。

（3）精准营销信息服务。与著名零售商或电商平台合作，利用客户能效大数据，通过分析客户相关数据（如能耗、用电行为等），向客户推送相关商品或服务信息，零售商或电商支付一定费用。

（4）数据分析增值运营。与家电企业、地产开发商、政府机构等企事业单位合作，形成有价值的数据分析报告，提供有价值的数据服务，由此产生增值收益。

（五）发展前景

1. 经济效益

智慧家庭建设，可以使客户用电更加合理，错开高峰用电，增加谷时用电，减少电器待机用电。同时，还可以实现分布式能源的广泛应用，实现区域绿色能源的接入。

2. 社会效益

通过智慧家庭的建设，改变客户用能方式，让客户参与能效管理，得到更优质、安全、可靠的用能服务。为客户提供增值服务，满足多元化需求，改善居民生活品质。同时，推动坚强智能电网的发展，切合智慧城市发展战略。

3. 环境效益

智慧家庭建设有助于客户全方位了解家庭总能耗，利于客户合理用能、绿色用能，提高终端设备的能源利用效率，降低全社会用能，促进节能减排。

四、业务跨界——电力大数据服务

人们用大数据（big data）来描述信息爆炸时代产生的海量数据及与之相关的技术。大数据服务是指通过长期跟踪与搜集个体数据，对存量数据进行分析，并提供智能与个性化的服务。大数据已成为重要的战略资源。

从 2012 年开始，英国、法国、美国等国家相继启动了大数据发展规划。再观国内，2014 年 3 月，大数据被写入政府工作报告；2015 年 3 月和 5 月，国家制定发布了《中国制造 2025》和《"互联网＋"行动计划》，明确了大数据发展的战略方向；2015 年 8 月，国务院印发《促进大数据发展行动纲要》，强调开发应用好大数据这一基础性战略资源；2015 年 10 月，十八届五中全会提出，实施国家大数据战略。

电力大数据主要来源于电力生产和电能使用的发电、输电、变电、配电、用电和调度各个环节，包括电网运行和设备检测或监测数据，电网企业营销数据，如交易电价、售电量、用电客户等方面数据。专家分析称，每当数据利用率增高 10％，便可使电网企业提高 20％～49％的利润。目前，围绕电力大数据的概念推广、解决方案推广、商业模式创新等已如火如荼展开。根据 GTM Research（一家国际电力行业市场分析咨询公司）的研究分析，到 2020 年，全世界电力大数据市场将达到 38 亿美元的规模，如图 6-3-7 所示。电力大数据的采集、管理、分析与服务行业将迎来前所未有的发展机遇。

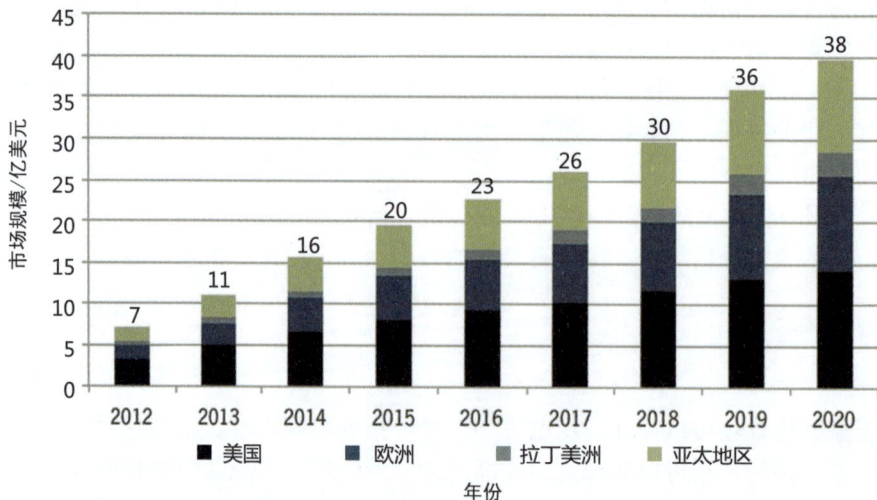

图 6-3-7　电力大数据管理系统市场规模

（一）国外电力能源数据应用案例

在电力领域，大数据已经得到了广泛关注，自 2008 年开始，美国电力研究协会（EPRI）、美国能源信息署（EIA）等研究机构，法国 EDF、德国 E. ON 等电网企业，以及西门子、C3 Energy 等科技公司，先后围绕输电、配电、用电及基于电力信息的政府决策等领域的大数据问题开展了广泛研究和示范应用；国际电工委员会（IEC）研究并发布了一系列统一信息模型（CIM）标准和接口标准，为电力系统的数据流通共享和信息交换奠定基础。

1. 法国电力集团——基于大数据开展运营分析

法国电力集团（EDF）成立于 1946 年，是一家国有综合性跨国能源公司。法国电力非常重视大数据在企业运营分析管理中的作用，通过设立专业机构、完善数据基础、增强分析能力，不断发掘数据资产价值，为企业战略转型与服务升级提供有效的决策支撑。

（1）建立独立机构支持运营决策。法国电力在客户关系管理系统中，对客户信息进行了全面搜集，包括客户名称、电费计价方式、客户用电行为特点等。同时在研发部下成立了职能服务型的运营分析中心，专门负责对客户数据进行分析，以对销售管理进行支撑。电力数据运营分析框架如图 6-3-8 所示。

运营分析中心以项目制的形式负责向销售、营销和财务控制在内的多个业务部门提供客户行为分析支撑，以改善这些部门的服务质量，并实现最大化保留客户。其工作有以下几方面。

一是为相关部门提供一致的关键业绩指标（KPI），例如，按照客户领域和销售渠道，预测各类一级市场和大众市场内中小企业和家庭住户的电力消耗和需求趋势、营业收入、成本和利润率。

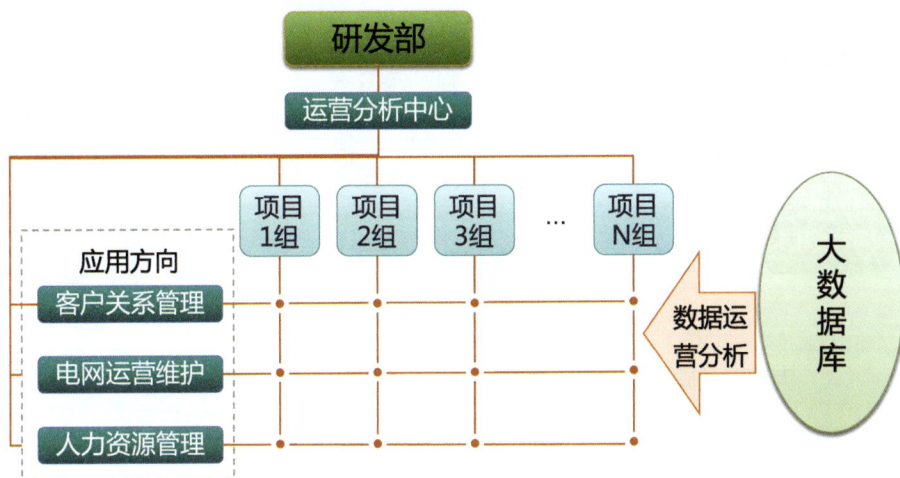

图 6-3-8　法国电力数据运营分析框架

二是根据客户的要求对产品和服务进行改进，为新的商业活动更好地分配资源，改善服务，例如，通过对来自客户的问题进行区分，确定哪些是最重要的，哪些是比较耗费时间的，从而使呼叫中心的响应速度提高 10%。

三是借助分析研究成果对客户服务方法实现本地化，通过为客户提供更好的商业信息，来实现地区服务自治，提高法国电力在商业运作上的灵活性。

（2）运用大数据技术挖掘数据资产价值。目前，全法国已安装 3500 万只智能电表，这些电表采集的用电负荷数据，结合气象数据、用电合同信息及电网数据，构成了法国电力的大数据。

法国电力研发部门成立了大数据项目组，借助大数据技术研究海量数据，实现用电负荷的精细化测量，降低信息决策系统与运行操作系统之间的延迟。法国电力以客户用电负荷曲线的海量存储和处理为突破口，利用大数据技术，形成了能够支撑在规定延迟内的复杂、并行处理能力。

（3）实施专业化管理提升数据质量。法国电力认识到，数据质量问题事关重大。在应用数据开展分析之前，由专门的数据质量管理专家对数据质量进行管控。数据质量管理专家需具有深厚的统计学、信息系统、数据工程等多学科背景以及丰富的 IT 实践能力，他们深知如何使用正确的工具、方法和最佳实践进行数据质量管理以及如何在 IT 项目中穿插进行数据质量管理。

2. 美国 AutoGrid 公司——电力大数据服务的先行者

AutoGrid 公司是一家服务于电力、能源行业的大数据公司。AutoGrid 公司基于其能源数据云平台（energy data platform，EDP），为电力供应商和消费者提供各种规模的电力消耗预测，并通过灵活的电力需求管理计划实现节能减耗。EDP 的结构如图 6-3-9 所示。

能源数据云平台（EDP）收集并处理客户接入智能电网的智能电表、建筑管理系统、电压调节器和温控器等的数据，同时向不同服务对象提供需求响应优化及管理系统（de-

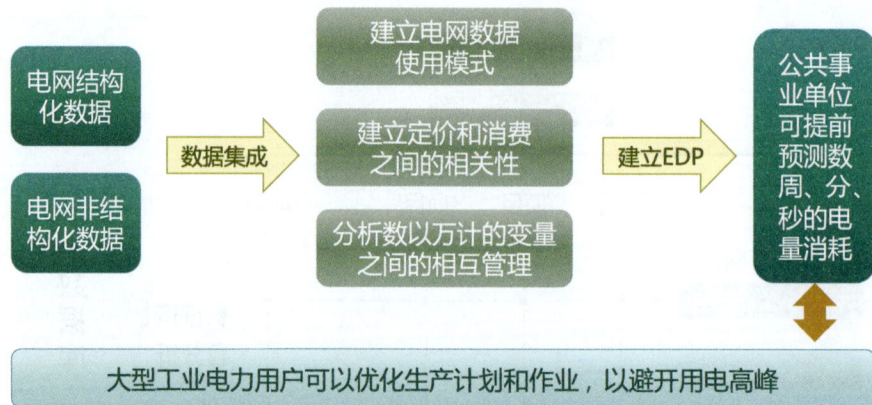

图 6-3-9　AutoGrid 公司的能源数据平台 EDP

mand response optimization and management system，DROMS）。通过向客户提供 DROMS 获取能量消耗情况，预测用电量，结合电价信息实现需求侧响应，生成需求侧管理项目的分析报告，提升客户全生命周期的价值收益。向电网运营者提供 DROMS 可提供需求响应应对策略，预测发电情况和电网动态负荷，预测电网运行故障，改善客户平均停电时间和系统运营时间，从而实现电网优化调度，减少非技术性损失，降低运营成本。

AutoGrid 公司凭借其 PB 级的数据分析和预测能力，吸引了众多公用事业公司和软件产品公司与其进行合作。AutoGrid 公司通过向第三方开放 EDP，规范能源大数据的规范及协议，努力打造能源行业大数据的统一公共平台。

AutoGrid 公司的收入主要来自于采用 DROMS 或其他服务的客户，其主要的收费模式有三种。

（1）SaaS 模式：客户按照 AutoGrid 公司为其处理的数据量付费；

（2）共享收益模式：AutoGrid 公司给客户发送报告，客户进行需求响应，与客户分享收益；

（3）合作模式：给设备商提供软件，向设备商收取许可费。

3. 美国 Opower 公司——通过电力消费数据分析客户用电行为

创办于 2007 年的 Opower 公司是一家家庭能源数据分析公司。Opower 公司与电力公司合作，抢占家庭消费者"入口"，获取家庭消费者的能源使用数据，进行用电行为分析，并为其提供节能减耗的方案。

美国市场研究表明，开车、淋浴、割草等日常活动导致了 33%～40% 的温室气体排放。仅在美国，个人生活方式的微小改变即可减少 10 亿吨的二氧化碳排放。提高家庭能效的方式有很多，客户可以投资几万美元，给自己的房子装上太阳能、储能电池以及智能管理系统；也可花几十美元购买能够自动切断待机状态电器电源的智能插头等。但 Opower 公司不需要客户掏一分钱，仰仗其独特的算法，根据客户的每日用电数据，即可判断出客户制冷、热水及其他用能是如何分配的。Opower 公司利用其云平台，结合大数据方法和行为科学理论，为家庭客户发出了一份个性化的、贴心的电力账单，如图 6-3-10 所示。

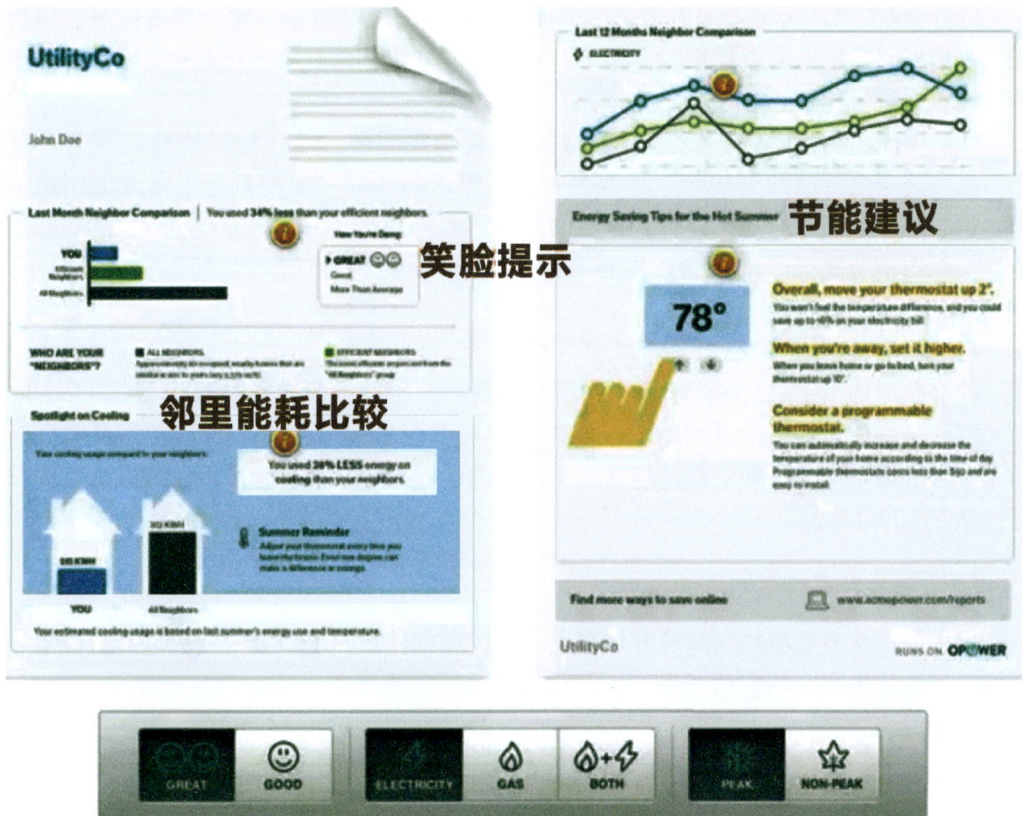

图 6-3-10 Opower 公司的电力账单

通过这份电力账单，家庭的制冷、采暖、基础负荷等用电情况被分类列示，并将本月与上月用电量进行对比，让客户对自己的耗能情况一目了然。电力账单上除了有本户用电数据的分析之外，还有相近区域内最节能的 20％的客户耗能数据——"邻里能耗比较"。据此提供建设性的节能方案。如果客户的节能效果非常理想，Opower 公司提供的账单上就会有一个高兴的表情，告诉你它的态度。

"邻里耗能比较"是在"行为科学理论"的指导下进行的，如图 6-3-11 所示。

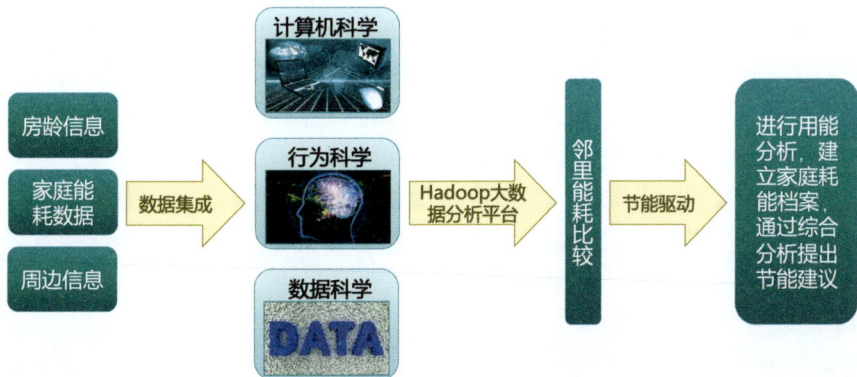

图 6-3-11 Opower 公司的"行为科学理论"

Opower 公司从所服务的电力公司取得大量的家庭能耗数据，整合房龄信息、周边天气等数据，运用家庭能耗数据分析平台进行用能分析，建立家庭耗能档案，并与邻里的能耗数据进行比较，通过综合分析提出节能建议。

Opower 公司的服务对象是电力公司，由其购买软件，免费提供给他们的客户使用。电力公司之所以购买软件，是因为在电力需求高峰期，即便只是小幅降低用电需求，也能提高电网的稳定性，带来重大的经济和运营效益。部分地方政府（如加利福尼亚）对能源消费实行严格管制，强制要求电力公司帮助客户降低能耗，这种情况下，Opower 公司的作用就更加凸显。

目前，Opower 公司已经签下了来自北美、欧洲和亚洲九个国家的九十五家电力公司，能够获取约 1.15 亿个家庭的能源消费数据，并据此提供节能方案。根据 Opower 公司统计，在能效项目中平均每个家庭能够节省 1.5％~2.5％的能源；在需求响应项目中，通过提前一天通知负荷高峰并给出需求响应建议，平均每个家庭能够在负荷高峰日降低 5％的负荷。

（二）国内电力能源数据应用案例

国内的一些专业机构和高校开展了电力大数据理论和技术研究，我国电力行业也在积极开展大数据研究的应用开发，国网公司启动了多项智能电网大数据应用研究项目。但由于国内电力市场尚未完全开放，目前，相关应用多为电网企业内部管理或服务应用。

1. 浙江萧山——用大数据挖掘电能替代客户

在 2015 年经济增长放缓，生态文明建设加强的背景下，加大力度推进电能替代项目是国网公司从上至下的工作重点。以往，这些"以电代煤、以电代油、以电代气"电能替代项目的挖掘主要依托和地方经信局、环保局等部门的配套来推进。然而，浙江省电力公司发现，仅仅依靠现有的"节能减排重点整治企业"名单明显不足，不但无法保证电能替代工作的可持续推进，也缺乏对电能使用市场按行业、属性的系统了解和分析。

为此，浙江电力选取工业用电占比最大的萧山区供电公司为试点单位，建设"电能替代客户全过程服务"大数据智能系统。首先，完成辖区内五千多户专变客户能耗数据的收集和导入，然后，按照行业细分，逐个开展运算模型构建，并结合专变客户智能APP 实时跟踪更新客户数据库。在运算中，分析、甄别客户开展电能替代项目的可能性，并对各类非用电的能耗设备进行电能替代量化打分。模型识别为潜在电能替代客户或设备的，系统自动生成智能标签，开展动态跟踪。

与此同时，为了进一步开展大数据在电能替代中的应用，萧山区供电公司探索业扩报装和电能替代的联动，通过系统的对接，更快、更准确、更高效的锁定潜在的电能替代的客户和设备，主动"抢滩"电能供应市场。

2. 福建电力——客户用电行为分析

福建省电力公司开展基于大数据挖掘的客户用电行为分析，建立客户用电行为分析模型，以庞大海量的客户用电行为数据为基础，对不同客户的用电行为、用电负荷情况等基本信息的深入分析，推进用电客户细分管理、欠费和用电检查风险有效预测、移峰填谷科学管理，实现科学的客户认知、风险管理、个性化营销和服务的目的，从而有助于提升客户服务质量和防范风险能力。

福建电力以大客户为分析对象，通过对客户基本信息、用电量信息、业务办理信息、违约违章信息、交欠费信息、渠道沟通信息等用电行为特征进行大数据挖掘、聚类分析，区分不同属性和行为特征的客户群。根据大客户对公司的贡献度、用电变化趋势、风险程度等情况，将大客户细分为发展势头较好型客户、贡献度最高客户、不稳定型客户及躁动型客户等四大类，并针对不同的客户群，通过分析其用电特征，深度挖掘客户价值，提供差异化、个性化服务，实施积极的营销策略，适应客户快速变化的需求。

福建电力通过建立电费回收风险预测模型，实现对客户未来按期交费行为的提前预测。针对高欠费风险客户，通过差异化提醒和账单等方式，提高电费回收率指标；同时，建立用电检查风险预测模型，提前预测客户用电风险，在实际执行用电检查工作时，对高风险客户，优先、重点进行用电检查，提高用电检查工作效率，并通过电费回收、安全用电预警，防止客户欠费、违规用电，有效降低企业运营风险。

建立客户用电负荷特性分析模型，按客户用电负荷数据进行聚类分析，分为避峰型、高峰型、高波动型、稳定型等八类。对比聚类后的各类重点大客户的负荷曲线及其聚类中心、用电特征、可中断负荷及其代价，对不同负荷特性的重点客户进行移峰填谷潜力分析及错峰用电建议，为科学有序用电管理提供支持，并从行业和地区的角度分析其可中断负荷规模及其代价，将地区移峰填谷潜力代价与电网建设投资进行对比，为电网规划与建设管理提供决策支持，有效降低电网建设投资。

3. 远光软件——跨界电力大数据应用

远光软件的企业智能大数据解决方案——"远光数聚"，以电网企业价值信息的深度整合与挖掘为核心，通过构建企业内外部网状数据体系，构筑全面的数据资源池，实时与财务、风险管控、业务系统融合，实现立体化的数据收集分析，大大提升企业对经营业务的前瞻预测与判断。

2014年10月，远光软件和业界专家组成的课题项目组围绕行业经济与用电量变化的关联效应，通过外部经济大数据等社会信息预测全社会用电量。整体R方拟合度在80％以上，趋势判断连续10个月无偏差。该项目对基础设施建设、电力贸易与削峰填谷等运营管理决策制定具有重要指导意义。同时，用电量作为社会经济预测的先行指标，其精准的大数据分析也可支撑起对社会经济发展的科学预测。

（三）营销大数据服务发展方向

大数据为智能电网的发展和运营提供了全景性视角和综合性分析方法。智能电网是能源电力系统与信息通信系统的高度融合，同时，智能电网离不开人的参与，且受到社会环境的影响。所以，智能电网也可看作是一个由内、外部数据构成的大数据系统。内部数据由智能电网本身的系统产生，外部数据包括反映经济、社会、政策、气候、客户特征、地理环境等影响电网规划和运行的数据。

在智能电网的发展过程中，大数据必将发挥更加重要的作用。营销大数据服务的发展方向有以下几个方面。

1. 建立资源整合体系

实现数据资产统一管理，将分散于各业务部门的数据资源进行统一的资产化管理。制定相关数据规范、标准和职责，实现数据充分共享，减小信息不对称效应，破除行政管理壁垒，各部门逐步由职能管理转变为专业服务单元，提升数据资产管理能力，促进企业协同管理水平。

建立数据防护机制。以敏感数据的安全防护为重点，针对含有敏感信息的业务数据的访问、使用、传输、转换、运维等过程，及操作行为的动机、身份、权限、渠道进行管控，实现对敏感数据的全生命周期管理。提供安全可控的企业数据共享环境，降低数据使用门槛，提高信息获得的及时性、实时性和准确性，在企业内部形成数据的公开透明、平等共享机制。

推动电力数据内外交互。建立电力数据与外部数据交互模式和配套管理机制，将脱敏后的电力数据与外部企事业单位双向交互，推动内外数据互联共享，充分发挥电力数据服务社会经济发展的价值和作用。

2. 提升运营管理水平

智能监控强调对监控对象的主动观察和洞悉，及时反馈并有目的地分析处理数据背后所隐含的因果或影响关系，以便快速定位问题和保障业务运行。将具体、明确的量化标准渗透到管理的各个环节，使营销经营管理活动始终处于受控状态，及时对经营管理过程中存在的薄弱环节和异常情况进行针对性地完善和提高，推行管理数字化驱动机制，支撑基于 QC 质量管理（PDCA 循环）的精益营销管理实践，探索建立科学严谨的量化管理和持续改进相融合的新型管理模式。

将以传统经验为主的经营方式转变为更灵活的数据驱动经营管理。基于企业全量数据共享的决策支撑，实现业务管理的数据化驱动，逐步改变计划、安排、统筹、平衡的经验式管理，将企业有限的生产资源投入企业经营最需要的环节，实现企业全局资源优化配置。整合海量数据，利用大数据分析挖掘技术，分析市场发展变化、提前感知客户行为、预测客户需求，迅速掌握市场变化趋势，快速调整营销服务策略。

探索数据产品运营机制，基于充分交互的数据及数据挖掘技术，结合客户服务及产业协同的需求，明确数据产品运行机制，明确运行主体、服务模式及盈利点，将数据产品培养成企业新的利润增长点。本质上，能源数据分析的商业模式就是用数据来帮客户省钱或者赚钱。售电侧放开后，售电公司通过电力数据可以了解其所在片区的客户用电习惯，有利于在电力市场上做远期交易或现货交易的决策；用电企业可以利用节能建议，把省出来的电当作一种电力资产参与电网交易，从而获取相应的费用或优惠。

3. 提高客户服务能力

客户端的相关数据是一个待挖掘的金矿。大数据将各行业的客户、供电服务商、发电商、设备厂商融入到一个大环境中，促成了电网企业对客户的需求感知，依据数据的分析，来进行运行调度、资源配置及决策，并基于分析来匹配服务需求。

在智能电网中，客户扮演的角色越来越重要，传统意义上的客户正在被"能源生产/消费者"所代替。客户系统不仅可对内实现能源的生产和消费管理，并在一定的区域内，实现能源交易，还将对外参与需求响应或作为虚拟电站参与调度运行。促进客户与电网的互动是提高大电网灵活性、进而提高其接纳大规模间歇性新能源的有效途径。

根据 AMI（即反映客户用能情况、客户分布式发电、储能系统和电动汽车的应用情况，参与电网互动情况）数据，结合客户特征数据（住房、收入和社会心理）和社会环境数据（气候、政策激励）等，可分析预测客户的能源消费和生产特征，为电网规划和运行方式安排提供参考；也可促进电力需求侧管理，鼓励和促进客户参与需求响应，实现与客户的高效互动，制订节能方案，提高客户侧能效水平，降低电能损失，保障客户经济利益，促进节能减排。

基于电力客户基本信息、用电信息、缴费情况、缴费能力等数据，建立客户信用评价体系，进行客户信用评价，并分析客户信用变化趋势和潜在风险。同时，叠加电力客户的利润贡献、设备水平等数据，建立客户价值评价体系，实现对客户价值等级的评估。

4. 提供政府决策支持

电网承载着能源与用能两大主体，它关联着诸多因素。能源政策和机制的制定需要以数据为基础，以分析结果为决策的依据。如电价，特别是阶梯电价是基于客户用能行为及电力生产成本等多因素大数据分析后制定的。再如新能源、分布式能源、电动汽车、需求响应等技术的大规模实施，不仅取决于技术成熟度和经济性，还取决于能源政策和各种激励机制是否有效。能源政策和机制是否有效，通常并没有普适性，而是应符合本国、本地区的实际，符合精准的感知和预测。

当前，我国已开启新一轮的电力改革，一系列配套文件正在逐步出台。这些政策和机制是否有利于智能电网发展，应在政策条例的试行阶段进行分析和检验，大数据是最有效的手段。此外，电力与经济发展、社会稳定及群众生活密切相关，电力需求变化能够真实、客观地反映国民经济的发展状况与态势。通过分析客户用电数据和新能源发电数据等信息，电网企业可为政府了解全社会各行业发展状况、产业结构布局、预测经济发展走势提供数据支撑，为相关部门在城市规划建设、推广新能源和电动汽车、促进智慧城市发展等方面提供辅助决策。

五、业务跨界——电力金融服务

发展电力金融有助于提升企业核心竞争力，实现经营多元化风险分散，促进企业快速发展，并能有效的降低企业交易费用和运营成本。在电力体制改革和智能电力营销不断发展的新形势下，电力金融作为营销跨界的重要一环，是电网企业谋求长远健康发展的必学之课。因此，电网企业需要积极探索出一条电力金融发展之路。

（一）基本概念

要弄清楚电力金融，就要先明晰一下产融结合的概念。所谓产融结合，就是产业部门与金融部门通过一定的经济途径和方式、以经济利益为轴心，实现有机结合的一种制度。产融结合的主要内容包括企业的资本结构和治理以及金融组织结构和融资方式等。

产业资本与金融资本的融合是现代市场经济中非常普遍并极为重要的经济现象，是现代企业集团多元化经营的重要特征之一。产融结合可以分为广义的社会外部间接结合和狭义的企业内部直接结合两层含义。

广义上的产融结合即产业与金融的社会外部间接结合，即社会储蓄向投资的转化，是通过全部社会金融过程实现的。产业资本和金融资本主要以外部资本市场为基础进行结合，银企间产权制约较弱，股权结构更加分散和社会化，即包含所有基于产业衍生的融资途径的总和。

狭义上的产融结合即产融一体化，是指工商企业和金融企业通过股权关系相互渗透，形成资本、资金、人事、信息等方面的稳定关系，实现产业资本和金融资本的相互转化和直接融合，最终形成产融型集团。其中，产业资本指制造企业、运输企业、商业企业等非金融企业所持有的资本；金融资本是指银行、保险、信托、证券、基金、风险投资机构等金融机构占有和控制的资本。产融结合具有渗透性、互补性、组合优化性、高效性、双向选择性的特点。

因此，电力金融就是产融结合在电力行业的体现形式，是电网企业通过金融业务提升企业盈利水平扩大企业规模控制风险的一种有效手段。

（二）电力金融发展的背景及必要性

现阶段，我国的产融结合多为产业集团从事金融业务，即"产业投资金融"。国务院、国资委等行业主管部门在强调控制风险的前提下，对中央企业开展产融结合、进行金融股权投资，总体上持鼓励态度。因此，电力金融在政策层面有一定的发展空间，是一种可提前布局发展的"跨界"营销发展战略。同时，发展电力金融可以为电网企业带来如下预期收益。

1. 可减少企业交易费用

根据交易费用理论，产业资本和金融资本的融合，其中一项重要因素就是考虑到能够减少交易费用，若市场的交易费用多于企业内部的组织费用，企业内管理交易就能替代企业间的市场交易。集团企业开展产融结合，其实质就是企业以金融活动的内部化替代社会传统分工框架下的外部金融活动，减少市场交易成本，促使企业获取到综合性的金融服务。

2. 可获得稳定的资金支持

伴随着国家对外开放的不断深入，以及国有企业大力实施"走出去"的战略，我国企业面临的竞争日趋激烈，其必须做到超常规发展。部分企业的战略逐渐朝着快速做强、做大的方向不断迈进。企业仅仅依靠自身资本积累很难在短时间内取得规模扩张，经过产融结合，能够突破企业自身资本积累的极限，利用金融杠杆实现自身规模的迅速扩张。

3. 可保障主营业务发展

产融结合的集团企业可以对金融资本进行控制，为自身主营业务的发展提供充足的资金，为其提供各类金融支持。所以，对产融结合集团企业而言，产融结合能够对其主营业务发展起到很大的推动作用。目前，大型企业面临着将主业做强做优、实现产业升级和结构调整、国际化经营等重大发展课题，任何一样都离不开金融服务，而现有的金融服务根本难以满足需要。

4. 可提升资本运作能力

世界 500 强企业的发展史就是一部金融业并购史，并以此带动企业成本的降低、实现技术整合、完善资源控制以及左右市场的能力。相对而言，国内企业对实体经济的经营更为熟悉，兼并、收购等资本运作能力还有待加强。多数企业的业务领域主要集中在交通、能源、制造等基础产业，面临着行业生命周期以及保值增值的压力，竞争较为激烈。金融行业的报酬率要高于平均利润率，从而能够保障企业日常运营管理和盈利水平的提升。

5. 可提升整体竞争力

经济全球化时代，企业的竞争尤其是大型集团的竞争，不再是某个产品或技术等单一的线性竞争，而是整条产业链系统的全面竞争，更是多个相关产业协同的立体竞争。目前，美国约有一千多家金融服务公司，其中，前二十家最大的金融服务公司基本上为大型制造企业所拥有。这些公司从事着有关汽车、飞机、工程机械以及其他设备的商业性贷款、消费信贷以及租赁、抵押贷款、保险等多种业务。通过与主业战略协同，以获得丰厚的跨产业立体竞争的利润，再反过来支持主业的研发投入。因此，在全球化竞争时代，央企的产融结合不是"想不想、愿不愿、准不准"的问题，而是生死存亡的问题。要培育具有国际竞争力的大型企业集团，必须充分认识产融结合问题的重要性和必要性。

（三）电力金融的发展方向

产融结合的形式多种多样，预期效益和目的也千差万别。在这里，我们参考成熟模式的先进经验，结合电网企业自身特点，主要探讨电力金融的发展方向，如图 6-3-12 所示。

图 6-3-12　电力金融发展方向

如图 6-3-12 所示，主要探索电力金融在电力衍生品交易、统一支付结算平台、电力业务金融产品线几个方向的可能性。

1. 构建电力衍生品市场

（1）参与模式。电网企业作为技术的掌握者与市场的参与者，具有先天的优势。在售电市场放开，售电企业进入市场的新形势下，电网企业应优先进行电力期货交易的研讨以及参与市场规则的制定，取得战略主导地位。可以通过组织构建电力期货市场，成立电力交易所，公司金融部门参与电力衍生品交易与电力期货、现货交易、碳排放权交易。

（2）预期收益。一是有利于规避电力市场的价格风险。在传统的电力工业管理体制下，国家对电价实行严格管制，政府统一管理电价，对电价实行严格审计。在这样的硬性控制下，电价的波动很小，几乎没有独立发、输、配电企业，因此，不会面临由于电价波动造成的风险。但随着电力体制向市场化方向改革，电力市场中批发电价和零售电价都将逐步放开。电价通过市场竞价方式来确定，将不可避免地导致市场价格的波动，例如，一日内负荷处于高峰时的实时电价与负荷处于低谷时的实时电价可以相差几倍，有时甚至低谷电价可以为零或负值，而不同天、不同月份的电价则相差更大。这样，电价的剧烈波动将使电力市场的参与者面临巨大的价格风险。事实证明，电力市场一旦出现大的价格风险，其严重程度一点也不亚于国际金融业中一些十分著名的金融风险事件。二是有利于电力市场的健康和稳定发展。价格是资源配置最重要的手段。计划经济条件下，价格信号是失真的，不可能实现资源的优化配置；进入市场经济后，单一的现货市场也无法实现；只有期货市场与现货市场相结合，才能使资源的优化配置得到充分实现。缺乏期货市场的预期价格，政府只能根据现货价格进行宏观调控，电力发展缺乏科学的规划能力。我国电力将极有可能在"缺电、上项目、过剩、减少投资、又缺电"的恶性循环中徘徊，造成社会资源的巨大浪费。期货市场产生的价格具有真实性、超前性和权威性。政府可依据其来确定和调整宏观经济政策，引导企业调整生产经营规模与方向，使其符合国家宏观经济发展的需要。

2. 构建一体化支付结算平台

1）参与模式

（1）统一支付结算平台。形成一体化电力交易第三方支付结算平台（例如电e宝），近期可覆盖业务受理、业务费用结算、电费收缴、分布式电源结算、消费信贷、小微企业信贷、基金产品等；远期考虑覆盖所有能源支付服务（例如石油、天然气）；未来开拓更多支付领域。为后期信贷体系提供便捷的金融支付工具，实现全公司业务层面的资金流归集。

（2）构建信用体系和绿色指数评估体系。利用广大的电力客户数据库和客户电力消费档案，建立基于客户电力消费行为的信用体系和绿色指数评估体系。绿色指数旨在通过考核客户的碳排放以及绿色消费行为，塑造消费者环保消费行为取向，例如，个人对于新型能源的消费、节能电器的消费、电动汽车的消费、光伏的投入，都可以转换为绿色指数积累。在后期能源市场活动中，获得差异化的服务。通过信用档案和绿色指数两个维度，考核客户的能源消费能力与预期收益，划分不同的信用评级，作为整个能源商务活动依据。

2）预期效益

为公司解决了支付渠道问题，形成自主的支付渠道，对其实行风险管控，提升公司支付行为的安全性；承担所有电力业务衍生的资金交易结算服务，巩固了客户群体，形成了完善的客户数据库，为电网企业自己的传统业务以及新能源服务推广奠定了良好的基础；作为第三方支付平台，公司可收取技术服务费；强大的资金流流通，公司可以获取额外收益。

3. 提供全产业链的金融产品线

（1）参与模式。是电网企业充分利用客户信息资源，销售更多种类的产品与服务给同一客户，获取产品之外的更多利润。主要包括商务融资、消费者信贷和数据增值服务。

商务融资主要针对发电企业、小微电网企业、设备制造商、能源服务商、售电企业提供运营资本的融资融债、保险理财，针对能源企业交易提供风险解决方案。

消费者信贷主要针对能源市场以及主营业务范围的电力客户，提供包括产品租赁（对须客户自购的大型设备，如光伏板、充电桩、变压器等提供租赁服务，收取租赁费用）、电力产品预售（对新开发的产品和服务，如节能服务、电务服务、储能设备进行预售，掌握市场需求情况，缓解资金投入压力）、小额信贷（对消费者在营销业务中的光伏电站、业扩报装、电动汽车充换电、电动汽车、节能服务等提供信用贷款）等服务。

数据增值服务主要为商业机构和能源企业提供消费能力评估、信用指数评估、绿色指数评估，作为决策依据，收取相应数据增值服务费。

（2）预期收益。电网企业的客户来源和风控核心来自于自身平台业务积累，企业拥有风控自主权。通过金融产品线将整个电力业务产业链联结起来，可以提高市场份额，维持企业领先优势，扩大品牌影响力，还可以充分利用基于平台构建的客户数据库，提供电力产品之外，例如新能源服务的衍生业务销售，提升企业盈利。同时，也便于信用管理，扩展和优化融资渠道，降低企业交易费用。

金融产品线和主营业务相辅相成，形成统一的电力业务金融体系，实现资金流、数据流、客户流在平台内自由流转。主营业务为金融业务的开展提供资金来源和客户基础；金融产品线促进主营业务的销售，增强客户粘度。

第七章
电力销售及服务
生态系统

电力销售及服务生态系统是以龙头型企业为网络核心的、众多缝隙型企业共生、开放的、价值共享的商业生态系统。在政策、技术、市场环境、消费需求不断改变的情境驱动下，电网企业不断推行营销业务信息化、自动化、智能化，逐步搭建起面向市场、满足市场需求的"总入口＋综合平台"，并依托平台，实现能量流、信息流、资金流的充分交互，一个以电力用户为中心、实现价值创造电力商业生态逐步形成，市场参与各方也在其中得到不断自我完善和发展。

第一节　电力销售及服务生态系统概述

一、基本概念

（一）生态系统

生态系统（ecosystem，ECO）指在自然界一定的空间内，生物与环境构成的统一整体，并在一定时期内处于相对稳定的动态平衡状态，具有循环性和共生性。在这个有机整体中，物质和能量在其中循环、流动，被多层次、反复地充分利用，各种生物及它们与环境之间结成了一条条食物链，而链与链之间又连结成一张生态网。各种生物在其中互相依赖、互相制约，形成了共生共荣的局面。

（二）商业生态系统

商业生态系统，是由组织和个人所组成的经济联合体与相应市场环境所形成的共生体。其中，市场环境指影响市场行为的技术经济、政策法律、社会文化等外部环境，经济联合体则包括核心企业、消费者、市场中介、供应商、风险承担者等，在一定程度上还包括潜在竞争者，这些成员之间构成了价值链，不同的链之间相互交织形成了价值网。

与自然生态系统相比，商业生态系统中市场主体之间是"共同进化"的关系，可以突破传统行业界限，发展新的循环，从而增加各自的市场机会。他们对经济联合体和市场环境具有更强的选择、营造和角色转换能力，因此，各市场主体往往会主动营造符合自身发展意愿的生态系统，各个生态系统在共生、互生、重生中实现商业生态圈的整体价值最大化。

以美国苹果公司为例，苹果公司建立了一个应用平台，定义了一系列标准化软件接口，使得不同的企业和个人都可以借助这些接口，在手机、电脑上实现不同的功能。同时，苹果制定了严格的交易规则和惩罚措施，使得无数开发者借助平台获得收益，并促进平台的良性发展。这个优良的机制吸引了众多开发者，使苹果自身硬件的价值大大提升，带来更多用户。而更多用户使用苹果产品，又使得开发者的收益大幅提高，吸引更多开发者入驻平台，形成良性发展循环。

（三）电力销售及服务生态系统

随着智能电网发展，被动、弱信息化、单向传输、静态及封闭式电网，将进化为市场导向、服务化、分布式和集中式相结合、动态及开放式系统。传统意义上的电力供应端和消费端泾渭分明的"鸿沟"正逐渐被打破，在电力体制改革、"互联网＋"等政策及社会环境助力下，可以孕育众多市场主体参与电力销售及服务，创造百花齐放的商业模式，形成以电力用户为中心、实现价值创造的商业生态系统。

以美国 CPS Energy 能源公司为例，该公司原有产业链仅涉及电力生产、传输、分配以及天然气和电力销售，公司变革后重点发展将用户建筑改造成为电站，把这类分布式用户连接起来形成网络，全面收集客户用电数据，集中进行分析，作为新业务发展计划的决定依据。该公司在拓展自身产业链的同时，吸收跨界伙伴，与设备商合作研究储能领域，与通用电气合作建设智能输电网，将所有的利益相关方通过基础电网和信息网络互相连接，协同为用户创造价值。CPS Energy 公司在电网结构由分散化向智能化的发展进程中形成了电网发展网络式生态圈。

自然生态系统中，可以根据各个物种的作用划分为优势种、亚优势种、伴生种和偶见种[①]。其中，优势种对整个群落具有控制性影响，因为如果将其去除，必然导致群落性质和环境的变化。同样的道理，在商业生态系统中，关键企业对于系统抵抗外界干扰起着非常重要的作用，因为它所支持的多样性在遇到外界干扰时起到了缓冲器的作用，从而保护了系统的稳定性、生产力和多样性。

电力工业关系国家的经济命脉，电力实时平衡的特殊物理属性以及关乎能源安全、社会稳定、经济发展等社会属性，决定了电力销售及服务生态系统必将是以龙头型企业为网络核心、众多缝隙型企业共生、开放、价值共享的商业生态系统。龙头型企业在系统中占据中枢位置，为其他市场主体提供共享资产，缝隙型企业是系统的主体，利用自身优势专注细分市场，在他人构建的生态系统基础上创造专业化价值。生态系统中的各个主体随着市场环境变化，建设和运营自我生态，在自我生态运营中，商业生态系统边界逐渐模糊，呈现网络状结构。某一企业可同时生存于多个商业生态系统之中，每一个商业生态系统内部包含着众多的小商业生态系统，同时它本身又是更大的一个商业生态系统的一部分。

因此，电力销售及服务生态系统是以电网企业为龙头，围绕电能生产、传输、转换、消费产业链主动营造、各类缝隙型企业参与而形成的共生、开放、价值共享的商业生态系统。

二、生态系统主体

随着传统电力市场向新型商业生态系统的演化，电力销售及服务生态系统中的市场主体发生了深刻的变化，具有核心技术、充足资本、互联网属性的新兴市场主体不断涌现，传统市场主体面临竞争力下降、盈利模式难以为继的阵痛，将遭遇淘汰或转型，市场份额格局也发生了彻底改变。当前电力市场前沿研究领域对未来市场主体的分类定义

---

① 根据生物学概念，优势种是指对生态环境影响最大的种类；亚优势种是指某个生物群落中次于优势种但优势度较高的种；伴生种是指在群落中出现，但属于对群落的作用和影响不大的非优势种；偶见种是指可能是由于环境的改变偶然侵入的种群，或群落中衰退的残遗种群在群落中出现频率很低的种类。

各有不同，市场主体本身也将会具有多重属性，本书综合各方观点，依据市场主体的最核心功能角色定位，将其划分为以下五类。

（一）电力供应商

电力供应商是各类发电企业。目前，发电企业（依据发电原料不同）可分为：火力发电（石油和燃煤等化石能源）；水力发电（水等非化石能源）；可再生能源发电（风、太阳能等）；新型能源发电（生物质能、可燃冰、海洋能、核聚变能、氢能等）。

新能源发电企业拓展了传统能源的能源开发和利用领域。当前已有风电设备制造和服务厂商实现了风电、光伏、储能和微燃机等的互联，促成了智能微电网并网发电。

（二）电力服务商

电力服务商是电力市场中一切围绕电能产品销售、资产服务、资本服务、综合解决方案集成等的服务商，通常包括：

1. 市场售电商

市场售电商是由于电能价格管制逐步放开而进入售电市场，开展市场化售电业务的售电公司，例如，由政府参股投资的具有配电网资源的工业园区售电公司等。

2. 电力设备商

电力设备商是各类负责生产、传输、存储、消费电力的专业设备制造商，例如，负责电力转换分配的变压器制造商，电能计量装置生产商，电动汽车生产厂商，甚至家用电器生产商等。

3. 电务服务商

电务服务商是具有电力生产、传输、存储、消费电力工程设计、建造、接入以及后期设备运维管理等专业技术资质的电力服务公司，例如，电力工程设计单位、表后电务服务公司、电力接入工程代理商等。

4. 金融服务商

金融服务商是为电力客户提供信用评估、投融资、电力衍生品交易等服务的金融服务企业。

5. 综合服务商

综合服务商是基于电力销售及服务生态系统入口平台，为客户提供工程建设、需求响应、能效管理、运营维护等综合解决方案的整合服务商。

综合能源服务商多为生态跨界企业，生态跨界竞争者通过引入节能、智能化等技术，改造现有产品，使能源设备、家电、电动汽车等具有节能和互联的特征。然后，跨界企业通过延伸服务，进入家庭智能设备管理、能源管理等服务领域，如电信公司提供互联网设备、安保公司提供能源管理解决方案、电能插头的生产商将产品集成到电力系统需求响应系统中等。

（三）电网企业

电网企业是骨干电力网络的规划、建设、运行、维护企业，负责电能的传输、配送，参与市场化售电及保底服务的电力销售服务商。目前，我国电网企业主要包括国家电网、南方电网等国有特大型电网企业以及各区域性地方电网企业。电网企业作为整个电力销售及服务生态系统中的物流链，为整个生态系统的运转提供着不可或缺的流转渠道。

（四）使能企业

使能企业是指为电能服务的市场主体在发展战略规划、信息技术、商业模式创新等方面提供咨询、设计、解决方案的新型服务企业。如提供数据信息服务的数据运营商、提供技术平台集成的 ICT（信息通信技术）企业、大型跨国企业战略咨询公司等。这些使能企业往往介于理论研究和企业实践者之间，既具有前沿研究的理论水平，又具有企业合作的实战经验，并善于跨领域技术、商业实践融合，例如，谷歌不但利用风能、太阳能发电来为数据中心提供绿色电力，更利用机器学习、人工智能等技术大幅改进数据中心能效。

（五）电力客户

电力客户是一切有电能消费的客户。随着电力体制改革的推进，电力客户的细分范围发生了巨大变化，出现了普遍服务、保底服务、直购客户、市场化售电客户等。未来，随着智能家居技术的广泛普及，具有可再生能源发电、贮能、智能用电能力的新型产消一体化电力客户还将大量涌现。

总结以上对未来市场主体的描述分析，未来的电力销售及服务生态系统是一个基于统一入口平台的典型的双边、多边市场生态系统，随着平台对海量消费者个性化需求满足所创造出的新的专业化价值的显现，使得电力生产者与消费者之间的边界得到极大融合，"产消合一"成为大规模的事实，例如，一个普通的家电维修个体经营者，以维修店铺的身份看，他是一个电力消费者，即电力客户，但当其接入到电力公共服务平台后，可从 95598、网络客服等服务媒体获取家用电器故障报修业务，因而转换成一个专业的电务服务商。总之，一切市场角色之间均可相互转换、相互渗透。

三、电网企业的生态位

企业生态位[①]是企业在整个生态资源空间中所能获得并利用的资源空间，是企业通过与外部环境的物质循环、能量转换和信息流动而形成的相对地位和功能作用。企业对资源的需求越相似，产品和市场基础越相近，它们之间生态位的重叠程度就越大，竞争就越激烈。因此，企业必须发展与其他企业不尽相同的生存能力和技巧，找到最能发挥自己作用的位置，实现企业生态位的分离，为企业间功能耦合形成超循环提供条件，生态系统才能健康、持续的发展。

虽然电力销售及服务生态系统是以电网企业为网络核心，但面对多样化的市场主体，电网企业必须正视自身的生态位，构筑特色竞争力的错位发展，推动整个行业的变

---

① 生态位是指每个个体或种群在种群或群落中的时空位置及功能关系。

革进化和持续发展。找准生态位必须从企业所面临的市场环境入手，当前电网企业正经历着从电能产品"独买独卖"到综合能源"多买多卖"的市场环境改变，电力销售及服务的业态变化主要体现在以下几个方面。

从供给侧方面看，消纳高比例可再生能源，除需强有力的智能电网以外，急需从营销环节给予高效接入、透明交易、信息互动、设施控制等；同时，在能效利益驱动下，立足于能源高效本地消纳的分布式储能、微网及相应的各类独立运营平台也迫切需要接入到能源骨干网络运营体系中来，通过实时充分的信息共享互动，驱动最优化能量交易决策与控制。

从需求侧方面看，市场需求热点从电能本身转向能效服务和用能解决方案，特别是基于建设方案、用能效率、价格策略、成本收益、设施管理等综合性的解决方案。从客户的角度而言，消费偏好越来越多元化，体现在一定价格下用能品质、成本、渠道、体验以及综合价值感知等各方面的需求差异。

从社会文化角度看，由于电能具有无时不在、无处不用的特性，每一个电能出入口都是一个万物互联的终端，具有天然的互联网特性，从而促使电力向数字化消费市场转变，迫切需要将能源赋予数据属性，基于数据决策市场的总体容量、结构及发展方向，实现电力能源产业的经济性、高效性及环保性。

基于以上市场态势分析，电网企业要主动适应并营造符合企业发展要求的商业生态系统，即由电网企业发起创造一个价值平台，这个平台可供生态系统中各商业伙伴共同利用和分享，协同为用户创造价值，从而使价值创造活动能够得以系统化地组织。在该生态系统中，电网企业营销业务全面实现智能化，具备了对外部环境瞬息变化的实时、高效响应能力；同时，建成面向市场环境的"总入口＋综合平台"，利用互联网的快速迭代创新能力，支持海量和多种形式的供用能设备快速便捷接入，支撑电能的透明公平交易，助力市场的商业模式创新，实现电能产供销信息充分交互和数字化管理决策。在此基础上，电网企业与市场参与各方依托各自资源优势相互融合渗透，实现电能生产、传输、储蓄、消费全产业链的科学合理布局，建立一个新型电能产供销市场主体以及电力市场环境的复合共生体。

第二节　电网企业自我生态运营创新

基于电力营销智能化水平大幅提升的现状，未来电网企业自我生态营造的战略基点是营销环境面对市场的"入口＋平台"的建设和应用，通过"入口＋平台"，推进"互联网＋"与电力营销业务的深度融合，支持多种供用能设备快捷接入，支撑电能透明公平交易，助力市场商业模式创新，推广信息充分交互和数字化决策，实现电网企业由"垄断型网络运营商"向"平台型能源服务商"的转型。

一、生态运营创新思路

电网企业处于客户群体庞大、社会生活渗透广泛的能源行业，实施转型升级可发挥自身的网络资源优势，通过改造与市场交互的平台，构建并发展自我生态，借鉴激烈竞争市场中平台战略的成功经验，与市场各方资源共享、优势互补，带动市场不断做强做大并实现各方共赢。具体到营销环节，就是对内全面推行智能化，提高生产管理效率，改善对外部环境变化的实时高效响应能力；对外构建与市场交互的"入口＋平台"，利用互联网快速迭代创新能力，打通交互渠道、实现柔性扩张、共享资源红利、提升协同效率。

（一）平台创新的基本原理

在经济学领域，乘数效应是指某一变量变化引起相关变量成倍变化。如果以平台的引入为变量，它对电网企业服务市场的能力将会带来怎样的改变呢？这种改变的方向和强度又如何引导和控制呢？

首先我们应该从现有的业务能力入手，电网企业目前为客户提供的业务包括业扩报装、抄表核算、电费收费、计量检定、用电检查、需求侧管理等，为了能形象地反映当前营销业务为客户提供的用电服务，绘制电网企业营销业务能力示意图如下（图 7-2-1），由于不同区域电网企业提供的业务服务不尽相同，为统一、清晰地表述，在此假设相关服务能力共有十种。

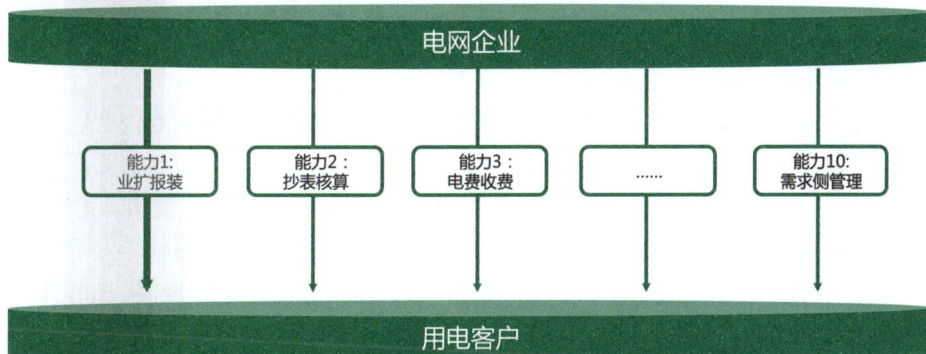

图 7-2-1　电网企业现有营销业务能力

由图 7-2-1 可以看出，目前电网企业提供给市场的服务产品是基于自身能力和客户普遍需求的一类固定组合产品，业务能力范围受到组合的限制，如果在企业与客户之间搭建起统一平台，将企业能力和客户需求之间的固有组合解耦，则释放出来的企业满足市场需求的能力组合将实现乘数倍增长，如图 7-2-2 所示。

依据图 7-2-2 进行计算，若电网企业具备 10 种服务市场的核心能力，则企业可服务于市场的组合能力将可能达到 $2^{10}-1=1023$ 种；同样，若客户有 10 种差异化的基本需求，则客户实际的电能消费组合需求也将达到 $2^{10}-1=1023$ 种。通过平台载体，组合能力和组合需求找到了一一匹配的路径，从而完成企业产品服务的送达。

实现以上乘数效应的核心思想是把传统的固有业务组合解裂，通过更加小而灵活的能力、需求的组合匹配，实现电网企业服务市场需求的倍增能力。但现实的业务设计不可能与以上运算结果完全相符。首先，其中一些能力需求的匹配关系是无效或者无法实现的；其次，解裂后的某些能力对于客户而言不需要或者毫无意义；再次，部分能力与

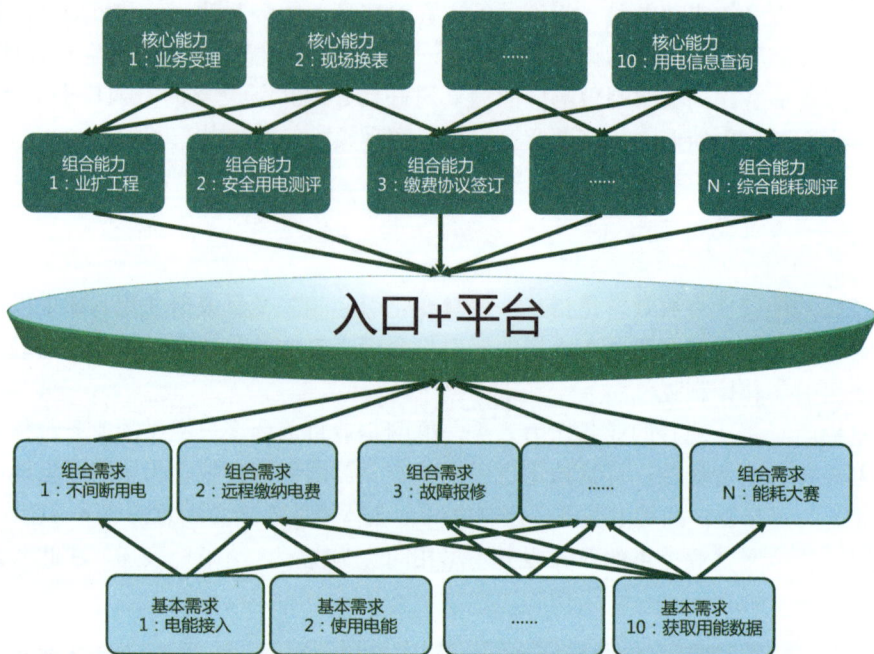

图 7-2-2 电网企业基于"入口＋平台"的营销业务能力

需求匹配组合的投入收益不符合企业或者客户的价值诉求，应更深入地进行可行性研究后再决策是否需要开通；最后，能力和需求解裂后，还会催成出更多新的需求点以及与之匹配的服务能力。综上所述，要激发企业能力和市场活力的乘数效应，必须搭建平台、解裂业务组合、重新规划并运营企业从能力到需求的业务实施路径。

（二）平台创新的实践路径

依据以上乘数原理，电网企业若希望通过平台创新实现战略转型，必须从搭建平台和运营平台两方面入手。

1. 搭建"入口＋平台"

平台创新的核心思想是构建一个提供产品服务、达成资源交易和价值让渡的市场聚集地，它不仅仅是实现业务能力的系统支撑平台，更是搭载交易机制、规则、标准和终端业务应用的核心资源管理调试平台。平台的本质是企业内外互通的中介集市，但实际撮合和达成交易还必须参与各方能便捷地进入集市，也就是说平台创新还必须配套建设通达集市的入口，因此，入口是企业能力和市场需求接入平台的渠道路径，也是资源交易和价值让渡的起点，是平台建成运营的基本条件和必不可少的基本要素。

电网企业搭建"入口＋平台"，首先要对现有的业务支撑平台实施优化改造，将核心业务的基础平台进一步标准化、最简化，支撑高效业务执行，再通过深度链接技术实施不同业务支撑平台的广泛互联与协同运转，从而构成服务于市场的业务更全面的"大平台"。平台的一体化协同能力有多大，市场的资源交易和价值让渡的能力就有多大。

搭建"入口＋平台"的第二大任务就是明确渠道与平台交互的接入规则，约定接入者是人、用电设备、客服热线、门户网站、移动终端还是其他实体服务渠道，可达成交易的业务范围有哪些，交易授权及执行机制是怎样的，交易的价格和结算方式又有哪些选择，入口的搭建将约定平台的准入机制，从而使平台拥有了市场交互的控制权。

2. 运营"入口＋平台"

"入口＋平台"成功搭建后，电网企业就拥有了提供基础服务和资源调度的平台服务能力，也形成了自我生态运营的准入机制，然而，使平台真正发挥效能，还必须应用好平台能力，即对现有的业务处理、渠道运营、服务组织、管控决策实施组织管理创新改造，以平台为载体，将后台标准化、统一化、模块化的营销业务能力与市场前端各类个性化需求之间进行匹配组合，创造出灵活多样的产品和服务，实现基于平台的内外广泛协作、交互，推动内部营销能力对外部需求的高效响应控制。这种基于"入口＋平台"的组织管理创新具有极强的灵活多样性，搭载在"入口＋平台"之上的业务交互呈现出分布式、自发自治等新特性。

基于以上"入口＋平台"发挥效能的原理，推动电网企业核心能力不断扩大并充分匹配市场需求的组织管理创新应从以下三方面入手。

内部能力重构：将现有业务能力进行梳理、拆分、整合，形成最小化的核心能力单元，优化核心能力的生产组织方式，满足未来灵活、高效配置的需要。

外部需求拉动：培育市场对电能产品和服务的基本需求，支持鼓励不同消费偏好形成差异化的组合需求，提升企业对市场无差别响应的形象和口碑。

内外协同创新：借鉴互联网快速迭代创新的成功经验，优化创新机制，促进企业能力与市场需求间的匹配和业务贯通，实现企业赢利能力的持续增长。

二、搭建"入口＋平台"

（一）打造"大平台"

如本书第二章所述，电网企业正在实施以营销业务应用系统为核心的系统平台一体化优化重构，用以构建强大的技术支撑物理平台，因此，在自我生态运营阶段打造"大平台"的关键任务是不断丰富建立在技术支撑平台之上的业务范围及业务交互准入规范。这些交互机制的建设通过 API 管理来实现。

1. API 概念

API（application programming interface），即应用程序编程接口。在电力生态"大平台"中，该接口定义了跨业务平台之间、入口与平台之间的通讯方式、数据格式、标准操作内容等，犹如政府为市政规划建设所划定的红线，指引建设路径，市场接入方在入口端只有按规范接口开发应用，才能实现与平台的交互，例如，在连锁超市开通代收电费业务，必须制定严格的接口规范，定义接入的通讯方式、交易类型、各类交易流程、交互数据项、交互结果标准代码等，电网企业平台向外部的业务延伸拓展也可以通过新的标准接口发布应用而得以实现。

2. API 开发

围绕业务需求，设计基于平台架构的技术规范，在定义交互数据时，应合理划分数据边界，降低跨业务应用的耦合程度和依赖性，提高组成单元的内聚性，从而提高业务应用的灵活、可维护和扩展性能；在定义通讯方式时，注重信息交互的安全性，支持多种设备接入，内置智能链路策略，自适应内外网多种连接方式，满足多样化应用场景需要；在定义标准操作内容时，提升 API 的对外开放程度和接入的便捷度，配合数据设计，管理好内外能量、业务数据的交互。

随着前端应用需求的多样化、复杂化，编程接口开发设计变得越来越重要。良好的接口设计可以使前端应用职责得到合理划分。

3. API 发布

将 API 接口规范发布到电网企业的公共服务平台，便于前端应用开发者调阅使用。标准规范一旦发布，应对所有授权使用者公开、透明开放并保持相对稳定，不得随意变更以保障交易的严肃性，在确需优化时，应充分考虑市场中标准规范的影响范围，与参与方共商调整。

4. API 管理

平台的广泛应用使 API 应用数和调用量成指数级别的增长，为保障 API 发布后安全、稳定、高效运行，在平台层还需要部署开放的 API 监控管理工具，对开放的应用接口实施分类组织管理、实时监控优化。某电商企业 API 管理平台架构如图 7-2-3 所示。

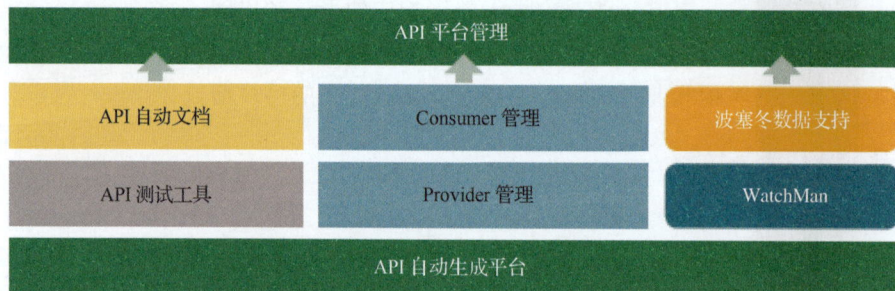

图 7-2-3　某电商企业 API 管理平台架构图

5. API 扩展

API 接口规范不但能搭建平台与前端的业务交互，还可以通过实时同步机制，实施平台与平台间的有效交互，这些平台不仅可以是电网企业内部跨专业业务系统平台，还可以是内部与外部、外部互不通讯的平台之间深度链接和一体化协同，例如 Button 公司开发的深度链接服务产品把订餐软件 Resy 和租车软件 Uber 进行结合后，用户只要进入 Button 的服务，便可以在同一平台进行预定餐厅和预约租车等一系列动作，而不用将 Resy 和 Uber 逐个打开。

（二）打造"小前端"

苹果手机的价值远不止于极致完美的硬件设计，更在于其 AppStore "平台＋多元应用"结构，通过强大的平台，支撑多种充分运用硬件能力的前端应用，而前端应用的商业化运作又赋予平台无可限量的巨大能力。

借鉴苹果的"平台＋多元应用"结构，电网企业打造"小前端"就是依据市场用电需求、用电和计量监控设备发展、渠道综合能力水平等因素变化，开发和不断优化服务于市场的各种前端应用，服务于用电客户、业务人员以及其他市场组织。随着装备制造水平的不断提升，用电终端设备将具备智能化用电控制调节能力，在电力销售及服务生态的市场化价格调节机制的作用下，未来"小前端"还将直接嵌入到用电设备中自动运行，无需人为干预地实施用能管理。

"小前端"应用开发和成功应用的关键在于科学地交互设计，使应用既能充分地匹配设备能力，还能很好地实现人的需求，形成具备开放、共享、标准、去中心化、可灵活配置等特性的应用模块集群。为充分发挥平台能力和充分满足市场需求，"小前端"应用应部署于 API 管理平台，实施科学地软件版本管理控制。在"小前端"交互设计中，与人打交道的人机交互设计必须遵循以下原则。

可视性：功能界面简洁明了，方便用户发现和了解使用方法。

反馈性：反馈与活动相关的信息，以便用户能够继续下一步操作。

限制性：在特定时刻显示用户操作，以防误操作。

映射性：准确表达控制及其效果之间的关系。

一致性：保证不同设备载体下同一功能的表现及操作一致。

启发性：充分准确的操作提示。

电网企业自我生态运营的过程，是平台能力不断扩张的过程，也是前端应用层出不穷、爆炸式增长的过程。电网企业一方面可以通过对市场需求的预判，主动组织开发应用，也可应用社会激励手段，将前端应用开发社会化，让开发者获得应用的红利、价值的满足，推动"小前端"的更快丰富完善，特别是对市场痛点的高效响应。

（三）运营核心业务

当"大平台"与"小前端"的构建机制逐步完善后，各种现有及新建业务支撑系统平台逐步实现一体化协同运转，电网企业将真正从"垄断型网络运营商"向"平台型能源服务商"转型，平台运营成为营销环节的核心业务，根据战略目标、服务对象、专业知识和发展策略差异，未来平台运营的核心业务将向以下三个方向整合。

交易结算平台：电能、相关服务及衍生品的交易撮合平台、资金结算平台。该平台以互联网为载体，将市场中分散化的用户、差异化的能源、多元化的商业主体紧密联系起来，最大化市场成员的交互范围和频度，并形成资金结算的唯一入口。该类平台的主要业务将包括购售电、电子商城、车联网等。

金融服务平台：以电能交易资金池为基础，向企业自身、市场参与者及广大客户提供电能产销相关的投融资、信贷担保等服务，满足市场巨大、长期、不定的融资需求，同时，借助平台吸纳更多投资主体和资金参与，为全社会资金提供更广阔的投资机会。该类平台的主要业务将包括信用评价、消费信贷、电费理财保险、工程融资租赁、绿色指数评价、碳排衍生品交易等。

公共服务平台：对市场交易、接入设备等实施实时监控、可视化管理、数据分析、风险管理、健康诊断、能效评估和低碳化管理等综合服务。通过开放平台能力，辅助电网企业将弱势业务运营社会化；广泛服务于市场中的设备生产厂商、解决方案整合商、用能客户，便于开展数字化决策、专业化分工、社会化协同；更服务于政府及监管部门，打破信息孤岛，把握能源生产消费整体动向，实施有效市场监管调控。该类平台的主要业务将包括电网资源发布、业务流程跟踪、能效数据共享、用电设施监控、服务资源评估、政策信息公告等。

三、运营"入口＋平台"

如前所述，基于"入口＋平台"的组织管理创新的核心思想就是激发活力、用好平台、改造环境。在内部能力重构方面，将现有业务能力进行梳理、拆分、整合，形成最小化的核心能力单元，优化核心能力的生产组织方式，满足未来灵活、高效配置的需要；在外部需求拉动方面，培育市场对电能产品和服务的基本需求，支持鼓励不同消费偏好形成差异化的组合需求，提升企业对市场无差别响应的形象和口碑；在内外协同创新方面，借鉴其他行业互联网快速迭代创新的成功经验，优化创新机制，促进企业能力与市场需求间的匹配和业务贯通，推进企业赢利能力的持续增长。

（一）内部能力重构

业务能力重构的原则、方法可以有多种思考角度，围绕外部响应的灵活、高效，以下四个方面值得关注和大胆尝试。

1. 业务拆分

将原有业务从组织单元、业务流程、支撑系统等各方面拆分成独立的业务环节最小单元，对业务单元之间协作给出标准化定义，实现跨环节业务的无缝连接从而实现整体业务的贯通，例如，在过去计量业务中，周期轮换、故障换表、计量装置改造等各类业务流程都存在现场换表业务环节，将该环节拆分为一个独立的业务单元，规范从业职能部门、工作职责、人员要求、标准操作内容以及工作任务接收和完成反馈方式，则可成功把该业务环节独立拆分出来，这种最小化拆分不但有助于跨业务协作和弹性组合，更有助于小单元业务的标准化管理、规范化执行。

2. 业务整合

随着技术水平和劳动效率提升，部分业务的人工干预度减少，跨专业业务间工作内容重叠交叉，一些专业工作出现了整合需求，例如，电网企业用电现场的抄表催费、用电检查、采集运维等工作，一方面，随着智能电表全覆盖和用电采集系统的建成，自动化抄表全面推行，现场抄表业务逐渐萎缩，随之而来的是现场终端设备维护需求的持续增长；另一方面，随着渠道的完善和服务送达能力的提升，电费现场催收业务也将缩减，取而代之的是更多的现场用电咨询服务需求。将用电现场的抄表催费、用电检查、采集运维等多种业务进行整合，可使现场业务从简单低效的技能工种演变为技术性强、服务能力要求高的综合性技术工种，促进工作效率大幅提升。

3. 流程智能化

在业务流程自动化基础上，进一步探索关键环节的智能化改造，消除瓶颈，解决问题，例如，传统故障表拆回检测、示数记录等工作，必须人为分析、判断、记录，未来，可以通过自动拍照、视频识读、机器手自动投送检测台等方式实现智能化控制，提高环节处理能力效率，又如，通过营业厅视频识读，分析窗口繁忙情况、自助设备排队情况，当服务能力达到繁忙预警线时，自动组织分配新的服务资源。其次，客服呼叫中心还可针对突发故障启用智能话务响应策略，组织自动语音应答、分配机器人坐席等。

4. 弹性组织

近年来，业务自动化水平的提高对从业者的合作意愿带来冲击，体现在业务操作对能力和工作效率要求更高；基于系统的跨专业协同难度加大，责权边界难理顺；业务工作机械化程度加大，工作趣味性和成就感降低；增效带来了减员压力，导致从业者不安抵触。这些冲击导致一线岗位对业务优化积极性不高、相互推诿责任。在企业内推行项目制弹性组织形式，将相互竞争、制衡环节的从业者，以项目组形式组建利益共同体，按共同效能实施管理考核，往往能起到四两拨千斤的效果，例如，将抄表催费、核算、稽查、用电检查等业务，按片区划分成若干难度系统不同的业务分包，鼓励具有资格的相关员工组建项目组自由竞标承包业务，通过利益驱动使难事、易事都有人愿意做，可使客户差异化需求得到满足，工作成效按片区价值贡献考评，工作质量有了根本保障，同时，自由组合带来工作能力、效率的强强联合，企业整体效率提升，落后者遭淘汰，良性竞争环境得以形成，在这种机制下将脱颖而出一批业务骨干和带头人，他们不由高层领导任命，而是来自同事们的认可，在同辈中树立起标杆。人员工种、岗位、薪酬等都是可变的，由自身能力、企业需求等许多因素共同决定，这类因项目组合在一起承包完成任务的微小组织，其组织架构与激励程度具有临时性、可变性，因此具有一定的弹性。

（二）外部需求拉动

在"互联网＋"新形态下的经济社会中，客户的需求远不止于产品本身的功能，已发散到产品品质、服务体验、消费偏好甚至价值认同等更深层次需要，被企业普遍接受的拉动需求的方式是对市场现有需求进行持续地分析、挖掘，从而不断推出符合需求的产品和服务。

1. 价格弹性

所谓价格弹性，即是需求量对价格的弹性，指某一产品价格变动时，该种产品需求量相应变动的灵敏度。随着电能商品属性的回归，传统的政府定价模式将演变为市场自由定价方式，用户可以依据价格信号主动反映多样化的用电需求。因此，制订灵活的价格机制是电网企业拉动客户需求的关键。电网企业可以根据用户的购电偏好，制订各类价格套餐，例如，针对不愿接受价格波动风险的用户推出固定电价套餐，针对用电需求较为灵活的用户推出分时电价套餐，针对有环保要求和愿意的用户推出按环保指数定价的绿色能源套餐等。

2. 众创引导

随着市场的透明化以及竞争的白热化，更科学的拉动方式是关注需求的满足方式，在达成需求满足的过程中，发挥客户乃至全社会的能力开展服务过程的差异化设计，使客户乃至全社会在参与中唤醒自身新的需求，例如互动交流、从参与中获利等需要。这种新的需求拉动方式最经典的当属"众创"模式的巧妙运用。

众包、众智、众创均为互联网商业模式创新的热词，其核心思想就是利用、调动民间大众的智慧，解决现实问题、挖掘资源价值、催生市场需求，在智慧能源、智慧城市乃至智慧地球的时代背景下，推动全社会形态的智能化发展，例如，美国政府发起的"绿色按钮"行动计划，要求所有能源企业公布能源消费数据，组织 APP 创新大赛，鼓励社会力量基于开放的能源数据创新挖掘价值，这一举措在政府和电力企业以极低的成本投入下，在极短的时间内满足了美国 2700 万个家庭获取和下载能源消费数据的需求，同时催生出了一批开展能源消费社群运营和能源综合服务的新兴企业，也为社会整体用能效率提升作出了巨大贡献。从政府、企业投入到社会自发，运用各种力量深度挖掘潜在需要，甚至唤醒和催生出颠覆潮流的需求，未来需求拉动的空间和潜力无限广阔！

（三）内外协同创新

随着内外交互平台的搭建和业务单元的标准化，"大平台"与"小前端"个性化之间的自由组合为内外部协同提供了有利条件，电网企业与市场中各种组织甚至个体合作，实施超出资产边界的社会化的分工协作，将共创出超乎预期的增量价值。

1. 市场主体协同

随着电网售电侧放开，电能批发市场逐步建立实时市场、容量市场、期货市场等交易方式，零售市场实行依据市场竞争自由定价方式，而完全市场化的资源配置不一定是最优的资源配置方式，为避免市场主体趋利，电网企业既承担保障性供电业务，又参与售电市场化竞争，多重的身份特性缔造了电网企业与其他售电公司之间竞争而又依存的复杂关系，同时也为电网企业创造了新的商业模式。

代维服务：电网企业为其他售电公司代为开展日常售电及客户服务等业务。电网企业凭借丰富的配网管理经验和熟练的管理团队，为售电公司提供专业的算法、日常的抄表、资金结算、检修维护及停电抢修等外包服务，甚至利用全面的数据和特殊的电能来源渠道为售电公司进行电力规划和安排，既可以保障用户用电安全，又可以提升售电公司管理能力，实现社会资源最大化。

淘电能：类似于现有的各类网络购物网站。在"大平台"一体化协同运转基础上，开放电力销售及服务网络交易，使售电公司、使能企业等各类市场主体都能在平台上开网店，出售各类产品和服务供用户选择，例如，售电公司可以通过此平台的现货市场购买分布式电源客户富余的电能，中小电力用户可以在此平台以团购的方式聚集购买力，最优化获取售电公司的零售电能。

2. 业务模式协同

企业如何建立有效协同机制以释放新产能？成败的根本在于摆正角色定位！未来企业最重要的功能不再是管理或激励，而是赋能，即企业职能从过去分派任务和监工转变为内外部业务参与者的顾问，帮助有意向合作的内部员工以及外部组织将其专长、兴趣和客户的需求和问题更好匹配，从而创造出服务市场的劳动价值。企业和业务执行者之间的关系从雇佣关系转变为公共服务提供商与使用者之间的关系。此类创新方法不胜枚举，以下结合电力营销瓶颈问题和新业务领域，提出若干值得尝试的探索方向。

抢单：电网企业存在部分作业标准化程度高但用工成本偏高的业务，如表计安装、柜台收费、电费核算等，可尝试借鉴交通、快递行业的"抢单"模式分派任务，将该工作的作业标准和从业资格公布到公共业务平台，并将工作任务以工单形式发布到公共平台上，让企业内外有意愿从事该项工作的个人和组织自由抢单完成工作任务，并按抢单工作量和质量考评计酬。一方面抢单竞争提高了工作效率；另一方面，基于标准化的竞争考评使业务质量得到极大提升，人力成本问题得到根本解决。

外包：基于平台强大的承载能力和业务单元的标准化，可以尝试外包的领域具有无限想象空间，例如，将居民催费业务外包给小区物业，其先天具备的与客户联系紧密、距离近、工作时间匹配等优势将使业务执行事半功倍，又如，通过监控平台，将营业窗口规范化服务的监控职能外包给第三方社会化组织或个人，即可低成本高效率地完成常规服务监控任务，还可通过第三方角色实现对内部业务规范执行的公平公正考核；在企业向市场拓展延伸业务方面，还可尝试通过对外公共服务平台，对大型企业客户提供电器设施及场所运行监控管理服务，收取运营维护服务费用，开辟出新的业务领域。

四、技术支撑保障

以"入口＋平台"为战略基点的自我运态运营思路，除了需要成功搭建运营平台、赋予平台软实力以外，还必须具备强大的技术支撑保障能力，依据创新思路的实践路径，保障平台高效运营应重点提升以下两个方面的技术支撑能力。

（1）推动数据技术应用。

在数据的采集、存储、加工、展现各个环节充分应用新技术，推动数据在其产生背景下抽离成关键信息，信息能迅速加工并呈现出规律性形成知识，平台通过大量知识洞见产生智能响应。数据应用各层级间关系如图 7-2-4 所示。

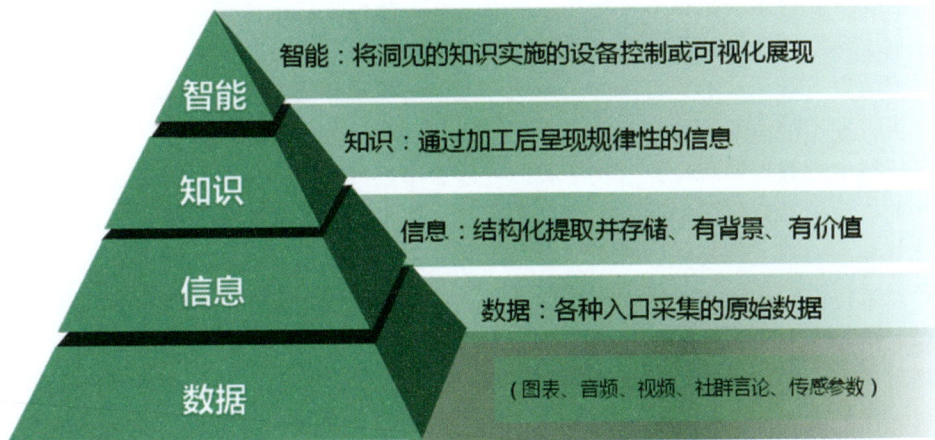

图 7-2-4　数据应用层级关系图

① 采集。随着技术的不断进步，过去难以记录和保存的非结构化数据的采集变得越来越易实现并有价值，例如，运用高拍仪、扫描仪、证件识读仪、摄像仪等设备，可

高效收集记录过去难以记录的海量音视频原始数据，再运用图像识别、人脸识别、视频识别等识别技术，抽离出业务情境需要的关键信息。在营销业务情境中，这样的技术应用可以包括扫描识别客户的用电申请表，获取客户的申请业务类别、申请容量等关键信息，自动发起申请流程；扫描识别客户的证件、印章、项目批准文件（与政府有关信息发布平台互连）等，审核业务申请有效性；运用摄像视频识别敏感风险问题，例如营业厅出现高峰人流、危险物品、可疑行为等。

②存储。存储技术主要解决以下问题：如何使有限的资金和物理空间存储更多数据？如何设计存储结构让数据调用更高效？如何管理数据以保障数据安全、不被入侵泄漏及在数据灾难来临时有效恢复数据？随着技术进步，数据的物理存储设备越来越小，性价比越来越高，基于企业私网或互联网的集群应用、网格技术、分布式文件系统使数据存储和访问集成到云端，不再受大型计算机设备、专业数据库软件的限制，实现存储能力的指数级增长。一些专职数据运营的新兴企业应运而生，能将数据与业务完全抽离，实施专业化数据管理。

③加工。数据加工的本质是通过对原始数据的运算、整理，生成出有价值的信息和提炼出规律的知识。随着设备、存储技术的飞速发展，数据加工在人工智能、机器学习、模式识别、统计学等技术领域的不断进步正颠覆着人类的视野范围和行为能力，例如，搜索引擎的关键词搜索，能让我们迅速在海量文件中获取有用信息，建立在大量电网安全运行数据基础上的故障分析算法模型能科学推算和预测出下一个故障风险点，便于提前组织抢修设备、人员，图形识别加工技术能将人体、运动等三维立体信息抽象成数据，也可以将抽象三维数据通过3D打印等技术还原成人们所需的服务、玩具等物品。

④展现。通过系统性地分析呈现出数据并不难，但如何简明清晰地展现数据、说明分析的角度、过程以及所得到的商业价值的结论？这是一个非常困难的命题，而这正是我们需要不断探索的数据可视化技术。其基本方法是根据情境选择最有效图、表以及各种积累了丰富可视化模型的工具软件。在我国，早在20世纪60年代，我国地理学家陈正祥将历史方志记录的灾害情况绘制到地图上，发现蝗灾发生的频率和地理位置存在关系，灾害发生的南部边界与春季及年平均80%相对湿度等值线吻合。从这类尚未应用计算机技术的数据展现经典案例中我们可以看出，可视化的关键是寓数于图的思维方式。当前，运用计算机图形学、仿真、多媒体、人工智能、计算机网络、并行处理和多传感器等技术模拟人的视觉、听觉、触觉等感官，将能通过人机界面让人进入虚拟现实世界，未来将虚拟的服务场景引入到服务行为培训的构想将完全有可能成为现实。

（2）推动技术融合共享。

随着"大云物移"技术持续发展和广泛应用，技术融合将成为未来技术发展的必然趋势。对于电网企业而言，要大力发展"互联网＋智慧能源"新形态，推动新能源技术搭载到符合其技术特性的独有商业模式之中，不断填补市场空白，引导清洁、环保、高效的电能消费理念，拉动匹配供电能力的电能消费需求，推动生态系统良性发展。

1. 新能源关键技术突破与商业化

通过风能、太阳能等可再生能源发电与气候变化的关联分析研究，提高风光预测的准确性和风电、太阳能发电的可控性，保障电能按需精准供应以及电网安全可控。

主动配电网关键技术研究，实现对各种分布式电源（DG、可控负荷、储能、需求侧管理等）组合控制，加大配电网对于可再生能源的接纳能力、提升配电网资产的利用率，提高用电质量和供电可靠性。

提高储能装置的经济性和容量水平，提高功率密度与能量密度，探索储能和可再生能源联合运行技术，推动微电网分布式供能系统和用电负荷的局域管理技术商业化运行。

2. 终端设备智能化与物联网接入

在电能接入、存储、用能等设备制造环节推广技术革新，加载智能化能力，使设备具备智能调度控制、智能行为决策能力，并通过物联网，利用局部网络或互联网等通信技术把传感器、控制器、机器、人员和物等通过新的方式联在一起，形成人与物、物与物相联，实现信息化、远程管理控制和智能化的网络，从而搭载全新的人、设备、业务、资金交互，例如，德国 Ubitricity 公司，通过电动汽车室外装置充换电盒子技术与线上支付结算技术的融合，产生了客户通过向该公司购买充电时数，由该公司统一向售电公司结算这样一种新商业模式。

第三节　电力销售及服务生态系统形成发展

通过积极主动的自我生态运营，电网企业将成功实现从"网络运营商"向"能源服务商"的战略转型，"入口＋平台"的聚力效果逐步显现，各类优势资源向着市场需求、高投资回报、高价值增长的领域倾斜，其他市场主体在广泛参与中找准优势领域，实现生态位分离，多买多卖的市场格局逐步形成，保护透明竞争的政策法规也逐步健全，一个开放、协同、共荣的终端电力销售及服务生态系统将初具雏形。

一、生态系统逐步形成

电网企业自我生态的成功运营为终端电能消费市场打开了巨大的发展空间，吸引着市场各方的广泛参与，合作变得比竞争更重要，交流变得比交易更重要，在开放、对等、融合、协同价值理念孵化下，在能源效率和绿色经济助推下，电力销售及服务生态系统在各方积极参与并融合渗透下逐步形成。

电力销售及服务生态系统的形成和发展离不开电力网络和信息网络的协同发展，互联网同生共荣，是互联网与电力生产、传输、存储、消费以及电力市场深度融合的过程，是不同市场主体以追逐增量价值为目标而分崩离析或渗透整合的过程，是一场经历了爆发、冷战、突破、成功的轰轰烈烈的革命历程。此处，以行业资本投入规模为参考变量，参照国家及世界能源信息研究预测数据，对未来 15～30 年电力销售及服务生态系统形成过程进行大胆展望，预测未来发展将分为如图 7-3-1 所示的四个阶段。

（一）快速成长期

2015 年，伴随中央电改 9 号文出台，售电市场放开正式拉开序幕，电力销售及服

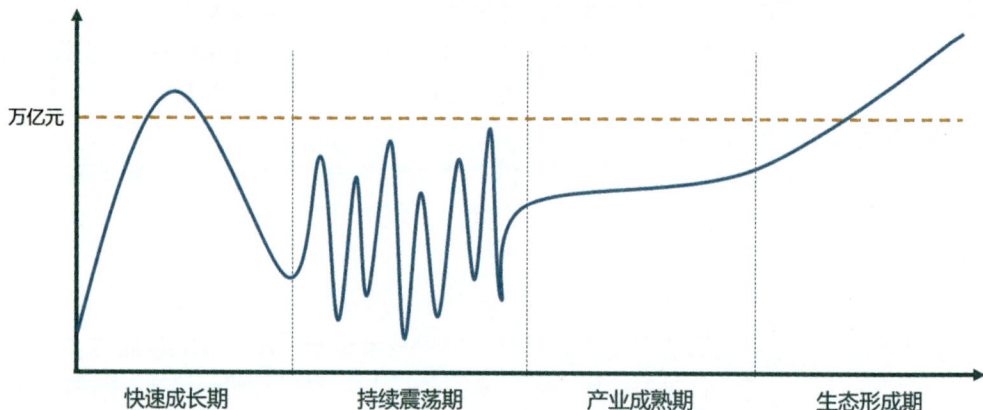

图 7-3-1　电力销售及服务生态系统的发展阶段

务生态系统的建设也全面启动。在这个阶段，以新能源发电、开发区配网建设运营、用电采集平台及终端技术等为优势资源的各类市场化售电公司大量涌现，传统电网企业也开始尝试多种经营手段，主动布局市场化售电业务。

这个阶段大量新增分布式电源被接入到电网，新能源、主动配电网、储能、充换电等领域的技术研究不断出现重大突破，众多关键技术问题得到解决。在微网、智能小区、虚拟电厂等领域开始出现新型组织，实践探索局部产消一体电能消费商业模式。

这一时期，电网企业从全社会电能消费总量上看，仍然保持着绝对优势的市场份额，但产业链被拉长，利润被压缩，面临着谋求业务优化治理、局部战略转型的重大压力。

（二）持续震荡期

随着电改政策的逐步明朗以及相关法律法规的逐步健全，电价管制逐步放开，市场化售电业务竞争加剧；需求侧的终端用能服务业务作为独立的新的价值增长点得到极大发展；一些新能源关键技术找到了匹配的商业模式，被广泛推广应用。

这一时期的市场竞争者均处于一种不安适应调整状态中，不断相互迭代、相互渗透、相互融合。电网企业将遭遇到最困难时期，业绩下滑，市场份额、利润出现大幅波动，但同时，着眼未来的新产业布局的步伐不会减慢。

（三）产业成熟期

在综合能源服务、充换电平台运营、微网运营等诸多领域技术应用和商业模式创新已成熟，具备了经济性，逐步发展成某些环节的成熟产业，局部电能产消合一者规模激增，可再生能源接入主网的波动性问题得到有效解决，分布式电源实现即插即用。

在这个阶段，得以生存的市场参与者均找到了符合自身发展需要的市场领域和盈利模式，得到持续发展，市场主体之间也形成了良性合作关系，共同实现价值增长；电网企业不再靠单一的电能产品获得收益，面向电力销售及服务的新的增值领域得到极大发展，盈利能力极大增强。

（四）生态形成期

电力销售及服务生态系统"总入口＋综合平台"全面形成，电能生产、传输、存储、消费高度灵活自主；在价格杠杆的驱动下，终端电能使用效率和能效管理水平极大提高，能耗增长与经济增长彻底脱钩；市场各类主体服务的业务领域呈现差异化布局，相互充分合作共赢；电力销售及服务市场实现对能源互联网发展的全面支撑。

二、生态系统形成发展的内驱动力

在商业生态系统中，政策、技术、商业等环境因素既是市场发展的驱动者，更是市场良性发展的必要条件。同理，电力销售及服务生态系统中四个递进阶段的演进速度和发展前景，取决于中国电力市场改革的步伐、中国对新一代数字技术的吸收与应用能力以及跨界竞争在中国电力市场的扩散速度等政策、技术和商业因素。

剖析这些外部环境条件产生推动作用，其根本在于经济社会发展的两个最基本的内驱动力，即生产力的飞跃发展及有序开放的市场经济体制，把握不好这两个方向，市场就无法朝着健康、有序的方向成长。

（一）生产力的飞跃式发展

生产力是人类征服自然、改造自然的实际能力和客观物质力量，属于人和自然的关系。是劳动对象、以生产工具为主的劳动资料、劳动者基本要素的总和。

生产关系是人们在物质资料生产过程中结成的相互关系，属于人和人的关系。生产资料的所有制关系是生产关系的基础。

生产力和生产关系之间也是一种对立统一的辩证关系。一方面，生产力决定生产关系；另一方面，生产关系对生产力发展起到反作用，当生产关系与生产力发展要求相适应时，推动生产力发展，反之则阻碍生产力发展。

世界能源发展一直面临着资源紧张、环境污染、气候变化三大难题，随着智能电网、新能源、信息通讯、互联网等技术的突破式发展，能源领域已悄然展开了一场翻天覆地的历史性革命。众所周知，每一次能源变革都伴随着生产力的巨大飞跃和人类文明的重大进步。煤炭开发利用、蒸汽机发明，推动了第一次工业革命。石油开发利用、内燃机和电力发明，推动了第二次工业革命。当下构建全球能源互联网，加快清洁发展，形成以电为中心、以清洁能源为主导、能源全球配置、实现全球能源转型升级，将引领和推动第三次工业革命。

电力销售及服务生态系统是电能生产、传输、存储、消费的市场，是未来电力能源领域的商业生态环境，也是未来在电力能源生产力大发展驱动下形成的新的生产关系。促使其形成良性生态系统、适应和推动生产力发展，成为未来发展的方向和历史必然，而这种生产关系的大调整又必须以生产力的飞跃式发展为基础，没有生产力的大发展无法带来生产关系的大调整。

（二）逐步开放的市场环境

英国经济学家亚当·斯密在《国富论》中，将市场机制对经济发展的作用比作一只"看不见的手"；而另一位英国经济学家凯恩斯在《就业、利息和货币通论》一书中，则把国家对经济生活的干预比喻为"看得见的手"。

正常情况下，市场会以它内在的机制维持其健康的运行。其主要依据是市场经济活动中的经济人理性原则，以及由经济人理性原则支配下的理性选择。这些选择逐步形成了市场经济中的价格机制、供求机制和竞争机制。这些机制就像一只看不见的手，在冥冥之中支配着每个人，自觉地按照市场规律运行。

开放的市场经济之路就是让市场依据经济人理性原则而运行，消费者依据效用最大化的原则做购买的决策，生产者依据利润最大化的原则做销售决策，市场就在价格机制、供求机制和竞争机制的相互作用下，引导资源向着最有效率的方面配置，推动生产者和消费者做出理性决策。

充分认识和掌握社会主义市场经济的特点和内在规律，在符合客观经济规律的宏观调控体系下，逐步开放市场，才能在技术进步、商业模式创新能力井喷式增长的大变革时代，使得创新转化为产能，瓶颈得以突破，所有优势资源向更大价值创造的方向流动，从而驱动产能快速释放并发挥效能；当某种关键资源能力的商业机会已消耗殆尽时，围绕该资源的生态平衡逐步形成，市场趋于饱和，资本和其他资源均向新的市场机会转移。形象的说，一旦有人在某处撕开一个小口子，立即就会有人把它变成一扇门，而当前电力市场正处于这样的态势下，许多巨人正在等待市场壁垒的逐步拆除。

反之，如果政策过度干预，"看得见的手"迟迟不放开，市场壁垒不拆除，市场盈利机会得不到释放，则资本、人才、技术终将弃市场而去，在电力销售及服务市场中基于持续价值增长的市场规模难以扩大、生态平衡和良性发展难以形成。

三、电力销售及服务生态系统蓝图

经过四个阶段的递进式发展，电力销售及服务生态系统将初具雏形，各类市场主体既是电能生产、输送、存储者，同时又是消费者，产消合一的电能消费方式全面普及，各类市场参与者最终将整合到一个广义上的大平台中，通过数字化互动不断拓展产业价值链。

（一）电网企业层面

电网企业在经历市场不断打磨下，对内打造出符合市场意志的营销O2O新模式，对外主导建成的产消一体化电力销售及服务"入口＋平台"得到广泛应用，在逐步形成的良性电力销售及服务生态系统中，保持住了其售电服务市场的领军地位。

（二）其他市场主体层面

各类市场主体清晰地找到了立足市场的资源优势，沿着优势领域不断成长，带动市场分工越来越专业化，协同越来越高效率。这些不容忽视的市场参与者包括倡导电能本地消纳就地平衡的微网运营商、电动汽车储能设备等专业产品设备制造商、能源综合服务解决方案整合商、投融资金融服务商、数据运营服务商等。

（三）终端客户层面

终端客户在瞬息万变的市场演进中感受到了对需求的最大化关怀，获得了超预期的电能使用体验，电能消费量增长了，但能耗和支出占比减少，对电能消费的自我管理能力提高了，生活品质因智慧用电得到全面提升。

（四）宏观经济层面

电能生产与消费实现解耦，在市场经济杠杆作用下，供需均实现弹性自我调节，从而实现了市场边际效应的最大化；同时，电力销售及服务生态系统形成过程中逐步贯通的电能综合服务"入口＋平台"与承载智慧能源的能源互联网、服务智慧城市的社会公共服务网同步发展，形成"三朵云"并全面贯通。

国家宏观经济层面在电能生产和消费领域实现供需平衡、低碳结构，电能利用效率得到极大提升，经济增长与能耗增长脱钩。

未来电力销售及服务生态系统蓝图如图 7-3-2 所示。

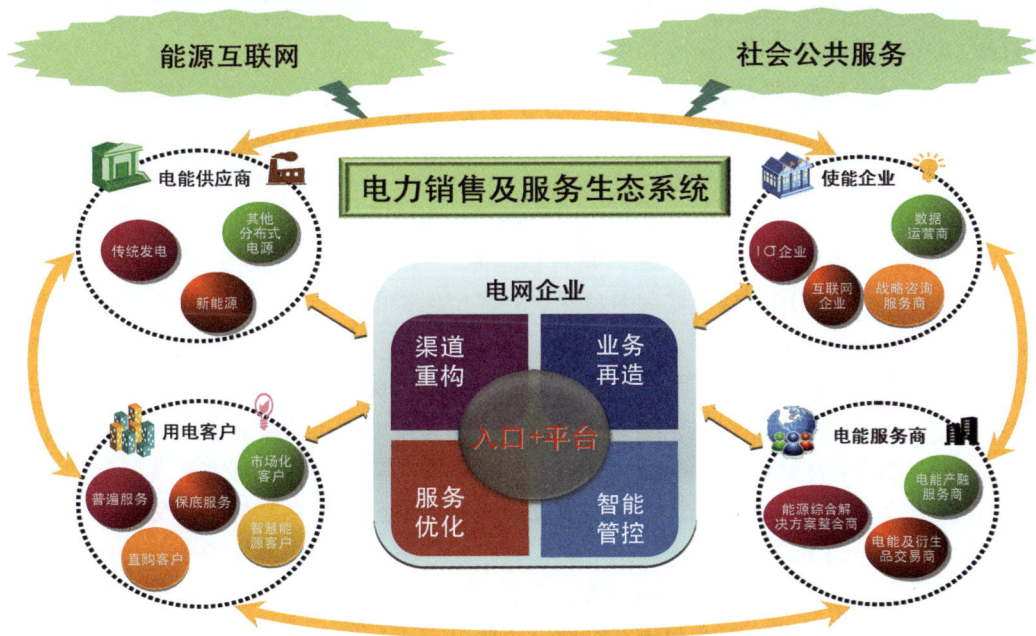

图 7-3-2　电力销售及服务生态系统蓝图

四、电力销售及服务生态系统蓝图的历史意义

（一）电能结构最优化

过去在传统电能系统中有一条公认铁律，即任何一个能源系统，不可能同时实现安全性、经济性和清洁性，比如，可再生能源有波动性和经济性的问题，电动汽车有成本竞争不过燃油汽车的问题。随着能源互联网以及电力销售及服务生态系统的形成，通过电能的电、网、荷、储的互动，打破了电能的"不可能"三角，实现电能生产、消费环节结构布局最优、资源配置最优。这是由于一方面市场大规模消纳可再生电能，有效降低电能产销及终端消费成本，实现经济性，另一方面，大规模弹性电能生产者和消费者的接入和广泛互联，确保了这张非常复杂的电力网络的安全性，同时，在市场的经济杠杆的有效调节下，煤炭、石油等化石能源消耗逐渐减少，对自然环境的破坏程度大幅降低，实现能源消费结构的清洁性。

（二）产消方式智能化

产消方式智能化指的是电能生产、输送、存储、消费方式的智能化。在电力销售及服务生态系统中，基于电力接入终端设备智能管理控制和基于能源互联网的电能、信息无障碍高效传输，促使生产者和消费者之间实现全面互动，这种互动既是电能产品的流动，也是价值的交换和利益的补偿，同时也是信息资源的充分开放与共享。

实时互动使得需求响应变得异常便捷高效，同时，通过优化预测实现供需控制管理，用信息流来智慧地管理流动中的能量、更好地配置资源，对于生产者而言，促使电能生产能应对瞬息万变的消费需求实现按需生产，供需平衡；对于输送环节，实现输送路径的安全、经济、高效的最优化决策；对于消费者而言，摈弃了传统的对自身需求满足的人为经验决策方式，实现了智能化理性消费决策。

（三）社会价值最大化

社会价值最大化是指能源产业和电力市场对社会的价值贡献实现最大化。电力销售及服务生态系统的形成和良性发展，其价值贡献不仅仅体现在电能生产和消费的经济性、自然资源开发利用的合理性和对自然生存环境保护的有效性，其最为深远的意义在于促进社会发展的协调性。

电能消费是全社会个体、组织生存必不可少的基础要素，因此，电能市场主体等同于全社会，在自由竞争和利益驱动下的市场商业博弈中，生产消费界限逐步消弭，竞争者相互渗透融合，个体与集体利益实现趋同，集体意志与社会整体意志一致，例如，过去传统供电企业希望其客户努力节约电力以高效利用电网的市场容量，但又不希望客户节约电量以保障销售的持续增长；当电能消费市场进入良性生态系统阶段后，储能技术应用带来了电能生产、利用的解耦，供电企业可以通过鼓励、指导客户将负荷按照全网负荷进行逆向配置调整，使客户享有柔性负荷的价格优惠，在有限成本范围内获得更多电能，同时也提高了自身电网市场容量利用效率、销售量并通过政策、技术支持培养了客户粘性。

总之，基于能源产业和电力市场的个体、组织和社会整体利益趋同和均衡发展所带来的不是简单的社会价值的累加，而是价值贡献的乘数级的增长。

五、实践案例

储能老大的华丽转型①

Sonnenbatterie 是德国一家市场份额超过 50％家用储能领域的龙头老大。专注于家用储能系统让他们积累了大量分布式用户的发电数据，他们发现了一个有趣的现象，那就是绝大多数家庭的发电和用电曲线极端不匹配。大多数人用电高峰发生在早晚，而发电高峰却在白天，基于这个分析，该公司大力开发户用储能系统，以帮助人们节省电费。但是，由于电池昂贵，他们的业务遇到了瓶颈。

在公司的 CEO Bormann 的倡导下，公司成立了专业的数据分析小组，将过去的数据逐一分析，发现很多家庭用电时段可以互补。于是，Bormann 有了一个大胆的想法，他要搭建一个用户之间直接互相售电的平台，用他自己的话说，这就像"能源领域的Airbnb"，把多余的电力分享出去，同时获得收益。在 Bormann 的亲自率领下，公司建立了一个基于已有用户的社区：ThesonnenCommunity。它是一个基于分布式能源共享的平台，在其上人们可以自由的销售自己家所发的清洁电力。

在传统模式下，任何分享交换光伏、风电等新能源都必须卖回给电网，然后由电网重新分配销售。SonnenCommunity 的全新平台，电能的销售者可以直接是生产者。其他客户可以直接分享自己所发的多余清洁电力，这些电能储存在每一家的电池中，所有社区中的用户都能在需要时使用。而如果自己所发的电力不够用，他们也能从邻居家购买到相对便宜的清洁电力。

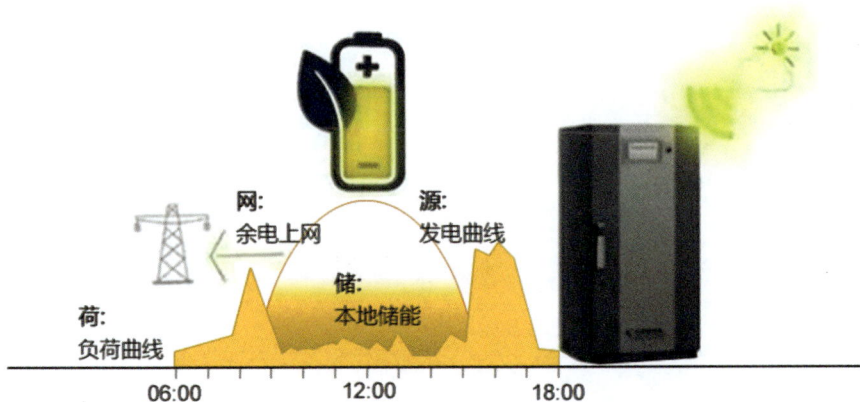

图 7-3-3　SonnenCommunity 客户侧源网储荷曲线示意图

在图 7-3-3 中，用户的负荷存在明显的波动性，并出现了早、晚两个高峰时段（深黄色折线部分）；约从早 8 时到下午 16 时期间，其光伏设备持续发电，发电出力如图中

---

① 该案例源于近期德国的一则新闻，引自北极星配售电网 2016 年 1 月 18 日发表的题为"利用能源互联网来玩售电？售电公司该好好看看"的评论文章。Sonnenbatterie 公司是一家电池生产厂商，探索开发分布式售电平台，推广分享型售电模式。

曲线；自发电量供给日间负荷后仍有富余，部分被存储到本地的储能设备中，另一部分则通过社区平台余电上网销售给其他客户。为了使 SonnenCommunity 保持良好的经济性，在这个社区平台上销售电力的用户，每度（千瓦时）电最高售价可达 25 欧分。对于没有自发电系统的用户在社区平台中的实际购电价为 23 欧分，比从当地电网购电的平均单价低了 25%。除此之外，所有参与共享社区的用户，还可获得德国统一的可再生能源补贴，按照使用量不同，补贴范围在 0.09~0.12 欧分/度之间。只不过，所有用户为了加入这个社区，还必须每月缴纳 19.9 欧元的服务费，这部分钱可以用来抵消系统的运营成本。总体算下来，依然是划算的。

对于 SonnenCommunity 的分布式社区来说，数量庞大的用户群、储能系统与智能的可自学习的软件系统是关键。这套数字系统自动记录家庭的用电和发电数值，并实时平衡社区内的用电量。因此，在这套智能系统的管理下，整个社区的用能和储能能做到精确匹配，并达到最大化发电收益。

SonnenCommunity 公司现在所搭建的能源共享社区已经有了 15000~20000 名用户，他们预测在接下来的几年中，平均每年新增 8000 名用户，这已经是一个庞大的用户量群体。不过，Sonnenbatterie 作为一家做电池起家的企业，想要构筑自己的售电体系，还将遇到很多未知的困难，首当其冲的，就是各大电网构成的利益集团的围追堵截，他们如何在压力下实施突围，并真正让用户获益，这将是他们攻下分布式售电市场最关键的问题。

第八章
智能电力营销发展
展望

随着互联网与电力产业的深度融合，高度智能化将是未来智能电力营销的基本特征，从业务流程运转到市场需求感知，从资源规划配置到社会价值引导，内部协同和外部触角可谓无时不在、无处不在。智能电力营销更将是把握时代脉搏、汇聚资源力量的企业发展新阵地。这些创新必将不断推动电力商业生态良性发展，并在电力生态向能源生态的跨步式发展中，开启能源经济发展的新时代，实现能源行业的企业价值与社会贡献同步最大化。

第一节　电力营销的未来

我们处在一个由技术创新引领社会进步的时代，就像人类社会曾经出现的蒸汽机、发电机、计算机那样，互联网带来的改变是全方位的，它带来了一场从生产技术、制度文化、意识形态的深刻变革。在这样的背景下，传统行业的营销模式也在与互联网不断融合中发生着日新月异的改变。我们只有认知互联网及"互联网＋"的内涵，认清营销本质及企业价值，依托"互联网＋电力营销"，推动电力企业不断突破边界与变革内涵，才能主动接受改变，营造一个丰富多彩的能源消费新世界！

一、互联网时代的营销

（一）互联网时代已经来临

根据 CNNIC《第 36 次中国互联网络发展状况统计报告》显示，截至 2015 年 6 月，中国人口总数达到 13.96 亿，其中网民人数 6.68 亿，约占总人口数的一半。移动互联网用户 5.94 亿。网民平均每人每天在线时间 3.57 小时。人们对互联网所构筑的数字生活空间的依赖性在不断增强，而对现实生活空间的依赖度在不断下降。数字生活空间一方面是现实生活的延伸，另一方面又同现实生活有所区隔，它们是并行与互动的关系。不难发现，现实生活的各种现象和关系都在数字生活空间有所呈现；数字生活空间发生的变化反过来又对现实生活产生影响。

在 6.68 亿网民中，29 岁以下的网民约占 60%。十年后，这些成长在工业经济＋信息经济土壤之上的年轻人将成为中国社会的中坚力量。他们的思考逻辑、知识结构、生活方式跟上一代人将有很大不同，他们主导的未来中国势必也会发生巨大变化。

（二）互联网究竟为何物

互联网的发明，源自二战结束以后，美苏间的大国博弈和核竞赛。美国在研究如何防范苏联的第一次核打击时，提出分布式指挥系统建设的想法，导致了最早四个节点的 TCP/IP 的出现。互联网后续的演进均源自这样一个分布式计算规则和技术体系底层的建立。

早期大家把互联网看作工具，用于收发网络邮件、BBS 聊天等，随着社会生活场景的不断互联网化和世界范围的广泛互联，大家认识到它还可以作为内容的传播渠道，门户和搜索引擎开始兴起，让大家逐步认识到互联网还是一种基础设施；而当 3G、

4G、Wi-Fi、APP、智能硬件等大量扩展并渗透到生产生活的各个领域并由此催生出云计算和大数据产业的时候，互联网经济体开始形成。

互联网经济体的形成推动传统、新兴企业大力发展平台共享经济模式，并以生态化和复杂网络形式打破以往第一、第二、第三产业及所属行业边界，并对商业模式不断重构。对于企业而言，互联网不再是完成某些特定使命的工具，即"器"，而是贯穿企业一切行为基础的战略思想，即"道"，体现在具体的企业行为中，互联网的价值层次主要分为如图 8-1-1 所示的五个方面。

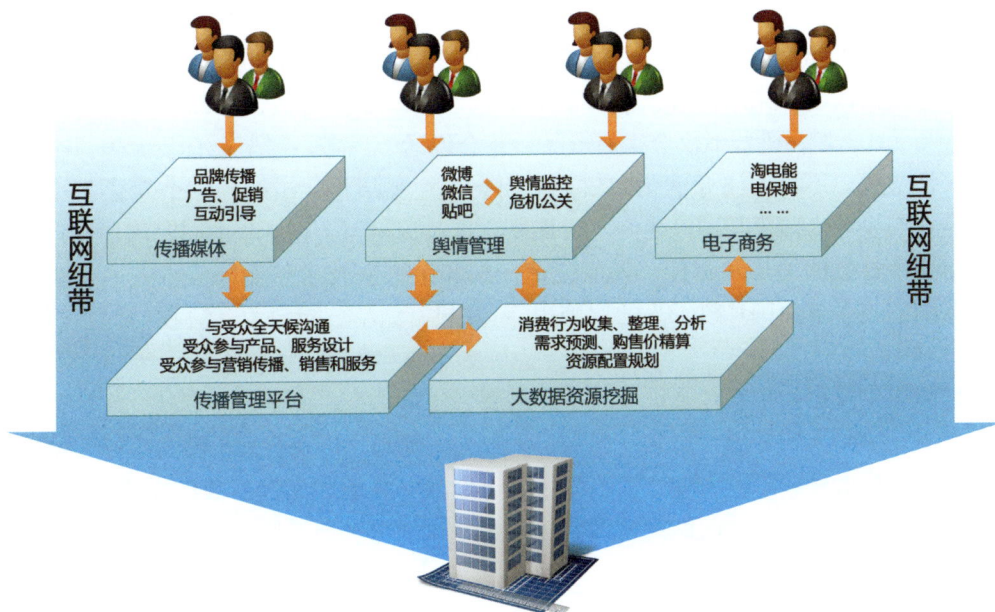

图 8-1-1　互联网价值层次图

传播媒体：以大众为对象，传播企业的社会价值观、产品、服务，又被称作"第五媒体"，随着广告价值和互动特性的挖掘，后被称为"新媒体"。

舆情管理：通过微博、微信、知乎、贴吧等各种公众媒体社群，监控企业负面信息，及时有效的实施危机公关。

电子商务：将产品销售、服务定制、支付结算等一切商务活动都放到互联网平台上。

资源挖掘：通过消费数据的收集、分析，了解消费习惯、特点，从而预测消费需求，定向推送产品及服务，实施从创意、设计、制造等环节的定价测算、成本收益预估以及资源配置规划管理，提高产能和效率。

传播管理平台：改变组织结构，建立扁平化传播管理部门，开发和运用技术平台，与受众全天候沟通。产品的设计生产、营销传播、销售和客户服务，都在企业和受众之间充分交互后，系统性地创新完成。

（三）互联网存在的意义

如前所述，互联网作为连接企业与市场、企业与客户的纽带，极大地丰富了企业与受众交流沟通的渠道，降低了企业成本，提高了市场运转效率，特别是通过电子商务平台挖掘到商务数据背后巨大的资源价值，推动着世界从 IT（信息科技）时代向 DT（数字科技）时代跨步。IT 时代的平台、网络的功能是自我控制和管理，信息是一种权力，而 DT 时代，平台、网络等一切资源和基础设施都用于共享、利他，用于优化感知世界的体验，激发维护共享生态的责任。

从 IT 到 DT 时代的跨越远远不只是技术的进步，而是人们思考方式的颠覆以及对待世界方式的改变。未来的经济将不再由石油驱动，而是由数据驱动；商业模式将是 C2B 而不是 B2C①；机器不仅会生产产品，还会说话、思考，甚至会自我完善；企业将不再关注规模，不再关注标准化和权力，而会关注灵活性、敏捷性、个性化和用户友好；企业与企业、国家与国家之间不会那么注重对抗，而会在竞争的同时增加合作，并重视对整个社会的关怀和责任。如果说第一次和第二次技术革命释放了人的"体力"，那互联网的技术革命则释放了人的"脑力"：梦想、激情、想象力、科技信仰、创新冲动……

回顾历史发展，推动社会进步的不是创新、变革本身，而是这些创新、变革背后的梦想，不是单个人的梦想，而是一群人、无数人的梦想，以及背后一整套支撑梦想的技术基础、制度安排。"互联网＋"正是这样一个激发梦想和支撑梦想的无边界的市场、智能化制造基地、最活跃的创业试验田。

（四）互联网时代如何营销

1. 回归营销本质

营销的本质是为客户创造价值，满足客户需求，在为客户创造价值的同时为企业创造利润。现代管理学之父彼得·德鲁克说："营销的目的是让销售变得多余！"。你是否曾经被谷歌的销售代表接洽？想想为什么美国迪斯尼没有 1800 的免费电话？真正独一无二的市场营销是创建一个植根于潜在客户的内心感受的品牌，然后不断创新，日复一日强化那些内心感受。如果你能在当下敞开心怀，那么你的眼睛就会看到人们的生活（包括市场）处于不断变化之中，而恰恰是这些变化带给你难得的机会，使你从你周围的人、你的产品和服务、一切交互活动中有所作为。销售真的毫无是处吗？当然不是，它只是发生了简单的变化，从以前试图说服他人买你的产品和服务，到现在努力去帮助他们实现他们内心深处的愿望或个人梦想。

而互联网就正在做着这些事，一方面，互联网让消费者个性化、多元化需求的聚焦

---

① C2C 即 Customer（Consumer）to Customer（Consumer）就是个人与个人之间的电子商务。B2B 是指进行电子商务交易的供需双方都是商家（或企业、公司），她（他）们使用了互联网的技术或各种商务网络平台，完成商务交易的过程。B2C 是 Business-to-Customer 的缩写，而其中文简称为"商对客"。"商对客"是电子商务的一种模式，也就是通常说的商业零售，直接面向消费者销售产品和服务。反之，C2B 指"客对商"。

成为可能，社会上小社群的特色需求的发展有了社会文化基础，从而使服务于年轻一代更加个性化的诉求能演化为商品，另一方面，互联网让企业服务于小众需求的渠道及时间更短、成本更低，从而使原有的"大生产、大渠道"的成本逻辑发生改变，更多样化产品组合成为可能，其经济性也显著提高，以此为支撑，企业原有的业务边界得以沿着市场和客户的呼声不断延展。

因此，互联网时代赋予营销最大的思考就是如何回归营销的本质，去满足客户越来越精细、越来越丰富的内心诉求和个人感受，从而不断开辟新的市场疆域，提高企业竞争力。

2. 回归企业价值

营销的本质是销售，销售的本源是价值创造，如果营销策略无法使产品和服务在推广中具有价值竞争力，无法在充分竞争的市场中获胜，则将是毫无意义的，也是得不偿失的。

互联网思维就像一个探照灯，把不同的价值选择清晰地呈现在客户面前，迫使企业理性地思考和回答每一种产品和服务投放市场时无法回避的问题：我为什么能比竞争对手提供持续更优的价值？实现这个价值的平台是什么？从产品和服务中实现企业和客户双重价值增长是基础，单纯满足客户价值而不考虑持续运营成本和赢利能力的新型互联网渠道的营销（比如单纯追求短期流量或线上业务量），就好比挖好了渠、引入了水，但没修好储水库，水没法循环流动起来，水终究还是会干涸。所以，传统行业在做互联网营销变革的时候还应注重提高端到端的供应链效益，实现可持续的竞争力，加强消费者细分的研究能力，打造坚实的价值平台。

3. 引领消费风尚

互联网真正带来的是契合社会不同族群诉求的新可能。样式、风格、品味乃至价值观都不再像传统生产啤酒一样罐装成型，人们不再是被动的消费者，不再被牵着鼻子走，而是拥有了创造生活、分享乐趣、点赞他人的强力工具，这就是互联网、社交网络。相比之下，传统营销学制造了大批量没有思想、没有情感、乐此不疲、沉溺其中的消费者。显然，在这个释放个性的时代，这样的"制造"不符合时宜！

在营销环节发挥客户资源优势，通过客户反馈互动机制，不断推动企业商业模式、营销方法和产品组合的迭代创新，正是互联网时代营销不可或缺的职责。把企业、客户、潜在参与者的力量叠加起来，推动微创新，不断满足、挖掘、引领客户需求，让客户感受到每一次消费都是一次潮流风尚的洗礼，一次品味和魅力的提升。

二、电力营销未来场景

2015 年 7 月，《国务院关于积极推进"互联网＋"行动的指导意见》正式公开发布；2016 年 2 月，国家发改委、能源局、工信部联合发布《关于推进"互联网＋"智慧能源发展的指导意见》，国家政策层面对互联网与能源行业融合发展的推动达到了空前力度。在电力行业，各种基于互联网的技术和商业模式创新层出不穷，在充分借鉴其他行业互联网化经验的基础上，各种网上商场、移动应用风生水起；广泛吸纳国外售电市场化竞争的经验教训，各类区域性、面向新能源发电、服务于特定客户群体的售电平台也百花齐放。

图 8-1-2　南方电网公司南电商城

图 8-1-2 是南方电网公司的南电商城窗口。我们可以看到，仅家庭光伏一项业务已实现在网上商城中既卖产品又卖服务，既卖设备又卖配套工程，让客户买得安心，买得放心，同时，还通过绿色行动主版宣传和贴心的光伏计算器，打造了销售概念，给出了成本收益分析，营造出物有所值的销售氛围，让客户愿意买、主动买。作为一家国有电网企业已经把互联网营销做得出神入化。未来的电力营销还将出现许许多多实时响应市场、与客户零距离沟通的新场景、新亮点，以下就是已在发达国家实现或在我国电网企业中探索实践的新场景。

（一）报装超市

用电报装是电网企业市场开拓的前沿阵地，虽然在管理上加强协同、压缩时限，但因用电报装涉及的产业链过长、业务流程特别复杂，一直是电网企业营销发展的"瓶颈"，加之电网企业具有专业技术优势，而社会反垄断呼声强烈，用电报装愈发成为社会关注的焦点。目前，部分网省以商城形式销售用电报装相关的设备、工程和服务，但未形成产业链。随着互联网思维渗透和技术发展，以客户自主选择为导向、上下游产业价值协同的报装超市将是未来发展的必然趋势，国家电网湖北省电力公司已开始着手这方面的研究。

1. 概念构想

如图 8-1-3 所示，报装超市的核心思想是将所有需要甄别确定的方案、设计、工程、物资等过程从原有业务环节中剥离，超市中用产品的方式将内容、价格、服务公开透明地展示出来，便于潜在客户自由"逛"，在充分了解性价比后再选购。为满足不同的选购需求，超市分为电子商城和实体体验店两种，线上电子商城主要作用是引导客户自由进行意向咨询、业务申报、流程跟踪、方案筛选、性价评估；线下实体体验店则主要设置各类设计、施工、物资厂商展台，方便客户针对初步筛选做进一步的细节咨询、服务比较。电网企业在体验店中设有服务专区，解决客户关注的供电方案、工程、费用等问题。整个用电报装过程中的交易合约关系，既可以选择在网上签订，也可以直接在体验店展台中签订，甚至还可以采取网上预约、上门洽谈签订等多样化的签约、履约方式。

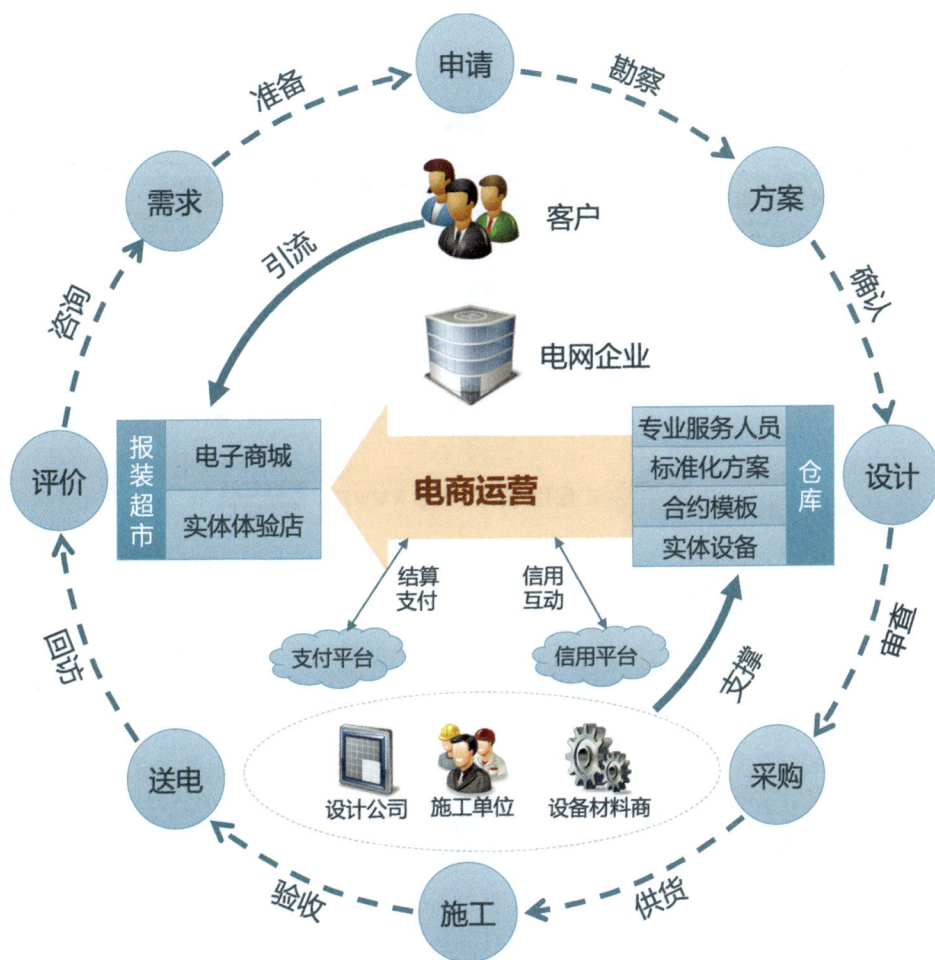

图 8-1-3　报装超市概念构想图

推出报装超市后，所有业务环节都由客户发起，所有人财物投入量、价格、品质最终都由客户选择确定。支撑业务实现的是电网企业整合线上线下资源的报装运营平台，通过后台看不见的电商运营，保障客户得到贴心、满意的服务。这些电商运营的主要业务包括：①卖方管理：供货单位资质审查、产品检验；依据交易测算与卖方协议供货量和供货价格。②买方管理：依据"逛"店流量和在途业务，向客户推荐设备、厂商、方案；与客户互动，通过服务引导客户到指定卖场；解决客户交易中出现的各种问题。③卖场管理：根据销售流量随时整理商城货架，设计、发布营销活动；实体体验店营运管理，管理驻店厂商，根据业务流量动态管理展位设置、厂租等，不断优化实体店营运效率。④资源管理：实施与第三方支付平台、信用平台的对接与业务交互管理；实施电子档案、物资备货、专业人员等各种资源的库存管理，其中电子档案包括各类交易标准化合约模板、物资工程预算标准、供受电标准化方案模板等。

2. 关键场景特点

图 8-1-4 为模拟设计的一个报装超市网上商城的网页，在以客户自主、随时互动的超市化报装模式中，以下业务场景将发生较大变化。

图 8-1-4　报装超市模拟界面设计

前期咨询：客户只需在线上输入用电地址、主要设备容量、用电性质等基本信息，"超市"就能为客户初步确定应申报的用电容量、电压等级，推荐用电套餐，并告知相应需提交的申请材料。若客户按要求在网上提交申请资料，"超市"还将自动预审资料，由机器人坐席通知客户结果，对于审查未通过的，引导客户纠正申报中的错误参数、补齐资料直至具备正式申请资格。

供电方案：客户提供用电地址、申请容量，"超市"就可为客户筛选出就近可供接入的电源点，选择任意电源点，可进一步查询该标准接入方案、初步预算，还可通过比价功能为客户开展不同电源接入点的性价评估。客户有了初步意向，可在网上预约现场勘查，并与上门技术人员根据现场工程条件进一步确认方案。

电气设计：客户可在"超市"中按照公司资质、品牌以及售后评价等信息筛选设计公司，各家设计公司可针对自身技术优势，通过短视频或 VR（虚拟现实）场景向客户展示其设计中安全、可控、灵活、不间断等各种设计特征，还可提供标准设计模板及报价，方便客户比较性价、高效决策。

设备材料、施工工程：类似于电气设计的选购过程，"超市"将提供基于产品性能参数、厂商资质、口碑评价、报价、售后服务等全方位排序比较工具，便于客户选择。未来还可能出现转让、竞拍、折价集市等各种新型促销模式，让厂商、电网企业、客户之间在频繁的交易流量中共同受益。提供标准化合约模板，约定费用标准、交易金额、技术参数、货物交付等内容，同时还提供网上、营业厅、预约上门等多种结算方式可选，确保合作质量。

随着"超市"平台的不断开放，未来还将出现一类独立的新兴群体，如报装咨询师、报装代理、电气工程师、安装维修工程师、监理师等，他们将自主向"超市"平台申请入驻，以口碑为营销手段在"超市"中推销自己获得订单，由于平台对各类业务及用工给出了明确的标准预算，再加上公开、透明的平台评价体系，客户对专业技术人员的选择也变得简单、轻松。

3. 虚拟情境案例

场景一：某电子有限公司的新工厂建设急需申请用电，新工厂筹备小组的人员紧张、事务繁忙，上网查询用电报装事宜正一筹莫展时，互联网云推送报装超市，小王抱着尝试的态度点击进入，发现"超市"里面不仅可以申请报装用电、实时查询业务进度，还可以与供电方在线预约、沟通、反馈，甚至提供了用电报装所需购买的各类产品，真是让他这位对电力专业摸不着门路的人找到了"珍宝"。小王按照"超市"智能机器人指引，在网络上详细录入新工厂用电需求信息，并申明为紧急用电需求，当天就有专业服务人员进行现场勘查，第二日"超市"自动出具了新工厂基建用电和正式投产后两个时期的供电方案，还有设备利旧的小贴士。小王没想到能源也能像普通商品一样在网上搞定，而且还能这么迅速、便捷、经济！

场景二：某用户计划安装家庭式光伏电站，来到"报装超市"后，智能引导员询问家庭地址、屋顶的面积、预计投资额等信息，几分钟后列出了一份详细方案，并测算出每月的发电量和收益、每年的发电量和收益、投资回报率和成本回收年限。可用户觉得成本回收年限偏长，决定放弃计划后，智能引导员告知客户，可以将其闲置屋顶的信息登记在"超市"中储备。时隔两个月后，该用户突然接到"报装超市"工作人员电话，原来某光伏企业正在规模化实施"黄金屋顶"工程，该户有幸选中为"黄金屋顶"，光伏公司免费为其改造屋顶，上网电量利益共享，该用户毫不犹豫接受了此方案。没想到"报装超市"竟给他带来了免费的"午餐"和意外的收益。

4. 亮点和意义

报装超市作为一个自主撮合交易、与受众持续互动的场所，其意义体现在客户、电网企业、入驻厂商三个方面，最大的亮点则是多方共赢。

➤ **受众（客户）层面**

专业常识普及：通过超市货架引导，快速普及了极具专业性的用电报装工程的基本常识，使受众对其中关注的关键技术、安全与风险一目了然，与实际申请流程相比，减少了大量常识性沟通解释工作，提高了报装流程效率。

透明自主消费：从咨询、方案选择、比价到进度跟踪，过去的报装流程总让客户感觉到"困难重重、四处求人、四处碰壁、被牵着鼻子走"，即便是很规范、优质、及时的服务，客户因没有比较，也无从感知，超市通过过程的公开化，让质量、进度、性价被客户看得见，从而在同样的服务质量下提高满意度。

良性互动循环：网上、实体店、上门等随时随地的互动，增加了客户对工程的参与度，提高了工程与客户预期的符合度；在互动过程中，客户真实感受到卖家、电网中介、独立专家的技术水平、服务意愿，对于不同选择的性价比有了更清晰、全面的认识，选择更理性也更满意。

> **入驻厂商**

优胜劣汰：在公开、透明的平台上竞争，让商家更容易看到自身的优势、劣势，针对问题去提高竞争力，那些依靠关系但没有实力的厂商最终也将在自由竞争中被淘汰，使得真正为市场创造价值的厂商有更好的机会发展壮大。

利基生存：一些具有某些特定领域技术优势（如采集控制技术）的小厂商，通过低成本入驻平台，有机会接入到大市场从而找到自己的生存机会。

数据运营：通过购买电网企业咨询指导服务，运用平台交易大数据，分析评估自身在市场中的竞争力，从而实现更科学的持续发展。

> **电网企业**

洗白身份：把业务搬到阳光之下来执行，洗白过去"一家说了算、电霸电老虎"的印象，做同样的事，获得不一样的满意度。

扩大产业：平台销售既可引入厂商，又可直营，如同京东直营商品，这种方式的优势在于一方面可以通过自身对多品牌的专业比较能力为客户快速提供推荐，另一方面，通过大批量订单获得原厂商优势代理价格。在平台运营基础上做销售渠道，将实现低成本产业链拓展。过去电网企业参与客户侧工程被称为"三指定"，将来，只要用心服务，电网企业提供的直营服务反而会出现客户"追着要"的现象。

平台挖掘：为入驻厂商、独立专业人员提供平台数据资源挖掘服务，不但帮助了入驻者，还为自身创造了数据资产收益，使企业获利能力增强。

（二）网上售电

把电拿到网上卖并不是一件稀罕事！在多买多卖的售电市场形态下，扩大收入或最小化成本是售电公司提高盈利能力的不二法则。纵观国外电力市场改革先行者的实践案例，无一例外地都引入用户对电力供应商的自由选择权，网上售电的电能营销模式应运而生。当前，国外网上售电模式种类繁多，既有售电公司自营的售电网站，也有政府主导的公共售电平台，还有众筹投资的人民公社式集体售电平台，这些售电模式未来都可能在我国的电力市场土壤里生根发芽。

1. 处处为用户省钱的 Powershop

Powershop 是新西兰公众认可度最高的电力零售商，其供电价格、能耗信息提供、电费单、用户服务四项调查均高于同业水平。和其他供电商一样，Powershop 从电力批发市场买电，支付电网输电费、缆线使用费等费用后，卖给终端消费者。定期从用户的量表读数，收取费用，赚取差价。唯一不同在于，其没有实体机构，卖电完全在网上进行。进入 Powershop 的网站，输入自己的地点、现在使用的供电商、每月电费等信息，网站会自动计算出更便宜的方案给用户，用户选定满意的方案后，直接在线签订供电合约。线上付费之后，用户就可以做甩手掌柜了。剩下的诸如如何买到最便宜的电、如何才能付最少的钱，Powershop 会全权处理。当然，还可常登录到 Powershop 的各平台用户端，掌握自己的用电情况，以便随时发现一些更新的更省钱的电力方案。

Powershop 的供电方案分为三类，即用型、未来型、特殊型。即用型是最为普通的供电方案，合约签订后可以立即使用。而未来型的电力方案，以其中"冬季电力"这一打包方案为例，用户可以在夏天电价相对便宜的时候，提前买下冬天用电高峰电价飙高后所需要的电，省下不必要的高电费支出。而特殊型，是为特定地区或满足特定条件的用户，打包售卖以周为单位的电。

2. 公众型售电平台

如果说 Powershop 售电网站是属于"小众型"电子商务平台，那么不得不提德州售电市场的法宝——"公众型"售电平台"淘电网"。

德克萨斯州（简称德州）是美国第二大州，其电力消费量居全美最高，甚至与英国和西班牙相当，现在有 110 多家零售电力供应商在该州内零售电力。图 8-1-5 是德州淘电网登录界面，"淘电网"售电平台为当地电力零售自由化奠定了坚实基础。

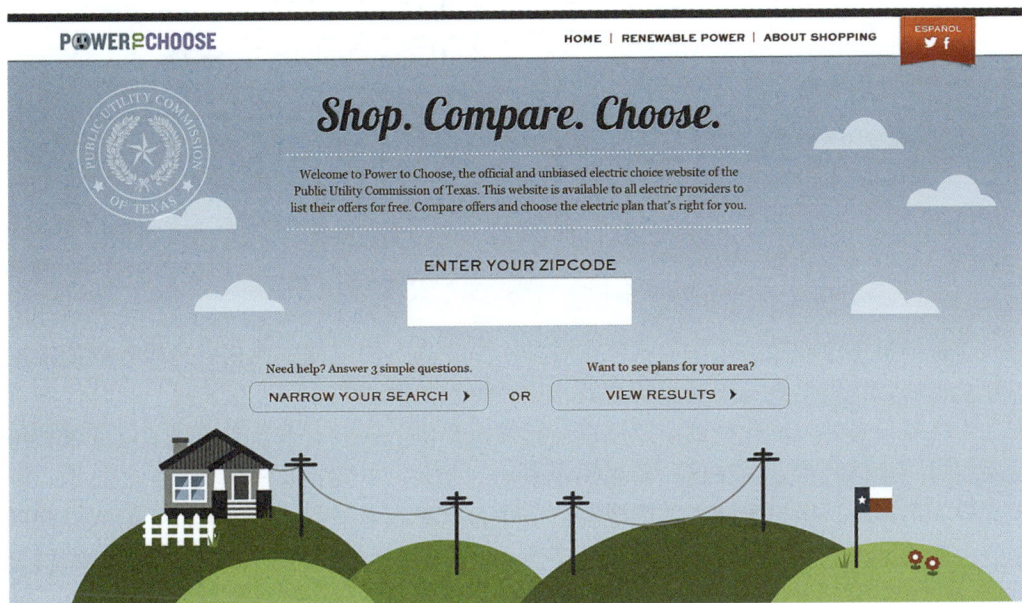

图 8-1-5　德州淘电网界面图

在淘电网上，用户只要输入自己的住址邮编，就可以查询到由多家售电公司提供的不同的售电套餐。每个套餐必须提供 500kW·h、1000kW·h、2000kW·h 三个等级的用电单价标签。用户只要选定自己的月估计用电量，淘电网会自动将所有套餐按对应的单价标签排序比如用户选定每月电量在 1000～2000kW·h 之间，淘电网会自动将所有的套餐按 1000kW·h 用电单价的标签排序，以便用户找到最便宜的套餐。

图 8-1-6 是德州淘电网售电套餐选择界面。每个售电套餐都有一个能源标签，列有电价计算公式、合同期、取消费用、新能源比例等详细信息。根据 2016 年初数据统计，淘电网共有 2093 个售电套餐，每个居民用户可选的售电套餐视所接入的电网公司而定，通常有 100～400 个。

越是自由竞争的市场，客户的选择权就越大，在这种环境下生存下来的售电商也越能为用户创造价值。

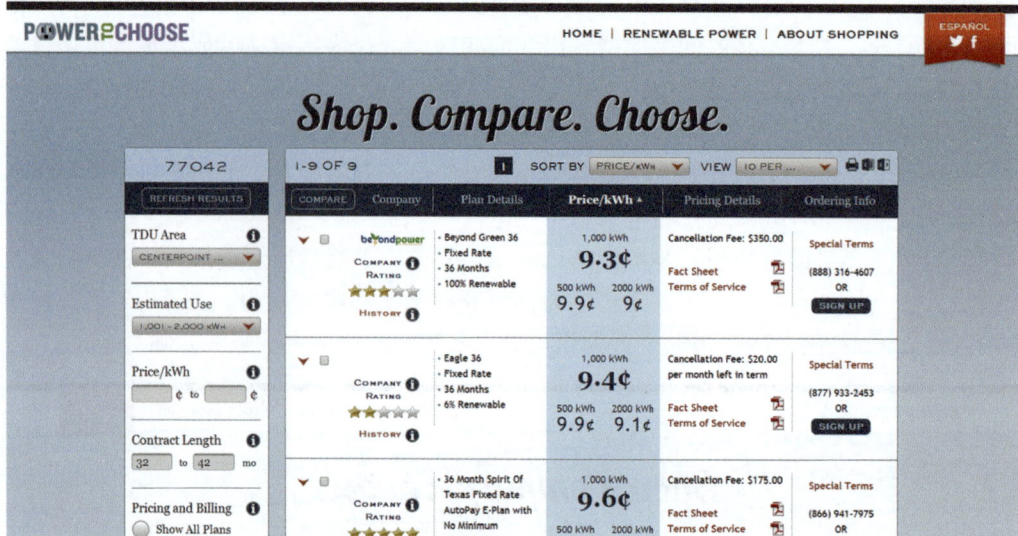

图 8-1-6　德州淘电网售电套餐选择界面图

（三）智能电务

随着国民生产和社会生活电气化程度的不断提高，用电端专业化电务服务的需求也越来越迫切，特别是终端用能设备智能化运行维护控制的需求。"互联网＋"时代的到来，为终端设备的自动化控制以及远程运行监控提供了强大支撑，专业化的电务服务将发展成为一个新兴产业。在这一新兴领域中，一方面，电网企业依托其强大的技术、资本优势，迅速获得客户青睐，并围绕客户搭建起电务服务平台；另一方面，新兴互联网企业也纷纷抢滩市场，以智能化感知为噱头，推行超低价、好服务，希望通过补贴模式抢用户、抢数据，尽快获得更大市场份额从而也使用户资源价值最大化。

1. 业务范围

图 8-1-7 是电务服务平台架构图。它可以整合传统的设备制造商、电力检修服务、节能服务等业务资源，为客户提供安全、科学、经济的日常运行维护。业务范围包括线上配网监测、运行监测、环境监测、预警、故障定位、外勤派工与调度等，线下检修、托管、安装、试验、产品供应与节电改造等服务。同时，为客户打造一系列安全、节约用电的服务套餐。

运行监测：在线监测用户配电线路以及配电柜、变压器等设备状态、运行环境与健康状态，为电务值班人员提供远程监测工具。

告警与定位：通过对设备运行数据监测、趋势分析和类比分析，对潜在故障进行检测、预警和远程通知，减少安全隐患，避免因故障造成损失。

派工与调度：结合设备监控数据、故障工单，辨析故障紧急程度，合理配置现场电务人员数量、携带设备和服务线路，实施智能化服务调度，提高故障响应速度和抢修质量。检修过程中及时更新故障状态，并将故障溯源分析结果上传至平台，作为"设备病历"保存，确保故障服务连续性。

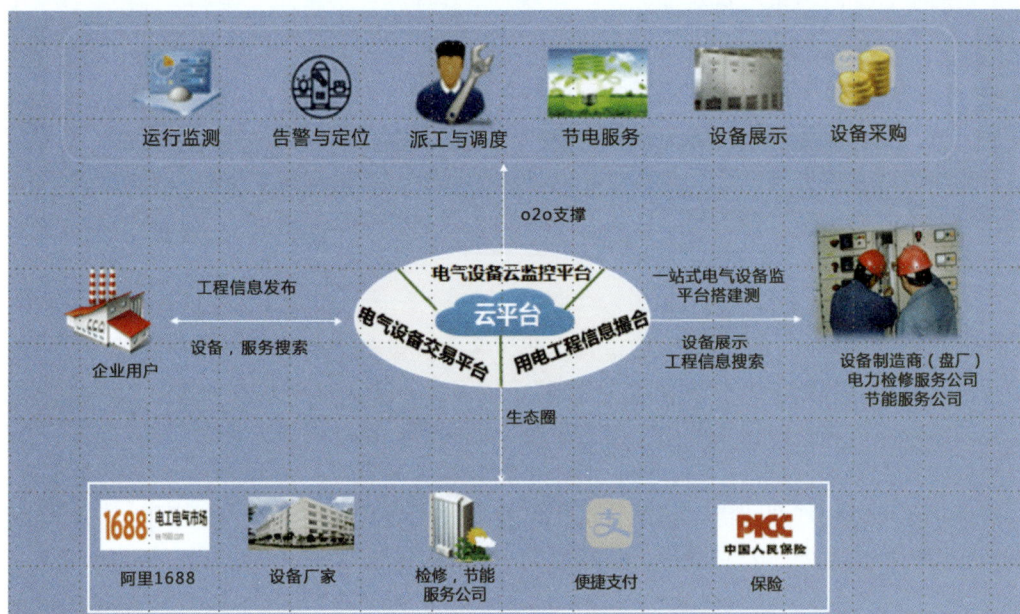

图 8-1-7 电务服务平台架构图

节能服务：定期开展用电故障类别、发生频率统计分析，结合企业性质、生产工艺、管理水平、设备状况等信息，提出用电方案改进、基础设备投入策略和电务服务套餐等方面的建议。用户可在平台任意选择节能服务公司或自行组织开展节能改造。

设备评估：通过平台与网络连接电气设备，收集设备运行数据、分析设备运行故障，为设备制造商对设备的研发改进和功能升级提供数据基础。

设备采购：提供各类电气设备品牌、类型、价格等信息，方便客户购买、更换电气设备。

2. 虚拟情境案例

场景一：某酒店正在举办一场晚宴，处处洋溢着欢乐祥和的气氛，然而，电务服务人员匆匆来到酒店配电室，检查用电安全、紧固接线端子螺丝、排查其他小故障……原来该酒店是某电务平台的客户，平台远程监测到该户电气设备报警，经分析初判为导线发热异常引起，平台迅速派出人员现场排除故障，避免了一起停电事件。在定期用电评估报告中，该酒店测评结果为能效水平偏低，平台给出了节能改造建议，提出了一套新增无功补偿装置的设计方案。

场景二：小王即将入住一套新装修的商品房，电务公司很快向小王推销电务服务套餐，宣称只需上门进行简单的电器评估，对主要家电造册登记后，即可按合约接管家电，实施远程监控，发现故障主动上门修复。小王当即表示不需要，认为新家家电全新且在保修期内，有问题也无需付费修理。推销人员回复道："新家的家电处于调试期，没有故障也可能会有一些设备参数配置、新功能使用指导等需求，购买电务服务，我们可以一次性接管所有调试服务，我们长期与家电厂商合作，遇到问题我们可以直接沟通厂商。不仅如此，我们还将定期推送能效评估报告，便于您科学地管理用电。"说到这儿，推销人员即时递出一份资费套餐，套餐分为基础和全包两种，其中基础套餐只负责上门服务，如遇零部件或整机更换则据实结算；全包套餐则按房屋装修评估年限在 1 年以内、1～5 年、5 年以上分别设置不同取费标准实行维修、更换全包服务。推销人员继续补充道：全包服务还将为客户提供全息用能数据跟踪分析，对于明显不合理的电器实施节能改造或升级更换，长期折算下来，所节约的开支远远超过电务服务费用。小王经过比对，认为对于新装修的房子而言，选择全包套餐确实物超所值，因此爽快地签下了服务合同。

3. 意义

电务服务也是一个能实现平台运营企业、客户、设备厂商等多方共赢的新领域。对于客户而言，它就像一个"贴身用电管家"，帮客户省去了面对琐碎的专业设备管理之苦，并能保障故障及时得到解决；对于设备厂商而言，通过与服务平台合作，获得优先推荐权或直接平台大批量采购订单；对于平台运营企业而言，不但能卖产品、卖服务、卖资讯，还可以拓展产业链，消纳传统售电业务效率提高后过剩的人力资源，同时也解决企业传统售电业务对表后服务无法覆盖的短板问题。

（四）数据增值服务

在前面的章节中，曾经提到了挖掘数据价值、优化产品服务、实施业绩分析、治理问题数据等提高电力营销效能的案例，也给出了运用数据分析优化客户需求响应策略的案例。在智能电网发展的大背景下，未来数据增值服务的更大价值将在于"互联网＋电网"所形成的合力，以互联网为载体所获取的用能数据，通过与外部海量数据的打通以及平台级的深度挖掘，产生令人惊喜的化学反应，并最终形成企业服务于市场、服务于社会的智能。

近年，数据应用的价值已在我国的电力市场中屡屡得到验证。2015 年 4 月，国网江苏省电力公司做了一个超乎寻常的预测，预计江苏全省当年的用电高峰将出现在 8 月 6 日，最高负荷将达到 8481 万千瓦。天气预报尚且无法知晓 4 个月后的准确天气，在盛夏到来之前就测算出最高负荷出现的准确日期和用电量，简直就是"天方夜谭"。而 4 个月之后的 8 月 5 日，江苏省果然迎来了全年的用电高峰，最高负荷 8440 万千瓦，这与预测数据仅仅相差 1 天、41 万千瓦。精准的预测为电网平稳运行提供了保障，让电力专家们既震惊又惊喜。

全社会用电数据反映经济发展、社会生活的方方面面，好比一座蕴藏丰富的矿藏，考验着企业的开发智慧，当挖掘出来的价值在市场中得到变现，则将吸引更大的群体来利用这些数据资源，这直接导致数据流量的更快增长从而形成一座更大的宝藏。因此，大数据应用的根本是要实现数据变现增值，例如，本章前面提到的通过数据分析向报装客户推送设备、施工厂商，又如通过报装交易数据指导供货商进行产品改良或服务优化，再如智能电务机器人预测设备故障并自动组织修复，甚至通过精准推送广告使平台的广告资费水平提高从而获得更多赢利等。

大数据的魅力在于它的不确定性，不确定的数据、不拘一格的分析方法、可能颠覆预估的结论。基于大数据的创新具有无限想象空间，从数据价值中掘金的秘诀在于发现痛点、挖掘数据、找出真相、兜售智慧。

（五）机器人作业

人工智能（artificial intelligence，AI）日益成为新一代产业革命引擎，越来越具备人工智能的机器人产业也在迅速发展。当前，电力行业已在一些高危现场作业、大批量设备检定等业务环节中推广使用机器人，例如，国网公司自主研发的变电站设备巡检机器人、高压带电作业机器人、锅炉管道检测机器人、输电线路无人直升机智能巡检系统以及电力特种机器人等。未来，随着机器人语音、视觉识别能力的提高，电力特种机器人也将走进营销业务环节，在一些标准化作业场景、高危现场作业场景甚至沟通协调或决策的会议场景中，例如，当前已在其他行业广泛使用的客服坐席机器人，以下就是对未来营销机器人工作场景的大胆猜想：

场景一：某营业厅新请来了一位"明星员工"——咨询引导机器人。该机器人的到访吸引了大批附近居民客户前来参观。机器人主动迎上前，问道："您好！请问您是否需要办理业务呢？"一位好奇的客户走上前问道："我可以到哪个柜台办理报装业务？"机器人回答："请问你是需要办理高压还是低压用电呢？低压用电请到1号柜台，高压用电请到2楼大客户洽谈室。"……营业厅启用机器人可以分流客户，减少人工工作量，当机器人成本降低到社会化用工年用工成本以下时，将具有强大的成本优势。

场景二：某矿业集团迎来一位特殊的"用电顾问"——用电检查机器人。来到现场不久，机器人便调出了档案库中的有关资料，对企业的用电情况进行了逐一检查核实；机器人还深入矿井，对日常用电检查难以覆盖的井下电气设备进行了检测；随后，机器人向企业电工提出了五个有关用电技术和安全的问题，进行了现场测评；最后，机器人自动生成了企业电力安全报告，并提出了整改意见，集团领导看到后啧啧称赞："好严格的用电检查，这比专家还靠谱，今后用电更放心了！"

场景三：某供电企业营销会议上请来了一位"咨询顾问"——决策机器人。会议的议题是端午电子渠道促销活动分析和中秋电子渠道促销活动提案。会议上，业务主管简单汇报了活动期间推广APP每日新增注册以及交易量数据，并总结了目标完成情况。这时，决策机器人主动发言到："您刚才的统计数据有微小出入，由于新增市场份额按新增注册数测算，未考虑此期间注销情况，因此计算值偏大……"会议中，业务人员对前期推广中活动时效、激励方式等设计中存在的问题进行了讨论，部门主管通报了下一批中秋活动的专项营销资金总额，机器人立即测算出该笔资金将能预期新增推广户数，但与当年推广目标仍有差距，业务人员于是不断提出奖励红包的调整方式，机器人及时跟进测算，最终确认出在有限资金下完成推广目标的基础方案。语音识别、语音播放、后台运算，将这些能力整合到一台机器人身上，机器人就可以坐上我们的会议桌、谈判桌甚至大型交易洽谈会上。

（六）VR营销

VR、AR等一系列现实技术已经成为时下关于智能最热门的概念，VR技术（virtual reality，VR）即虚拟现实技术，是指利用电脑模拟产生一个三维空间的虚拟世界，给使用者提供关于视觉、听觉、触觉等感官的模拟，让使用者如身临其境一般，可以及时、没有限制地观察三度空间内的事物。增强现实 AR 技术（augmented reality, AR），也被称之为混合现实。它通过电脑技术，将虚拟的信息应用到真实世界，真实环境和虚拟物体实时地叠加到同一个画面或空间中，同时存在。

众所周知，高明的营销往往会从以下几个方面入手：营造匹配的购买环境、创造虚拟的使用感、打造销售概念和说服顾客。以巧克力广告为例，有的着力烘托情人节的气氛，有的虚拟如丝般顺滑的口感，有的打造高贵奢华的概念。VR、AR 技术的诞生对打造销售概念、营造销售环境有着其他方式所不可比拟的优势，因此，善用虚拟现实技术的营销也将能收到超乎想象的效果。

场景一：智能家电用品的卖场，销售人员引导客户带上 VR 眼镜，指导客户通过手机、手势操控"虚拟家"。首先，VR 眼镜中出现夏日炎炎的室外场景，客户意识到要在回家前打开空调，于是取出手机远程开启了"家"中空调，眼镜画面切换到"家"里，客户立即感受到从空调出风口吹出的习习凉风。客户放心地选择了前往菜场，在琳琅满目的货架面前，客户突然想起还不知道"家"里有什么备菜，于是回到"家"的视线，走近冰箱，查看菜品，确定了应买的菜。在买菜收银排队的场景里，客户远程开启了电饭煲……在虚拟现实场景中让客户体验智能家居，绝不仅仅是推销远程控制家电的强大功能，而是让客户真切地感受到智能化控制给生活带来的便捷，可控带来的定价、环保等各种未来优势。

场景二：电动汽车卖场，销售人员引导客户通过 VR 眼镜选购汽车。在众多款式中，客户看中了一款半年后上市的高度智能预售款车型。销售人员也带上 VR 眼镜，与客户一同坐进"车"里，指导客户打开汽车引擎，发出指令："报告车况！"稍候片刻，汽车自动回复："您好，当前车联网接入正常、轮胎胎压正常……可行驶里程 150 公里，备用电池电量低于预警值，请及时充电！"在销售人员的指导下，客户发出指令："请带我们去最近的换电站，我们需要在一个小时内出发，到 280 公里以外的新工业园区去！"汽车立即自动上路，控制面板上显示出三个附近换电站，客户选中一处后，大约 15 分钟后到达换电站，10 分钟内完成换电。通过几种不同车型的场景切换和比价，客户最终选择了一款高性价比的成熟车型。将电动汽车、成套光伏设备等大型电气设备通过 VR 情境营销，将极大地节约卖场空间，也便于灵活设置移动展台。

在这些绿色产品的 VR 营销过程中，通过对绿色电力产品发电、储能、智能控制用电原理和操控方法的展现，更可以普及绿色消费理念，培育绿色消费社群，培养绿色消费种子客户，从而推动绿色生态高速发展。

三、电力营销智慧发展

"互联网＋"时代的到来，给电力营销发展注入了新活力，使营销业务不断地朝着自动化、互动化、智能化方向发展。知行合一方为智，未来的电力营销将在不断增强市场感知能力中，实现生产服从于需求的哲学转变；同时，从海量数据积淀中形成的系统性的业务管理与决策，将推动企业迈向智慧发展的道路。

第二节 电力生态持续发展

随着"互联网＋"电力营销的茁壮成长，电力生态得到持续发展，电力供需格局出现了许多颠覆传统的改变，电力产业的技术环境和商业环境也发生了巨大改变，这些都将带动电力生态向能源生态跨步式发展。

一、电力供需格局新看点

（一）电力供需——结构重塑

中国作为世界第一大能源消费国，在资源和环境保护的双重约束下，未来能源消费革命必然向绿色、高效、低碳方向发展。在能源消费中，随着社会生活电气化程度的不断提高，电能消费持续增长，但在技术进步和生态进化的双重驱动下，未来的用电特性、用能方式和成本都将发生颠覆性改变。

1. 用电持续增长的三支生力军

（1）数据中心。21世纪我们生活在互联网世界里，我们的行为都可化为数据，巨量数据存储在互联网公司和通讯运营商的数据中心的超级服务器上。为了互联网世界的流畅高速运转，这些数据中心日夜不息，多重备份，应急保障，不间断运行导致设备发热，为了降温，需要大量的制冷设备。装满服务器、控电设备和制冷设备的数据中心，是超级电老虎。一个大型数据中心的用电量，相当于一个中小型发电厂的发电量，可供一个小镇的家庭照明。据国际数据公司（IDC）报告称，预计到2020年全球数据量将达到40ZB，数据中心超过1000万个。当前美国所有数据中心每年的耗电量是整个纽约城居民用电量的两倍；在中国，仅中国联通的数据中心就已承载百万台服务器，遍布31个省。未来数据中心的用电量持续增长将势不可挡。

（2）生活用电。尽管我国人均用电量已接近世界平均水平，2014年人均用电量在4000kW·h左右，但同发达国家仍具有较大差距，世界主要工业国的人均用电量都在7000kW·h以上，以美国为最，美国2011年人均用电量为13227kW·h，韩国2011年人均用电量为10162kW·h，日本2011年人均用电量为7847kW·h，德国2011年人均用电量为7082kW·h[①]。如果比较人均生活用电量，那中国更是落后，2014年，中国人均生活用电量仅为532kW·h，比2011年的土耳其、埃及、南非等发展中国家人均生活用电量水平还低，更是远远低于韩国，日本，法国，德国，美国等主要工业国家。所以，从中长期看，中国的持续发展和居民生活水平的提高对于电力供给仍有较大需求，年人均生活用电量将持续增长。

（3）电气化交通。在"以电代煤、以电代油"的清洁能源消费观念的引导下，交通电气化水平也得到极大提升。从电力替代燃油角度看，2012年我国铁路电气化率达到52％，大运量线路基本实现电气化，城市轨道交通完全电气化，未来以电代油发展重点

---

① 该数据来源于2014年国际能源署《电力发展趋势报告》。

图 8-2-1　国外数据中心实景图

是电动汽车，特别是乘用车电动化。以我国汽车保有量饱和值为 400 辆/千人测算，假设届时电动汽车比例为 50％，每辆电动汽车年行驶里程 1 万公里，百公里耗电为 $15kW \cdot h$，则由电动汽车普及带动的人均年用电量增加为 $300kW \cdot h$。未来道路运输、水路运输和航空运输的动力系统均将从化石燃料逐步过渡为电气化驱动。假设所有汽车都使用电力，中国用电量将比现在水平增长一倍。

2. 负荷特性悄然改变

数据中心、电气化轨道交通等这些未来的用电大户，其 24 小时不间断运行的工作特性导致其负荷非常均衡，不会出现较大的峰谷负荷差；同时，电动汽车、家庭储能等大量柔性负荷的接入使得电力需求侧具备了强大的负荷调节能力，在价格杠杆的作用下，柔性负荷接入控制系统可以帮助终端电能消费按实时负荷情况实施负荷的逆向调节控制，电网的负荷曲线将变得越来越平滑，人人都选择在低谷时段对电动汽车和储能设备充电，未来也许再也找不到一个负荷特别低的用电时段。

3. 供用能方式不断创新

以数据中心为代表的用电大户，其成长不仅耗费巨量电能，同时产生大量的温室气体排放，消耗大量的水资源，设备废弃而造成的污染，给资源和环境带来了危害。为了缓解发展带来的新问题，新兴科技企业努力创新，不断优化用能方式。已带来巨大效益的经典方案包括：运用高寒地域或地下低温空气、水资源来冷却设备以减少空调用电成本；在负荷中心附近安装可再生能源发电设备，本地化平衡供需；将该类可移动负荷中心直接向清洁能源富集的西部地区迁移，不但解决了用能成本，还解决了西部地区新能源消纳能力不足问题。例如，腾讯公司推出的新一代数据中心 T-block，通过建设百兆瓦级别的光伏及风能发电集群，实现包括自身产业链的 100% 清洁能源供应，同时 block 模块化设备集群设计使其核心生产能力成为一个可以移动的负荷。未来的耗电大户将越来越倾向于自给自足、弹性接入。

（二）绿色消费——产业发展

1. 绿色消费

一些国际环保专家将绿色消费概括成 5R，即节约资源，减少污染（Reduce）；绿色生活，环保选购（Reevaluate）；重复使用，多次利用（Reuse）；分类回收，循环再生（Recycle）；保护自然，万物共存（Rescue）。"绿色消费"概念包含了三层含义：一是倡导消费者在消费时选择未被污染或有助于公众健康的绿色产品；二是在消费过程中注重对垃圾的处置，不造成环境污染；三是引导消费者转变消费观念，崇尚自然、追求健康，在追求生活舒适的同时，注重环保、节约资源和能源，实现可持续消费。也就是说，在社会消费中，既要满足我们这一代人，更要满足子孙后代的消费需求和安全健康。在电力消费领域，绿色消费意味着对清洁、可再生能源的主动选择、循环利用、理性消费。

2. 绿色行动

绿色消费理念作为未来商业社会的发展趋势之一，越来越被国家和公众认可和提倡。电力及能源行业是引导绿色消费的最前沿地带，正发起着一场政府、企业、社会公众广泛参与的绿色运动。政府通过向售电企业颁发"绿色电力证书"和"绿色电力标签"，对该类企业给予政策扶持，引导鼓励企业将绿色电力收益的一部分重新投入到可再生能源建设中；电网企业通过精准营销为客户提供来自清洁能源的"绿色电力产品"，满足社会上参与环保行动的价值诉求；售电公司通过套餐精算设计，为客户提供绿色售电套餐，用绿色电力的附加价值弥补价格劣势，扩大能源消费中可再生能源和新能源的比重；用能客户通过响应绿色能源产品、绿色能源套餐以及分享绿色消费行为参与绿色能源运动。"绿色电力"已经从一个热门概念演变为一种时尚的消费产品。

这场绿色运动在全世界能源消费结构最清洁的德国得到了很好地实践。如今德国约 1100 家售电公司，其中超过 800 家售电公司提供绿色电力套餐，套餐数量超过 2000 种，购买绿色电力的终端用户比重超过 15%，其中更有超过 1/3 的居民用户选择了绿色电力资费方案（资费比一般电力资费高出 2%～5%）[①]。德国绿色售电诞生到现在不到十年，绿色售电实现突破式增长依靠的不是低价打折刺激，也不是简单的绿色消费情怀，而是运用了结合旅游概念的绿色品牌营销等多种营销手段，使消费者多付出的电价成本投入可再生能源发展，或满足环保和下一代健康生存心理需求。在这些策略的多重引导下，德国可再生能源在电力消费总量中的占比持续提升，2013 年占比 25.3%，2014 年占比 27.3%，2015 年突破 30%，达到 32.5%，创下最高纪录。2016 年 5 月 15

---

① 该数据来源于能源评论网站无所不能最新评论文章《太强了！德国公司已把更贵的绿色电力卖得风生水起》。

日，德国太阳能、风能达到峰值，可再生能源供应电力达到 45.5GW，当时实际负荷需求 57GW，电力价格在 15 分钟周期内出现一定回落，最低跌至 50 欧/MW·h[①]，虽然真实数据没有达到此前在能源圈炒得沸沸扬扬的 100%，但该事件依然成为人类能源结构向低碳转型过程中的一座里程碑。

3. 绿色信用评价

在资源节约型和环境友好型社会发展进程中，绿色电力消费改变的不仅仅是能源消费结构，还将引导绿色指数评估体系的逐步形成。在这个评估体系中，能源消费行为的方方面面将被用于消费绿色程度评估，形成能源绿色指数评级并被记入到消费者的个人账户中，通过与能源销售套餐选择和信用评价相结合，实现绿色消费行为的价值变现。该评估算法中将包括电动汽车在交通出行中的占比、用电的清洁来源占比，甚至包括绿色能源推广社交行为、驾驶习惯等各种行为记录。在未来日益发展的智慧城市和能源生态中，绿色指数评估体系与社会信用体系成为衡量组织、个人消费理念和社会责任感的一个有效评估体系，对社会行为产生深刻影响。伴随着绿色评估体系的发展，社会对用能行为分析评估的需求将大幅增长，这将大力推动相应用能行为数据分析、社群营造、战略咨询、软件开发等各类使能企业积极入市，从而形成一个发展空间巨大的绿色产业。

未来，高技术门槛、资本密集型的能源行业甚至还可能和区块链概念结合，以去中心化方式改写能源交易方式。在这一理论构想中，碳被选为能源区块链体系中的标的物。我国首个能源区块链实验室计划在 2016 年底推出"能源区块链主链"。通过发行用于考核碳减排量（CCER）的数字资产——碳票，以此虚拟货币为激励手段，推广能源垂直领域区块链应用研究，促进智能合约和分布式总账在能源交易领域的应用。绿色消费概念将在能源消费领域中逐步从虚拟走进现实。

（三）电动汽车——永恒主题

《中国电动汽车科技发展"十二五"专项规划》中明确指出："发展电动汽车是提高汽车产业竞争力、保障能源安全和发展低碳经济的重要途径。"2020 年，我国电动汽车保有量计划实现 500 万辆，建成充换电站 1.2 万座，充电桩 480 万个。国际能源署（IEA）预测，到 2050 年电动汽车的大规模普及将使全球电力需求量增加 10%，美国电力科学研究院（EPRI）研究指出，若将全美国 60% 燃油汽车替换为电动汽车，则全美电力需求将提高 9%。电动汽车受到各国政府以及全球能源行业大力扶持和广泛关注，其原因不仅仅在于所带来的能源消费清洁环保和结构优化，更在于其对能源安全和智慧发展的强有力推动。

1. 以柔克刚

众所周知，电动汽车替代燃料汽车可减少汽油、柴油消耗量，从而降低石油对外依存度，保障国家能源安全。同时，凭借其巨大的储能潜力，电动汽车与需求响应及可再生能源的融合和同步发展，能够形成柔性、灵活的用户侧资源，参与电网刚性削峰填

---

① 该数据来源于德国联邦能源与水业协会 2014 年公布的报告。

谷，帮助电网吸纳更多的可再生资源，进一步实现电源结构的清洁化，实现节约资源、保护环境的目的。随着电动汽车 V2G 技术（电动汽车接入电网）的普及应用，车辆与智能电网实现能量和信息的高效、实时互动，基于电动汽车运行数据的采集和管理，精确预测、智能干预电动汽车充放电行为将极大地增强电网负荷柔性。未来，电动汽车除了扮演出行交通工具之外，它还能为区域电网补给能源，甚至在灾害以及停电时作为家庭的应急电源使用。

2. 智慧化身

2016 年 3 月，我国工信部、科技部提出"充电网、车联网、互联网三网融合"构想，致力于解决困扰我国新能源汽车充电盈利难的产业发展瓶颈。在"互联网＋"时代，通过三网融合资源整合，实现跨平台交易结算、信息共享、业务互通，能够做到优势互补，弥补单一充电业务盈利能力有限的短板，为我国新能源汽车产业注入活力。互联网预约充电停车位、充电费用移动支付、互联网导航充电桩位置等多项"三网融合"尝试已在实践中。伴随无人驾驶技术和社会法律壁垒的突破，"三网融合"平台下的电动汽车将创造出更大价值，比如依据精确计算安排车辆在闲置时段接收租车业务，车辆自动接驳到负荷高峰的微网中售电，智能提示车主在无用车需求时自动选择高电价区域售电等。未来，电动汽车将变成一个既会帮我们打理生活又会挣钱的机器人，给人类的生活带来无穷智慧与乐趣。

3. 前途无限

在 2015 年 10 月举办的"选择·行动——未来从现在开始"主题节能与新能源汽车产业发展规划成果展览会暨中国国际纯电动车、混合动力车和燃料电池车及关键零部件技术交流展览会上，国家信息中心信息资源开发部主任徐长明指出，到 2020 年我国汽车保有量将达到 2.5 亿辆，外媒甚至预测达到 3 亿辆，按国家电动汽车发展规划，到 2020 年纯电动汽车保有量占比不到 2%，可以想象，作为能源发展战略的重要组成部分，未来 30～50 年，电动汽车及相关产业的发展空间巨大，成为能源发展的永恒主题，伴随着电动汽车与传统汽车业务的不断交汇融合，对未来的社会生活产生巨大影响。

二、电力产业环境新特征

（一）技术应用永无止境

智慧是用知识解决问题的能力，也是一种生存境界的体现。在严峻的资源环境问题面前，人类走到了又一个通讯技术与能源体系交汇的十字路口，新能源革命使得商业贸易的范围与内涵更加广阔、结构更加完善；相伴而生的通讯革命则为新能源流动引发的更加复杂的商业活动进行有效管理提供了有力工具。互联网与可再生能源即将融合，有助于推动第三次工业革命。这将是一场智慧发展的革命，而人类智慧的结晶将从以下方面颠覆我们的用能方式乃至社会生活。

1. 设备之小

早在 1988 年，美国的科学家马克·韦泽就曾预见，未来的计算机将变得非常小，小到从人们的视线中消失，人们可以在日常环境中广泛部署各种各样的微小计算设备，在任何时间、地点获取并处理数据，通常，人们将这种微小的计算设备称作传感器，而基于传感器的数据加工过程被称作普适计算。中国网球一姐李娜使用的 Babolat 球拍就在手柄上安装了传感器，所记录的正反拍、击球点、击球力量、球速、旋转方向等数据用于提高训练质量；在气象监测方面，密集部署于公共设施之上的传感器通过感知温湿度、风速、光强，可精准预报天气，更可与电网平台互联来预测发电能力、负荷水平；传感设备应用于电气、能源接入及计量设备之中，将能更智慧地感知人类用能习惯、选择合理地价格套餐、主动响应社会整体的用能供需平衡。

2. 数据之大

人类数据的真正爆炸发生在社交媒体时代，我们的行动轨迹、购物习惯、社交行为、兴趣爱好、财务状况、言论内容不断地被观察者观测，被分析师研究，我们一路走过，留下很多信息"面包屑"，这些"面包屑"不但能暴露我们的行为，还能暴露我们的心理活动和潜意识。人类对大数据登峰造极的应用是通过将商业过程数据、自然环境数据、人的行为数据的结合运用，把科技符号变成文化符号，调整社会网络结构、影响社会契约关系，推行数据新政，推动社会向智慧型社会转变。

在培育数据文化土壤、运营数据资产方面，电网企业的创新空间巨大。可发挥庞大的客户资源优势，分析、挖掘能源消费行为数据，将企业自身"一切业务数据化"，积累海量电力大数据资产；利用"云大物移"技术，重塑电网企业价值链，在电能交易、电力资产的服务与交易、电力增值服务、设备与解决方案等方面提供数据信息服务。未来，电网企业核心产品将发生改变，由单一电能改良为"电能＋增值服务"，再到综合能源服务产品。电网企业核心资产属性将转移，所拥有的电力大数据将成为企业核心价值资源，在为能源行业、其他行业以及社会公共服务提供数据服务中，共创数据新价值。

3. 机器之能

2016 年谷歌 I/O 开发者大会，正式发布第一个产品 Google Assistant（谷歌助理），它具有语音识别、人工智能、自然语音理解的能力，能和人类进行对话，解决工作和生活中的实际问题。目前最先进的智能机器人已具有类似人脑、耳目和传感器装置，集成地图同步构建及定位、动态路径规划、深度学习的智能大脑、视频智能分析等技能，拥有自主巡逻、智能监控探测、遥控制暴、声光报警、身份识别、自主充电等功能。机器人已广泛走进了机械制造、能源开采、公共服务等各类人类作业中，未来，具备强大学习能力的机器人还将走入影响企业、政府甚至国际重大决策的圆桌会议中，参与人类政策决策。

4. 融合之广

互联网时代的到来为设备、人、技术、思想的广泛融合打开了无数种可能，基于融合的创新是人类任何发展问题得到突破解决的基础。前面，我们大量谈到技术与商业模式的创新融合、人脑与机器存储运算能力的融合，未来我们还将更多地看到虚拟与现实的融合，运用虚拟现实技术将服务场景、高精技术培训环境、城市规划等数据设计转变为虚拟现实情境，让人身临其境地完成命题任务，运用 3D 打印技术将人们大脑中的设计转化为产品。

（二）创新潮流席卷商道

1. 创客风起云涌

创客（Mak-er）的"创"指创造，"客"指从事某种活动的人，"创客"指勇于创新，努力将自己的创意变为现实的人。这个词译自英文单词"Mak-er"，源于美国麻省理工学院微观装配实验室的实验课题，此课题以创新为理念，以客户为中心，以个人设计、个人制造为核心内容，参与实验课题的学生即"创客"。

创客的共同特质是创新、实践与分享，但这并不意味着他们都是一个模子里铸出来的人，相反的是，他们有着丰富多彩的兴趣爱好以及各不相同的特长，一旦他们聚到一起，相互协调，发挥自己特长时，就会爆发出巨大的创新活力。

创意者：创客中的精灵，他们善于发现问题，并找到改进的办法，将其整理归纳为创意和点子，从而不断创造出新的需求。

设计者：创客中的魔法师，他们可以将一切创意和点子转化为详细可执行的图纸或计划。

实施者：创客中的剑客，没有他们强有力的行动，一切只是虚幻泡影，而他们高超的剑术，往往一击必中，达成目标。

随着信息技术的发展，传统的以技术发展为导向、科研人员为主体、实验室为载体的创新1.0模式正在转向以用户为中心、以社会实践为舞台、以共同创新和开放创新为特点、用户参与的创新2.0模式。面向知识社会的创新2.0模式，消融了创新的边界，用户可以成为创新的动力、创新的主体。借助互联网和新工具，创客们实现了产品自设计、自制造，成为创新2.0时代的造物者。未来创客的收入可能超过明星，同时，在用户创新、开放创新精神的指引下，创客们站在彼此的肩膀上，越站越高。人类工业文明、商业文明，当然还有人的自身文明内涵与程度，将发生巨变。

图8-2-2记录了李克强总理访问柴米创客空间的场景。李克强总理2015年1月4日考察深圳柴火创客空间。空间创始人说，柴火寓意"众人拾柴火焰高"，公司成立四年，已经吸引一万多人参加活动。他希望总理能成为柴火创客的荣誉会员，李克强欣然应答："好，我再为你们添把柴！"总理称赞他们充分对接市场需求，创意无限，"你们的奇思妙想和丰富成果，充分展示了大众创业、万众创新的活力。这种活力和创造，将会成为中国经济未来增长的不熄引擎"。李克强总理探访深圳柴火创客空间的新闻，引起创客们的相继转发，一度刷爆了朋友圈。2015年3月5日，李克强总理在《政府工作报告》中指出，把"大众创业，万众创新"打造成推动中国经济前行的"双引擎"之一。在政策的积极引导下，中国的创客运动进行得轰轰烈烈，创客时代已经来临。

2. 孵化助力成功

创业孵化，时下大行其道，又称为企业孵化器、企业创新中心或企业创业中心，它是通过提供一系列新创企业发展所需的各种支持和资源网络，帮助和促进新创企业成长

图 8-2-2　李克强总理访问柴火创客空间

的社会经济组织。随着 P2P、P2C、O2O、B2C、B2B、C2C① 等概念的盛行，对商业模式的孵化已远远超出了对初创企业的支持，无论是历史悠久的传统企业或是 BAT 等巨无霸级新兴互联网企业，甚至企业内部的一个部门、一个项目，都在力求引入孵化机制，让创新的种子拥有最佳的培育环境，争相生根发芽、开花结果。

　　世界上第一个孵化器是 1959 年在纽约诞生的。孵化器公司一般从资金、品牌、用户、人才、经验、机遇等各方位入手，通过对各类资源要素全方位配置利用，帮助创意或创新的实施落地。迄今为止，美国仍然是拥有孵化器最多、市场最成熟的国家，根据 2012 年美国企业孵化器协会的数据，在美国有 1250 个商业孵化器，平均每一百万人就有 2～3 个孵化器，其模式的主要特征为资本主导，善于树立榜样的力量。中国的孵化器产业也发展得风生水起，与美国的孵化模式不同，早期起源于为创客提供物业，即低启动成本的办公场所租赁服务，后逐步拓展出配套的增值以及共性服务，例如企业注册，会计师临时雇佣等，如今也已发展成为围绕初创公司运营需求的全方位资源服务平台，并主动营造创投生态。目前，该产业的中国上市公司已达 500 家，各种众创空间、众筹平台不仅仅为种子期创意和项目团队孵化发挥着巨大作用，更带动着新兴产业的加

---

　　① P2P 是 "Peer-to-Peer" 的简写，个人对个人的意思，P2P 借贷指个人通过第三方平台（P2P 公司）在收取一定服务费用的前提下向其他个人提供小额借贷的金融模式。O2O 即 Online To Offline 即将线下商务的机会与互联网结合在了一起，让互联网成为线下交易的前台。P2C 即 Production to Consumer 简称为商品和顾客，产品从生产企业直接送到消费者手中，中间没有任何的交易环节。

速孵化。

在创业圈里最如雷贯耳的孵化器当属 Y Combinator（简称 YC），这是一家以投资种子阶段初创公司为业务的创投公司家公司，由风投教主保罗·格雷厄姆（Paul Graham，1964 年－）于 2005 年 3 月创立，已经有超过 840 家创新企业从这里毕业，其中包括 Reddit，Airbnb，Dropbox 等独角兽级别的公司 ，从 YC 走出来的企业现在的市值总和超过 300 亿美元。

与传统的创投公司不同，这个初创公司的"孵化器"犹如一个新兵训练营，以孕育创业公司为目标。他们不仅向初创公司提供一定金额的种子基金，而且会给予他们创业建议以及每年举行两次、每次为期三个月的"课程"，以让参加的创业团队增强他们的执行能力。Y Combinator 会收取初创公司总资产净值的 6％作为回报。训练营最大的吸引力在于顶尖导师的指导和重量级投资人的关注，一旦被训练营录取，创业公司就获利"会当凌绝顶，一览众山小"的无可比拟的竞争优势，也正因如此，训练营每年会收到全球上千份申请，录取率不到 3％。

技术与商业创新环境的良性发展为电力产业的持续高速发展带来了不竭动力！

三、电力生态到能源生态

在庞大而复杂的能源系统当中，电能凭借传输高效等优势占据能源系统的中心地位，随着"能源互联网"概念的提出和大热，智能电网将逐步演化为能源互联网，甚至是跨越国界的全球能源互联网；电力销售及服务生态系统也将搭载于能源互联网实现跨界突破式发展，最终逐步演化为广泛融合各类能源细分市场的能源生态系统，电力最终成为全社会公共服务的枢纽。

（一）能源广泛互连

多种能源都能转换为电能。清洁能源发电是将太阳能、风能、生物质能等清洁能源转换为电能。随着各种能源开发利用技术的突破与应用，其他能源转换为电能的成本将越来越低，而电能因其在终端能源消费中的地位会反过来影响各国能源战略以及整个世界能源格局，例如，美国的页岩气革命，通过水平钻井和水力压裂技术的应用，带来了页岩气产量的爆发式增长，不仅大幅降低页岩气价格，还直接促成了美国能源政策的调整。据英国石油公司最新发布的《BP 技术展望报告》预测，随着页岩气和致密油探寻开采技术、清洁能源新材料技术的突破，到 2050 年，可获得的理论能源每年将会达到 4550 亿吨油当量，这相当于预期需求量的 20 多倍。从化石燃料到太阳能和风能，能源转换技术的突破几乎能够提供所有形式的能源供应，为构建低碳能源结构铺平了道路，而电力能源基本走上了脱碳之路。

电储能推动能源循环利用。电储能技术让各种能源相互转换、循环利用成为可能。抽水蓄能电站可在负荷低谷时，通过抽水将系统难以消耗的电能转换为势能；在负荷高峰或系统需要时，通过发电将势能转换为系统需要的电能。锂电池、新型铅酸电池、金属空气电池将电能转换为化学能从而储存电能量。超级电容器、超导电磁储能、飞轮储能、钠硫电池等通过电磁转换储存瞬时电功率。电能转换技术的突破不断推动着能源消费方式的革命，氢储能正是这样一项具有巨大价值潜力并被广泛关注的前瞻性电储能技术。

电能转换为其他能源市场广阔。电力转气体技术（power to gas，P2G），是电力转换为气体燃料的技术，其原理是通过电解方式将水分解为氧气和氢气。氢气储能可以传输给加氢站，提供给氢燃料电池（Fuel cell）汽车使用，还可以进一步合成甲烷，引入天然气管道。目前，电转气典型技术不断取得突破，转换效率达到 $57\%\sim73\%$，具备产业化条件。电转气产业化应用达到一定规模，将可实现电力能源大规模低成本储存，实现电力网和天然气管网的互联以及电力和天然气生产、输送、储存、转换的统筹优化，推动建成清洁低碳、安全高效的现代能源体系。未来，能源电力行业将由固体能源和液体能源时代向气体能源时代转型。

（二）电力成为能源服务公共枢纽

电能价值特性、资源禀赋和能源发展规律决定了电能在能源公共服务的枢纽地位，随着能源互联网和电力销售及服务生态的发展，电力将成为各类能源互联互通的纽带与接口，突出体现在以下几个方面。

1. 最清洁的能源供应品

清洁能源大多需要转化为电能才能被高效利用。"电从远方来，来的是清洁电"，随着新一轮能源技术革命的推进，清洁能源将得到更大规模利用，更多种类的一次能源将被转换为电能，输送到负荷中心，为各级消费终端提供清洁的能源供应，并为太阳能、风能、水能等可再生能源的开发利用拓展市场空间，促进能源结构优化，实现能源服务更绿色、更生态。据美国能源信息署发布的《世界能源展望 2016》数据，可再生能源、天然气和煤的发电份额将在 2040 年左右趋于一致。

2. 最高效的能源输送品

电力能源具有高效、快速的传输特性以及较高的能源转化效率。从能源转换看，电能可以实现各种形式能源的相互转换，所有一次能源都能转换成电能，电能也可转换成其他所需能量形式。从能源配送看，电能可以大规模生产、远距离输送，并通过分配系统瞬时送达每个终端用户。有数据表明，电能的经济效率是石油的 3.2 倍、煤炭的 1.73 倍，即 1 吨标准煤当量电能创造的经济价值与 3.2 吨标准煤当量的石油、17.3 吨标准煤当量的煤炭创造的经济价值相当[①]。

3. 最泛载的能源消费品

和其他能源品种相比，电能是唯一具备信息流承载功能的能源品种，是聚合多种能源监控、管理、互动的唯一通道。同时，电力网络覆盖面最广、用电数量更多、电力消费在各产业的分布更均衡，电力网络可以与其他能源网络、交通网络以及信息网络多层耦合。在工业化、城市化、农业和农村电气化以及智能电网引擎驱动下，电力客户粘合度愈发高涨，在经济社会发展中的应用更为广泛。

---

① 该数据来源于《中国电力与能源》。

（三）电力生态必然走向能源生态

基于以上分析，电能是能源的主体和综合枢纽，电气化程度越高，表现越明显。当前，人类社会可持续发展面临环境污染、气候变化、一次能源匮乏等可持续发展挑战，电气化和清洁化成为全球能源发展的两大趋势，建设能源互联网的需求应运而生。构建能源互联网是推进能源变革的重要方式，不仅能够有效提高能源使用效率，还有利于提升能源行业的开放程度，优化能源体制和结构。当前，中国国家能源局牵头制定的能源互联网相关产业规划已开始启动，包括阿里巴巴、百度、腾讯在内的多家互联网企业已积极布局其中，能源互联网的"蓝海"初步显现。根据有关券商测算，未来能源互联网的市场规模将突破 5.5 万亿元。

电力销售及服务生态系统的形成及良性发展为电力能源的开发利用打开了无限想象空间，电力生态将成为客户群体最庞大、社会生活渗透最广泛的基础公共服务平台，在"互联网＋"浪潮推动下，电力销售及服务商业模式创新成功案例大量涌现，拉动社会资本源源不断地投入，培育出一批又一批新兴产业。电力生态的发展为整个能源行业的良性发展打下了坚实基础。

可见，随着以电力为枢纽的能源互联网逐步形成，电力生态进化为能源生态将成为历史必然，在进入良性发展的能源生态中，能源产业规模将变得更加庞大，市场主体更多元化，主体关系越来越复杂，能源系统演变越来越复杂。尽管如此，随着能源互联网价值链的不断融合，能源资源的配置、使用将越来越安全、便捷、清洁、高效。

第三节　能源经济新时代

在电网企业引领下，能源消费市场正发生着一场颠覆性的商业生态革命，在追求价值贡献的生态价值观的引领下，市场产能得到爆炸式增长，市场各方共同成长，形成生态共创的和谐局面。智能电力营销的探索与实践是对能源行业良性发展远大理想的大胆尝试，未来能源生态的美好蓝图不仅打开了能源行业突破性价值成长的空间，也开启了智慧型社会发展的全新篇章。

一、乐视生态思想启迪

乐视视频，原名乐视网，2004 年成立于北京，享有国家级高新技术企业资质，致力打造基于视频产业、内容产业和智能终端的"平台＋内容＋终端＋应用"完整生态，被业界称为"乐视模式"。

乐视始于版权经营即内容电子化，不同于其他互联网公司烧钱做流量，乐视以一个版权经营者的身份收集版权、将内容电子化、放到视频网站、赚取广告费。2010 年 8 月 12 日，乐视在中国创业板上市，成为行业内全球首家 IPO 上市公司，中国 A 股最早上市的视频公司。

2012 年，乐视走上了从视频网站向垂直生态的转型之路，着手搭建"内容＋终端＋平台＋应用"的垂直整合生态，致力于将内容、编辑、存储、转码、分发、播放及至消费者终端体验产业链全部打通，在终端领域相继推出了超级电视、超级手机等多款震撼产品。

2014 年，伴随"SEE 计划（super electric ecosystem 超级电动生态系统）"打造超级汽车以及汽车互联网电动生态系统概念的提出，乐视启动了从垂直生态到开放式生态化学反应的再次转型，提出了构建互联网及云生态、手机生态、体育生态、汽车生态、互联网金融生态、大屏生态、内容生态七大生态的构想，业务覆盖互联网视频、影视制作与发行、智能终端、应用市场、电子商务、互联网智能电动汽车等多个领域，旗下公司包括乐视网、乐视致新、乐视移动、乐视影业、乐视体育、网酒网、乐视控股等。2014 年乐视全生态业务估值近 100 亿元，而支撑乐视跨界颠覆式发展的是"无内容不硬件、无 UI 不智能、无生态不化反"的战略思想。

从乐视坚持硬件免费、生态补贴，不计成本追求更高用户价值、云服务铺垫未来其他终端的协同生态等商业模式创新，再到"汽车未来的定价模式、盈利模式、销售模式终将改变，有一天汽车会实现免费"的伟大构想，我们看到的是乐视的生态理想：建立一个包括所有人和自己在内的和谐社会，这才是生态。颠覆自我，让一切破界流动，敢于做被 99％的人嘲讽的梦。正如其创始人贾跃亭所说："我们正在创造一个全新的生态模式，希望能引领全球科技产业进入生态时代。这是全新的起点，这也是追梦的原点，这更是崛起的支点！在我们创造的生态世界中，全新的生态模式将让个人能力得到极大释放、意志与精神获得极大自由，每个人都有勇气和信心，去影响世界，创造一个自己理想的未来。"挖掘初心，支撑这种超前思维和雄心壮志的根本是其独有的生态价值观："以用户价值为核心和第一优先，产业和社会价值第二，企业价值第三。只有满足了用户价值与产业和社会价值，企业价值才会实现。只有好的价值观，才会把你带向远方！"

二、能源生态远大理想

乐视生态给这个时代带来的最大启迪是把用户价值、产业价值和社会价值看得超越企业价值的生态价值观。在电网企业的引领下，能源行业也开启了一场以"共生共赢"为理想的生态革命，营造"以电为中心"的能源生态成为各方共识。在这一生态理想的驱动下，能源企业、整个行业乃至能源消费相关的社会生活的方方面面都将开启全新的篇章。

（一）电网企业实现跨越新发展

电网企业在共生理想的指引下，为其用户构建了营销 O2O 服务新模式，为电力行业建成了产消一体化服务的"入口＋平台"，企业自身在市场地位、赢利能力、品牌价值各方面不断扩大其贡献和影响力，实现跨越式新发展。

1. 市场地位不可撼动

随着可再生能源发电、微网、储能等技术的不断应用、发展，一些具有强大技术资源能力且对能源有较高刚性需求的高新技术企业及行业纷纷开始涉足能源消费市场领域，尝试开发利用低成本、本地化能源，探索自产自销、就地平衡的用能方式，例如，技术密集型的工业园区、持续扩张中的数据中心、代表现实社群发展趋势的智能楼宇、智慧社区等，这些领域产能的增长带动了电能及其他能源消费的高速增长，但其自给自足的消费模式稀释了电网企业在全社会用电量中售电的市场份额。尽管如此，基于公开透明交易平台的电能交易变得越来越便捷、高效，在供需矛盾和价差利益的驱动下，跨电源点、跨区域甚至跨越国界的电能及衍生能源交易量将持续增长，由此带动电网企业骨干网络输配电业务的持续增长。因此，未来电网企业虽然售电市场份额略有下降，但输配电业务稳步增长，市场地位仍不可撼动。

2. 赢利能力持续增长

在主营业务领域，电网企业的收入来源从单一的购售电价差扩展到了保底服务输配电价收入、过网输配电价收入、市场化售电收入等多种来源，其中，普遍服务和保底服务的售电业务，通过内部组织管理创新，获取效能提升从而在价格管制下实现微利，过网输配电业务因市场需求的持续增长促使主干网络利用效率大幅提升，从而带来持续稳定的赢利，通过成立子公司、控股或参股等多种方式参与市场化售电业务，凭借显著的资源优势也能在市场竞争中获得合理收益。

在主营业务的周边领域，借助能源平台筑巢引凤的能力，围绕电能消费服务不断挖掘新的市场需求，开辟新的商业模式，形成众多新的高赢利产业。电网企业主要参与的产业包括：电动汽车充换电服务、用户工程、电务服务、设备制造、能源综合解决方案等。

在新兴平台运营领域，交易结算平台、车联网平台、金融服务平台、公共服务平台实现互联互通，通过对能源服务资源的整合开发利用，开拓出众多新的跨界业务疆域，例如，对具有稳定能源消费能力客户推出的电能相关融资租赁、消费信贷金融产品，基于能源消费数据的大数据增值服务产品，搭载在公共服务平台上的远程运营托管等业务，这些业务产品成为未来电网企业的核心优势资源，通过跨界整合为用户创造出高价值的综合用能问题解决方案，从而获得高于市场平均水平的投资回报能力。

在资本运营领域，一方面通过交易结算和金融服务平台获得充足的现金流，使企业自身资本成本显著下降；另一方面依托资本与市场中具有优势资源的使能企业、新能源企业、新能源服务企业乃至客户，探索与其合作，开辟新的价值增长点，从而获得更多新的优势领域成长期的高投资回报。

3. 品牌价值大幅提升

随着电网企业在能源生态中科学的产业布局以及错位的竞争发展，其市场占有、创利空间及发展能力得到突破式成长，其品牌成熟度和渗透、转换价值也持续稳定增长，品牌价值在时间的沉淀中不断积累。基于客户价值主张，坚持不懈地完善O2O服务模式，构建智能化、互动化的用电服务体系，通过客户的效用感受和情感体验提升品牌价值。基于生态价值共享，打造及统一"入口＋平台"运营，在电网企业服务市场、服务社会的过程中，提升品牌知名度与美誉度。基于绿色能源发展，引导消费者突破原有消费定势，接受和认可绿色电力消费产品，通过消费价值转移实现品牌文化与价值的提升。综上所述，电网企业在能源生态演化进程中，不断实现价值传播与价值增值，使品牌成为企业最重要的无形资产与核心竞争力的关键要素，实现经济、社会和环境的综合价值持续提升。

（二）用能客户获得极致新体验

1. 免费梦想不再遥远

对于用能客户而言，能源是生活中不可缺少的消费品，低价甚至免费能源才是最根本的价值诉求。在创造价值的生态理想映照下，整个能源行业都在大力开发利用可再生能源、推进能源转换和存储技术走进市场，客户因此拥有了更多样化的电能及其他能源消费的选择权，例如，未来偏穷农村地区居民用电需求将不再完全依靠农网改造供电到户，可以通过独立微网售电公司本地化供电，也可能通过融资租赁等方式自建微网用电，还可以选择从村镇储能仓库租用储能设备用电，甚至可能出现专业的致力于改善贫困问题的慈善组织，将城市低谷负载时段的富余能源通过储能设备免费送能到家。随着能耗消费成本的降低和其在生活支出中占比的减少，电能等生活必需的基础能源的用能需求将被全面释放，用能量将发生突破式增长。

2. 睿智关怀无处不在

除了能源品质、成本之外，生态模式下的供能服务将使客户五彩纷呈的差异化偏好得到最大化满足。给予高年龄、低教育程度、低收入类客户的是同质化、便捷、自然的引导服务，甚至是依据数据感知需求，主动上门面对面服务，既体现平等又表达出对弱势群体的特殊关爱；给予参与意识强、受教育程度高、收入水平高等年轻客户的是互动式线上服务，及时、准确地推送客户所需信息，随时响应客户需求，让客户参与服务行为设计，对客户每项建议做出积极应答，让对价格不敏感客户也关心能源消费并引导健康消费潮流；关注客户的情感诉求和价值诉求，为资金短期困难的客户提供信用担保消费贷款，为环保人士提供绿色能源供电的选择服务；主动发现和引导客户尚未感知到的潜在需求，例如，通过能源消费报告或能源社群，公告、对比、分析能耗水平，并针对用能问题，指导客户改善用能习惯。种种细微、贴心的服务所传导的，不仅仅是改善客户体验的诚意、对客户需求关注的态度，更是对客户感知的人文关怀。这种关怀是基于用能设备智慧感知和行为信息智能挖掘分析达成的，因此，是无微不至和无所不及的。

3. 智慧能源改变生活

随着能源生态的逐步形成和完善，智能用电等具备万物互连特性的终端设备将被广泛地接入到以电网为枢纽的能源网络中来，通过能源网络的公共服务平台以及配套的前端应用，生活用能设施变得可以监控管理，例如，用能设备智能开启和关闭，设备故障自动报修，生活能耗远程监测等，用能客户对生活的自我管理变得更加智能！

当用能设备万物互连能力普及到楼宇、社区以及城市时，用能管理将延伸到物业、治安、消防等公共服务领域，同时也催生出开展用能服务的专营机构，帮助客户实现超越自身能力的智慧用能管理。

让我们来假想一次将家庭用能托管给专营机构后的奇妙经历。独居老人陈妈妈的子女长期侨居海外，其子女为她办理了智能生活托管服务。陈妈妈的生活十分规律，每天早晨 6 点起床，洗漱完毕并烧好一壶水后，离家去公园锻炼身体。某日清晨托管平台监测到陈妈妈家当日清晨无烧水和电子防盗门开启负荷，判定该户出现异常，需要安排上门巡视服务，于 7 点自动授权并通知托管服务专员入户检查，服务专员发现老人倒地晕迷，立即联系 120 上门施救，成功挽回了老人的生命。当能源这一社会生活的物质基础得以交互管控后，社会生活的美好蓝图将释放出无限想象空间。

随着用能设备广泛接入，其信息传输和智能管控能力不断增强，能源生态不仅仅是能量的传递和流动，也是信息的开放共享，更是价值交换和利益补偿。这种能量、信息、价值的智能互动，促使用能客户摒弃传统经验决策方式，拥有智能化理性消费决策能力。

总之，当用能变得智能和智慧之后，人类的生活品质将得到全面提升。

（三）能源行业迎来持续新浪潮

1. 新兴产业蓬勃发展

随着能源生态的形成和发展，市场建立起公平、透明的市场交易规则，培育出追求价值贡献的生态价值观，形成尊重价值规律的良性发展秩序，激发出源源不断的创新活力。在这种市场环境作用下，各类新能源、新材料、智能装备、电动汽车、新一代信息产业焕发生机，清晰地找到了各自立足市场的资源优势，沿着优势领域不断成长，形成多种多样的细分市场产业领域，带动相关新兴产业飞速发展。优势领域的精细分化也带动市场分工越来越专业化，协同越来越高效率，例如，掌握等离子体、纳米材料等核心技术能力的企业进入能源行业，可以通过制造出光电转换效率更高的面板，提高单位投入的发电能力，通过制造强度更高的风机增强风电效能，制造出质量更轻的电动汽车、线损更低的输电线路等产品服务于能源市场。

2. 跨行业广泛协同

能源生态平台的形成与应用带动能源企业生产方式和组织结构的深刻变革，促进投资、金融、生产、技术、商品、服务以及人力资本等资源跨行业甚至是跨国界的配置和聚焦，驱动能源行业产能集成式、聚合式突破增长，促进不同产业间深度融合。

1）技术跨界融合

能源、信息、材料、制造、生物、环境等一切科技创新成果将在绿色能源、智能网络、节能环保等领域得到广泛融合应用，例如，气象环境数据与电力信息联网协作，通过精准判断某时某地光的强弱、风的速度，最大限度地从自然界中获取能源，最科学地配置发电能力以匹配实时需求。

2）技术与新经济模式融合

能源无处不在的特性使其市场平台成为信息、服务、科技、文明的载体，催生出大批新型经济模式，亿万级智能设备实现"即插即用、同时在线"，基于用能设备大数据的综合服务需求被极大激发，促进智能制造、创新设计等新制造模式与服务外包、电子商务、网络购物等新商业模式融合共进，加速能源供应与服务的协调发展，推动产业链上下游的垂直融合，例如，智能家居设备生产环节，为每一台新"出生"的智能设备安装记录身份的微型传感仪，用于跟踪、记录能源消费数据及设备健康情况，既可以为客户预判故障并推出主动维修服务，同时还可为售电公司的设备能源消耗价格套餐提供精算服务等。

3）产消边界融合

能源是社会个体、组织生存必不可少的基础要素，在降低消费成本的利益驱动下，生产者通过自身用能需求匹配实现随时波动的富余发电能力的有效利用，消费者通过储能柔性负荷管理将富余储能向市场销售，生产消费边界逐步消弭，利益对立方、竞争者相互渗透融合，例如，过去传统供电企业既希望客户努力节约电力以高效利用电网的市场容量，但又不希望客户节约电量以保障销售量的持续增长。当电力生态进入良性发展阶段后，储能技术应用带来了电能生产、利用的解耦，电网企业可以通过鼓励、指导客户将负荷按照全网负荷进行逆向配置调整，使客户享有柔性负荷的价格优惠，在有限成本范围内获得更多电能，同时也提高了自身电网市场容量利用效率和销售量，更加培养了客户粘性。

3. 产业拓展无疆界

用电成本的不断下降和跨产业的广泛协同使能源应用领域越来越广泛，能源平台将与互联网、物联网相辅相成，向建筑、交通、制造、农业、教育等各领域渗透，推动产业边界渐趋模糊，使产业交互成为趋势。

将电动门窗接入到安防平台，通过监控对风险做出预警后再组织人为干预保障，可以改变行业的工作方式和用工效率；电气化智能生产线远程控制功能使普通的制造工人在家中工作，在改变人们生活方式的同时，还缓解了城市交通拥堵问题；机器作业将广大劳动者从能源开采运输、制造业、农业、流通、社会服务、家务劳动等直接劳动、重复劳动和危险性劳动中解脱出来。

在能源生态发展征程中没有旁观者，政府、企业、社会组织乃至每个人都是参与者、实践者，各个阶层、各个行业均从中受益。

（四）社会发展翻开智慧新篇章

1. 突破能源消费结构问题，实现能源最优化开发利用

智能电网和能源生态良性发展的进程将为清洁能源发展提供更好平台，在有效增加我国能源供应总量的同时，通过电动汽车、蓄能节能、智能设备的大规模应用，提高资源配置能力，促进清洁能源消纳，改善终端用能方式，提高电能在终端能源消费中的比重，减少化石燃料使用，降低能耗并减少排放，从而从根本上优化能源供应和消费结构，推动低碳经济发展。

以上发展历程打破了传统能源系统中的"不可能三角"铁律（即任何一个能源系统，不可能同时实现安全性、经济性和清洁性），通过电能的源、网、储、荷的互动，实现能源生产消费结构布局最优、资源配置最优。这是由于一方面市场大规模消纳可再生能源，有效降低电能产销及终端消费成本，实现经济性；另一方面，大规模弹性能源生产者和消费者的接入和广泛互联，确保了这张非常复杂的能源网络的安全性，同时，在市场经济杠杆的有效调节下，煤炭、石油等化石能源消耗逐渐减少，对自然环境的破坏程度大幅降低，实现能源消费结构的清洁性。

2. 开启产消智能互动模式，挖掘能源最大化利用效率

在能源生态发展进程中，电能率先从电网企业独买独卖走向市场化多买多卖，随后

以不同能源形式逐步实现相互转换和广泛互连。能源在生产、输送、存储、消费各环节的广泛互连促进了能量、信息、交易在生产者、中间商、消费者之间的实时互动，这使得供给侧对需求的响应变得异常便捷高效，同时，用能信息的实时共享又为需求预测提供了精准可靠的依据。用信息流智慧地管理流动中的能量，使供需管理控制真正走向智能互动化。

产消智能互动模式的开启促进了最广泛的资源优化配置。生产者应对瞬息万变的用能需求实现科学计划、按需生产、供需匹配；输配环节实现输送路径安全、经济、高效的最优化决策，载荷率大幅提高；消费者在价格杠杆作用下作出理性消费决策，主动改善能耗水平，弹性调节实时负荷，实现消费的经济性。能源生产与消费解耦后，智能互动调节机制最大化改善了能源利用效率，降低了整个生态环境中的综合能耗水平，实现供需平衡，经济增长与能耗增长脱钩。

3. 拆除政策技术市场壁垒，发挥能源最广泛协同效应

2014 年 6 月，特斯拉宣布开放其超级充电桩系统设计技术以促进电动汽车的行业发展，在共享经济时代，新兴企业纷纷认识到，拆除技术壁垒，与竞争者结伴成长，将使自身的产业领域快速崛起，实现对传统市场替代性的发展壮大。

与此同时，"有序放开竞争性环节电价、有序开放配售电业务"的电改举措拉开了能源行业拆除政策壁垒的序幕，它为拥有特殊资源优势的新兴企业打开的成长通道，使企业的优势能力快速转化为满足市场用能需求的产品和服务，并获得高于市场常规赢利能力的回报。传统企业在竞争中不断革新以适应市场更高起点的服务要求，努力实施成本管控以减轻新入驻者对细分市场的冲击，这种竞争关系带来了行业整体质效的全面提升。

壁垒的拆除带来的是资本、人才、技术、优势领域全方位跨界资源的整合与协作，当电网企业主导构建的能源生态"入口＋平台"逐步投运后，强大平台能力与灵活前端应用的自由匹配使跨界协同变得越来越便捷高效，而新的协同又将带来"入口＋平台"业务能力和边界的不断拓展，从而激发出更大的协同创新活力，带来整体行业对社会价值的贡献呈指数级增长。

4. 培育价值贡献生态理想，塑造未来效率型智慧社会

乔布斯曾说："活着就是为了改变世界，难道还有其他原因吗？""伟大的艺术品不必追逐潮流，它本身就能引领潮流！""简单比复杂更难做到，一旦你做到了，便可以创造奇迹！"；马斯克的创业近乎疯狂：卖掉 zap2，联合初创 paypal（最大的网上支付公司），SpaceX 从三次火箭发射失败到开启太空运载私人运营时代，环保跑车特斯拉（Tesla）加速发展电动汽车，志在改变全球汽车行业，SolarCity 通过千家万户大型分布式太阳能面板系统加速可持续能源时代到来。乔布斯的极致、马斯克的炫酷、马云的侠气、贾跃亭的颠覆，从这些极客身上我们看到的是共同的理想：贡献！把理想变成现实，把难题变成商机。

在德国，一场政府主导、企业引领、民众广泛响应的"绿色电力"运动让我们看到

了在价值观引导下普通民众对社会发展做出贡献的力量。主动选择绿色电力套餐、绿色资费方案，牺牲小我利益，晒绿色消费行为影响身边的人，正是这些小小的民众参与行为奠定了德国如今能源消费中清洁能源占比超过 32.5%、售电充分市场化的能源发展领先地位。人类社会生态的可持续发展需要价值贡献的远大理想。

从智能家居设备的使用情况可以窥见人们出行的规律；从各种能源的使用量能分析出家庭的财富水平；从水电气各种用能设备类型、消耗结构和能耗水平甚至可以分析出家庭的知识结构和综合学习能力……构成社会的是具有独立行为能力的人，人的生活离不开能源，能源接入使用离不开设备和网络，设备和网络记载并传输着爆炸性增长的行为数据，从数据中抽离出来的有效信息呈现出规律性并形成知识，让我们更有效地洞见社会发展。

能源以其物理连接的特性和公共服务枢纽的地位，成为新的社会物理学研究的基础素材，正在为重塑社会发展路径起到不可忽视的作用。从用能信息转化为知识的学习过程中，终将产生社会智能和智慧，这些智慧结晶可以帮助我们解决社会问题，引导价值取向，提高生存发展效率，正如彭特兰在《智慧社会》一书中所描述的："在新的社会物理学图景下，我们看到的绝不仅仅是牛顿力学的物理交互画面，而是溶解、催化、裂解的化学反应，乃至繁衍与遗传、选择与适应、合作与竞争的生物学、生态学反应。"未来社会将在这种生物生态式碰撞反应中，实现前所未有的高速发展。

三、让理想照亮现实

（一）政策灯塔指引前进方向

2015 年被能源行业称作"中国能源改革元年"，在短短一年多的时间里，中国政府相继出台了多项能源行业改革纲领性文件及具体实施路径指导意见，重大文件总结回顾如下：

1. 纲领性文件

1) 2015 年 3 月

(1)《关于进一步深化电力体制改革的若干意见（业内称为"9 号文"）》；

(2)《关于改善电力运行调节促进清洁能源多发满发的指导意见》。

2) 2015 年 4 月

(1)《关于完善电力应急机制做好电力需求侧管理城市综合试点工作的通知》；

(2)《关于贯彻中发［2015］9 号文件精神加快推输配电价改革的通知》；

(3) 修改《中华人民共和国电力法》。

3) 2015 年 5 月

《关于完善跨省跨区电能交易价格形成机制有关问题的通知》。

4) 2015 年 6 月

(1)《输配电定价成本监审办法（试行）》；

(2)《关于推进电力市场建设的实施意见》。

5）2015 年 9 月

《关于加快电动汽车充电基础设施建设的指导意见》。

6）2015 年 10 月

《关于开展可再生能源就近消纳试点的通知》。

7）2015 年 11 月

(1)《关于推进售电侧改革的实施意见》；

(2)《关于推进输配电价改革的实施意见》；

(3)《关于电力交易机构组建和规范运行的实施意见》；

(4)《关于有序放开发用电计划的实施意见》；

(5)《关于加强和规范燃煤自备电厂监督管理的指导意见》。

8）2015 年 12 月

(1)《电力市场监管办法（征求意见稿）》；

(2)《电力市场运营基本规则（征求意见稿）》；

(3)《电力中长期交易基本规则（征求意见稿）》。

2. 指导意见

1）2015 年 7 月

《国务院关于积极推进"互联网＋"行动的指导意见》。

2）2015 年 10 月

(1)《电动汽车充电基础设施发展指南（2015—2020）》；

(2)《关于加快电动汽车充电基础设施建设的指导意见》。

3）2016 年 2 月

《关于推进"互联网＋"智慧能源发展的指导意见》。

这些政策的出台让我们看到了政府对能源行业市场化的坚定不移的决心，同时，作为能源广泛互联基础和信息融合最佳载体，电力行业成为了能源市场化改革的先行探路者。

产业的新兴离不开资源配置、市场机制、监管制度各方面的转型，新的法律法规、行业规则和治理机制将突破束缚生产力发展的制度障碍，推动生产要素的流动和聚焦，保障先进生产力的形成和发展，犹如指引前进方向的灯塔，照亮通向理想的征程。

（二）技术基石铺筑前进道路

2009 年元月 6 日，世界第一条 1000kV 特高压交流输电工程（晋东南—南阳—荆门输电线路）投入运行；2010 年 7 月 8 日向家坝—上海±800 千伏特高压直流示范工程投运；2013 年以后，因为涉及"抗霾治霾"，特高压建设进一步加速。截至目前，国网公司已经完成 7 条特高压工程，还有 11 条特高压工程在建。按照国网公司的长期规划，到 2020 年将建成"五纵五横"，合计 27 条特高压线路。特高压工程技术还成功打入国际市场，截止 2015 年 7 月，国网公司投资运营了菲律宾、巴西、葡萄牙、澳大利亚、意大利、中国香港等 6 个国家和地区骨干能源网，承揽了埃塞俄比亚等多国骨干能源网建设。特高压技术在中国的迅猛发展，不仅征服了美日等世界技术一流国家，而且建立了系统的特高压与智能电网技术标准体系，多项标准成为世界标准。其中编制企业标准356 项，行业标准 90 项，国家标准 44 项，参编国际标准 19 项，带动我国电力科技水平的显著提升和输变电装备制造业的全面升级，大幅提升了我国在国际电工领域的影响力和话语权，确立了我国在高压输电领域的国际领先地位。

2015 年 3 月，国际标准化组织 ISO/IEC/SC 6 宣布，我国主导的 IEEE 1888 标准正式成为全球能源互联网产业首个 ISO/IEC 国际标准（ISO18880）。IEEE 1888 标准（或称 IEEE 1888 协议），正式名称为"泛在绿色社区控制网络协议"，是利用互联网技术（支持 IPv6，兼容 IPv4）使所有传感数据和控制数据进行自由传输与交互的应用层面的通信协议。该标准可广泛应用于智慧能源系统，包括下一代电力管理系统，楼宇能源系统、设备设施管理系统等领域的通信，尤其是工业、建筑、园区等领域的能源管理方面。

虽然中国经济发展举世瞩目，但在国内国际都存在着一种共同呼声，中国缺乏自主创新能力，无论是传统行业还是新兴产业，即便如阿里巴巴、腾讯等新兴互联网巨人，其成功模式多源于技术复制应用、改良创新或商业模式创新，难有推动生产力突破式发展、改变人类命运的颠覆式技术创新，但这一现象正在被中国能源领域的仁人志士所改写。无论是装备制造、工程建设还是网络运营，中国制造正在迎头赶上并不断超越！这些成就让我们清晰地看到，中国能源经济领域的技术创新能力已悄然崛起并蓬勃发展。技术的突破为行业乃至社会发展积淀了坚固的基石，从而也铺平了前进的道路。

（三）志士英才踏上前进征程

21 世纪，全球华人英才辈出，成就斐然，举世瞩目。农民的儿子莫言以"通过幻觉现实主义将民间故事、历史与当代社会融合在一起"的写作手法成为中国首个诺贝尔文学奖得主；屠呦呦因创制了新型抗疟药青蒿素和双氢青蒿素于 2011 年 9 月获得被誉为诺贝尔奖"风向标"的拉斯克奖，并于 2015 年获得诺贝尔医学奖，成为中国首位诺贝尔生理学或医学奖得主；曾任斯坦福大学计算机科学系和电气工程系的副教授台湾科学家吴恩达是人工智能和机器学习领域的权威，谷歌大脑的创建者，联合创建了在线教育平台 Coursera，致力于推动教育平权运动，现为百度首席科学家；从复旦大学走出的费越博士是虚拟现实技术的鼻祖，拥有 8 项美国发明专利，三维用户界面算法专家，现为uSens 凌感联合创始人、首席技术官，并被誉为硅谷 VR 大神……杰出华人代表为华夏子孙树立了光荣的丰碑，引领着广大民众勇敢向一个又一个困扰人类的世纪难题发起挑战。

以国家电网为代表的中国能源企业正通过企业人文精神和文化氛围的积累，探索着文化治企之道。"追求卓越、努力超越"的两越精神，"奉献清洁能源，建设和谐社会"的企业使命，服务于党和国家工作大局、电力客户、发电企业、经济社会发展的"四个服务"企业宗旨，"诚信、责任、创新、奉献"的核心价值观，这些精神支柱滋养着一代又一代电网人，影响着一批又一批能源行业的建设者，让中国的能源行业走向科技先行、人才强企的发展道路。身处能源消费市场最前沿的业务领域，作为能源产业发展的探路者和先驱，电力营销人已踏上了新一轮能源革命的征程，探索思考并努力实践着科学能源发展的康庄大道！

　　这是一个政策引导、技术发展、人才辈出的时代，中国能源经济迎来了空前发展的大好时机，理想之光已照亮现实，身为中国能源经济发展的建设者和见证者，我们唯有大步前行！

参 考 文 献

阿莱克斯·彭特兰. 2015. 智慧社会: 大数据与社会物理学. 杭州: 浙江人民出版社.

阿里研究院. 2015. 智慧之巅: DT 时代的商业革命. 北京: 机械工业出版社.

阿里研究院. 2016. 互联网＋从 IT 到 DT. 北京: 机械工业出版社.

埃森哲公司. 2013-3-29. 中国电动汽车充换电服务模式研究及对电网企业的建议. 盖世汽车网.

德国工业智库. 2016-5-19. 从 80％到 80％德国能源转型那些事. 北极星风力发电网.

高犁, 陈杨, 周敏, 等. 2014. 智能电网下的电力营销新型业务. 北京: 中国水利水电出版社.

国家电网公司. 2013. 国家电网公司关于全面建设"三集五大"体系的工作意见(国家电网体改〔2013〕1325 号).

国家电网公司. 2013. 国家电网公司关于修订印发"三集五大"体系建设方案的通知(国家电网体改〔2013〕1326 号).

国家电网公司. 2015. 国家电网公司关于印发《国家电网公司大数据应用指导意见》和《国家电网公司移动应用指导意见》的通知(国家电网信通〔2015〕251 号).

国家电网公司. 2016. 国家电网公司 2016 年营销工作报告.

国家能源局. 2015. 2015 年光伏发电相关统计数据.

国务院. 2016. 关于推进"互联网＋"智慧能源发展的指导意见(发改能源〔2016〕392 号).

黄燕婷. 2016. 储能产业化的创新与探索之路. 高科技与产业化, 4: 80-83.

加里·哈默, 比尔·布林. 2008. 管理的未来. 北京: 中信出版社.

简海英. 2013. 浅析电力营销服务中的主要问题及应对策略. 科技创业家, 24: 222-223.

李德仁, 姚远, 邵振峰. 2012. 智慧城市的概念、支撑技术及应用. 工程研究-跨学科视野中的工程, 4: 313-323.

廖宇. 2014-6-19. 德国售电公司的互联网创新. 新浪财经.

刘秋华. 2015. 电力市场营销管理(第 3 版). 北京: 中国电力出版社.

刘振亚. 2010a. 智能电网技术. 北京: 中国电力出版社.

刘振亚. 2010b. 智能电网知识读本. 北京: 中国电力出版社.

刘振亚. 2012. 中国电力与能源. 北京: 中国电力出版社.

刘振亚. 2015. 全球能源互联网. 北京: 中国电力出版社.

罗辑, 杨劲锋. 2015. 用电数据挖掘技术与应用. 北京: 中国电力出版社.

马钊, 周孝信, 尚宇炜, 等. 2015. 能源互联网概念、关键技术及发展模式探索. 电网技术, 39(1): 3014-3022.

能源圈. 2016-5-18. 关于区块链和能源 你需要了解的几个概念都在这里. 北极星智能电网.

倪慧君, 丛阳. 2008. 电力市场营销理论与实务. 北京: 中国电力出版社.

聂运生, 何学民. 2007. 法、日、美电力营销模式概览. 国家电网, 8: 41.

斯媛. 2011. 基于信息化的电力公司营销服务研究. 科技资讯, 36: 138.

涂子沛. 2013. 大数据. 桂林: 广西师范大学出版社.

涂子沛. 2014. 数据之巅. 北京: 中信出版社.

王娟. 2016-5-11. 电能替代为企业打开节能之门. 亮报.

夏妍娜, 赵胜. 2016. 中国制造 2025: 产业互联网开启新工业革命. 北京: 机械工业出版社.

胥威汀, 刘俊勇. 2010. 智能营销研究概述(一)——国外研究现状与启示. 电力自动化设备, 30(2): 139-145.

徐建中, 邓建玲. 2014. 分布式能源定义及其特征. 华电技术, 36(1): 1674-1951.

闫志强. 2016-2-17. 合同能源管理机制内涵外延不断发展, 节能服务产业显现新机遇. 中国能源报.

严同. 2015-7-15. 说说需求响应那些事, 欧美与我国都是啥样? 无所不能网.

杨漾. 2016-5-19. 风靡业界的能源区块链将如何重构未来电力交易? 澎湃新闻.

杨忠直. 2003. 企业生态学引论. 北京: 科学出版社.

詹姆士·穆尔. 1999. 竞争的衰亡: 商业生态系统时代的领导与战略. 北京: 北京出版社.

中关村储能产业联盟. 2015-7-17. 澳大利亚电力市场及储能项目. 北极星电力网.

后　记

　　面对山雨欲来风满楼的电力市场,电网企业怎样才能完成由"垄断型网络运营服务商"向"平台型能源服务商"的"痛苦"转变? 这直接关乎其在未来电力市场中的实力和地位。

　　为尽快完成这种转变,国网湖北省电力公司未雨绸缪,提出了建立智能电力营销服务模式的应对战略,并从 2013 年起,用一年时间,举全省之力,制定了《智能电力营销建设规划》,其中包括十一项子规划,同时开启了智能电力营销服务模式在湖北省的应用实践。

　　基于智能电力营销近四年的探索与实践,国网湖北省电力公司既有收获的喜悦,又有力不从心的无奈。为能给其他兄弟省市提供借鉴与帮助,湖北省电力公司营销部及时启动智能电力营销理论研究及成果撰写工作,《智能电力营销探索与实践》就是集智能电力营销理论、实践、心得于一体的成果展现,涵盖了智能电力营销理论体系的核心内容。

　　智能电力营销建设是一个逐步推进、渐次提升的过程。近四年的智能电力营销实践,我们深深地体会到,电力营销不仅需要通过"自动化、信息化、互动化"的改造,完成电力营销管理手段的智能化,也需要按照互联网理念和技术,逐步把电力营销打造成能源服务"入口＋平台",使之完成能量流、信息流、业务流在电网企业、市场、客户间的智能化互动,从而实现由目前的"垄断型网络运营服务商"向"平台型能源服务商"转变。

　　智能电力营销是顺应"互联网＋"、能源革命和电力体制改革自然演进,前景是美好的。"入口＋平台"式的能源服务,建立的是"互联、开放、互动"的生态系统,它虽然由电网企业主导,但构建的是电厂、社会、客户以及所有利益相关方"共赢、互利"的合作关系。在平台上,供需自由选择、自行定价、自动完成交易。电网企业对于需要提供的产品和服务也不再是亲力亲为,而是在平台上,由用户自由选择专业分工下的社会化服务。

　　本书倾注了国网湖北省电力公司各级领导、专家大量的心血和智慧,期待能给电力营销决策者、管理者及一线人员以启迪和借鉴。

作　者

2016 年 10 月

在线学习平台　　　　　微信公众号